필사 POWER

작가의 고유의 글맛을 살리기 위해

한글 맞춤법에 안 맞는 일부 표현을 수정하지 않았습니다

필사 POWER

이현주, 남상희, 김경화, 김경부, 최정님, 곽리즈, 나애정 지음

생각의빛

PART 3 ————————————————

필사, 인생을 잘 살아가는 이유이다

PART 4 ————————————————

단순하지만 위대한 필사의 힘

PART 7 ────────────────────

필사로 단단한 삶, 원하는 삶을 살아라

PART. 1

내 삶을 바꾼 프라임, 필사

이현주

「 필사가 이렇게 좋은 줄이야! 」

우리는 살면서 예기치 못한 거대한 태풍의 소용돌이에 휘말리곤 한다. 거센 바람과 비를 동반한 태풍의 거침없는 칼춤이 막을 내리면 인간은 자연 앞에 숙연해진다. 태풍이 남긴 시련과 고통을 이겨낼 힘은 태풍 속으로 온전히 뛰어들 때 초인적인 힘을 발휘한다. 태풍의 눈에 대해 들어 본 적이 있다. 회오리 모양의 태풍 그 한 가운데 빈 공간, 이곳은 무풍지대라고 한다. 한바탕 혼돈의 대잔치 속에서도 태풍의 강력한 위력은 '태풍의 눈'에서 시작된다. 어떤 이들은 이곳을 소란스럽지 않고 고요하기만 해 아름답다거나 경이롭다고까지 표현하기도 한다. 태풍의 가장자리는 아비규환이지만 정작 태풍의 눈에 들어서면 비와 바람은 잦아들고 맑은 하늘을 볼 수 있기도 하기 때문이다. 태풍의 고요함이 가진 강인함, 이것이 진짜 힘이다. 하지만 태풍의 눈을 둘러싸고 있는 주변은 여전히 사납고 거친 기세등등한 사자의 포효로 가득차 있다는 것을 잊으면 안 된다. 비교적 평온한 태풍의 눈을 벗어나면 다시 혼돈의 도가니에 빠지고 만다. 우리네 인생 또한 태풍의 맞바람과 맞서야 할 때도 있고, 태풍의 눈과 같은 평온한 날들에 살기도 한다. 하지만 늘 염두에 두어야 할 것은 태풍의 눈을 지나고 난 다음에는 다시 태풍이 몰고 올 폭우와 강풍을 맞이할 준비를 해야 한다는 것이다. 태풍의 눈이 무질서 속의 질서를 말해주는 듯, 우리의 인생살이 속에도 무질서와 질서가 공존하기 마련이기 때문이다. 15년 전만 해도 내가 일하던 D 여성병원은 산모와 아이들로 붐비던 대표 여성병원 중 하나였다. 그러나 지금은 은방울꽃처럼 올망졸망 신생아실을 가득 채우고 있었던 아기들의 모습은 찾아보기 힘들다. 예전 같으면 한 달 평균 분만 건수는 200건을 거뜬히 넘었었다. 그러나 지금은 한 달 평균 분만 건수가 대략 40~60건 정도 된다. 그 사이 출산율이 급격히 줄어들었다는 것을 실감할 수밖에 없는 현실이다. 병원이 경영난으로 몸살을 앓고 있었다. 매달 조리원 입실 가능 아기 수를 채우지 못하는 악순환을 견디지 못하고 내가 일하던 조리원은 2023년 6월

31일 문을 닫았다. 그렇게 나는 하루아침에 실업자가 되었다.

　나의 의지와 상관없이 맞이한 위기의 순간에도 흔들리지 않는 태풍의 눈과 같은 고요한 힘이 필요했다. 내 의지와 상관없는 실직, 절체절명의 순간 나에게 태풍의 눈이 되어 준 힘이 하나 있다. 그것은 바로 '필사'였다. '태풍의 눈과 같은 필사'가 나를 변화로 이끌고, 새로운 삶을 개척해 나갈 수 있는 원동력이 되어주었다. 내가 제일 절박한 순간에 삶을 지탱해 준 '필사'가 없었다면 나는 여전히 태풍이 몰고 온 거센 바람과 비를 온전히 맞으며 만신창이가 되어있을지 모른다. 우리는 언제 닥쳐올지 모를 삶의 모진 풍파에 대비해야 한다. 당신에게 태풍의 눈과 같은 힘을 가진 절대무기가 있는가.

　익숙함은 현실에 안주하며 성장이 멈춘 삶에 대한 경고 메시지이다. 내가 일하는 직장, 내가 사는 집은 익숙하기에 비교적 안정되어 있다고 생각한다. 안정된 삶은 허울 좋은 가면을 쓰고 나를 지켜 줄 안전지대라 믿게 했으며 그 잘못된 믿음이 오랜 시간 착각 속에 살게 했다. 어느 날 갑자기, 견고하다고 믿고 있었던 안전지대가 무너지는 기분을 어떻게 글로 다 표현할 수 있을까? 20년 넘게 간호사로 일하면서 쌓아 온 커리어가 생각지도 못한 방법으로 일시 정지가 될 거라고는 전혀 상상조차 하지 않았다. 함께 일하던 동료들과 준비되지 않은 이별, 나의 열정을 쏟아부었던 부서, 나의 수간호사란 직함, 이 모든 것들을 한꺼번에 다 내려놓고 나와야 했던 그 날을 돌이켜 생각해도 가슴이 아린다. 그만큼 나는 나의 일을 즐기며, 산모와 아기와의 만남에 행복해했던 평온한 날들이었다. 더는 고사리 같은 아기 손을 만질 수 없다는 것, 호수의 반짝임을 닮은 아기들의 맑은 눈망울을 볼 수 없다고 생각하니 아쉬움이 밀물처럼 덮쳐왔다. 눈물이 순간순간 솟구쳐 오르는 것을 애써 감추느라 힘들었다. 부서를 완전히 정리하기까지 한 달이라는 시간이 남아 있었다. 남은 내 삶을 어떻게 살지 고민하지 않으면 때를 놓칠 것 같은 불안감이 엄습해 왔다. '간호사란 직업도 영원한 안전지대가 될 수 없어.', '나이가 들어도 계속할 수 있는 일을 찾아야 해.', '이대로 병원에 남아 있기에는 불안해.', '내가 잘하는 것이 뭐가 있을까?', '나는 무엇을 할 때 가장 행복할까?' 수없이 나를 향해 질문을 던지기 시작했다. 오직 나란 한 사람을 삶의 중심에 두고 생각해보는 것이 얼마 만일까. 병원 생활에 익숙해져 나를 잊고 지낸 시간을 생각하니 20년 경력도 무색해질 만큼 지금 내 처지가 처량하게 느껴졌다. 내가 가야 할 목적지가 표시된 지도를 잃어버린 듯한 기분이랄까?

병원에 남아 타부서에 갈 기회도 있었다. 하지만 지금이 아니면 새로운 경험을 할 기회를 영영 놓쳐 버릴 수 있다는 생각이 불현듯 마음을 가득 채웠다. 5년 전부터 경영난으로 병원 회생 중인 병원, 당시 6개월이나 밀린 국민연금, 퇴사자들의 퇴직금이 분할 지급 되는 현실은 장기 근속자인 나로서는 불안했다. 나는 남아 있을 이유를 찾지 못했다. 언제 문 닫을지 모른다는 불안감을 안고 일하는 직원들의 마음을 누구보다 잘 알고 있었다. 지금이라도 나의 미래가치를 떨어뜨리는 일은 멈춰야 했다. 정에 이끌려 불안한 직장생활을 선택한다는 것은 빠르게 달려오는 차에 뛰어드는 자살행위와 같았다. 나의 선택 넘어 보이는 희망을 따라가기로 했다.

나는 지금도 그 결정에 후회하지 않는다. 뜻하지 않은 경험들의 시간은 나를 더 단단하게 했다. 더는 현실에 안주하면 안 된다고, 지금이라도 내가 할 수 있는 것을 해야만 하는 때라고 채찍질하는 것만 같았다, '무엇인가 움직이기 전까지는 아무 일도 일어나지 않는다.'고 아인슈타인은 말했다. 이제 내가 먼저 움직일 차례가 왔음을 직감적으로 알고 있었다.

퇴사를 앞두고 나의 일상을 우선으로 점검해 보는 시간을 가졌다. 삶의 해답은 일상 속에 있기 마련이다. 나는 3년 전부터 새벽 기상과 새벽 독서를 하며 필사를 해왔다. 그리고 인스타그램에 기록으로 남겼다. 일상 속 숨은 힌트는 새벽에 있었고, 그것은 바로 '글을 쓰는 일'이었다. 일을 그만두면 하루 24시간은 온전히 나에게 주어진다. 그 시간을 어떻게 하면 최대한 나를 위해 쓸 수 있을까에 집중하며 심사숙고의 시간을 가졌다. 처음으로 내 남은 인생 후반전에 대해 고심했다. 간절히 무엇인가를 원하면 길이 보이기 시작하나 보다. 인친인 K 작가에게 용기를 내어 도움의 손길을 뻗었고, 그런 나를 흔쾌히 〈책성원〉이라는 곳으로 안내해 주었다. 〈책성원〉은 '책 쓰고 성장하고 원하는 삶 살기'란 의미를 담고 있고 N 작가가 운영하는 온라인 모임이다. 이미 여러 권의 책을 출간한 경험과 노하우로 현재도 꾸준히 글을 쓰는 삶을 살아가고 있는 배울 점이 많은 작가이다.

　N 작가는 꾸준한 필사의 중요성을 이야기했다. 사실 이때만 해도 작가가 되고 싶다는 간절한 소망보다는 긴 글 쓰는 방법이라도 배우자는 마음이었다. 작가가 되지 못하더라도 내가 새로운 것에 도전한다는 그 자체로도 만족감이 더 컸었다. 〈책성원〉에서 권장하는 필사는 '타이핑 필사(자판 필사)'였다. 1꼭지를 키보드 자판으로 그대로 옮겨 적는 일이다. (나는 '베껴 적는다.'는 느낌이 부정적인 느낌이 들어 '그대로 옮겨 적는다.'라고 표현한다.) 매일 A4 2장의 분량을 타이핑 필사해서 온라인 모임 단톡방에 인증하면 일일 미션 완료이다. 이렇게 시작한 타이핑 필사가 벌써 8달을 넘어서고 있다. 퇴사 후 필사를 본격적으로 시작하면서 나도 모르는 사이 삶이 변하기 시작했다. 변화의 시작은 나로부터

먼저 일어났다. 따스한 가을 햇살이 온기를 가득 품고 내 삶 속으로 들어오는 기분이다. 매일 일정 시간을 두고 하는 필사가 누적되어 갈수록 내가 받아들이는 수용의 깊이는 점점 더 넓어지는 것과 동시에 깊어지고 있었다. 사춘기 자녀와의 대화도 조금 더 느슨해지고, 남편을 바라보는 시선도 부드러워졌다. 가족들의 일상의 틈을 비집고 평화가 찾아왔다. 하교 후 다녀왔다는 인사와 함께 방으로 들어가기 바빴던 아이가 장난을 치며 내 어깨를 감싸고 재잘거린다. 내가 지은 미소에 나의 세상은 웃음으로 답을 해 왔다. 남편은 필사와 글쓰기를 침묵으로 응원한다. 침묵은 경상도 남자가 할 수 있는 최고의 응원가이다. 소리 없는 남편의 응원가는 꿈을 향해 가는 아내의 든든한 버팀목이 된다. 남편은 내가 잠깐 하다 멈출 줄 알았나 보다. 방문을 열고 내가 뭐하나 빼꼼히 쳐다보더니 "몸 상한다. 쉬엄쉬엄해라." 한 마디 툭 던지곤 조용히 문을 닫는다. 필사와 글쓰기에 빠져 사는 내가 싫지만은 않은 눈치다. 책 읽고, 필사하는 오늘이 내일을 더 건강하고 행복하게 만들어 준다는 것을 체감하고 있다. 이 순간을 맘껏 누리고 싶다.

막연하게 글을 쓰고 싶어서 하던 동경의 마음에서 이제는 진짜 내 글을 쓰고 싶다는 야수의 욕망이 이글거렸다. 이건 어쩌면 필사를 하기 시작하는 순간부터 예견된 일인지도 모른다. 장담컨

대, 꾸준히 하루 1꼭지 필사를 하게 된다면 내 글쓰기 위한 작가의 자세로 나의 생활이 변하게 된다. 작가 마인드가 무의식에 장착되면 나처럼 작가의 길을 걷게 될 가능성이 크다. 왜냐하면, 필사가 글쓰기를 어렵게만 여겨오던 이들에게 '나도 글쓰기가 가능할 것 같다.'라는 희망의 길잡이가 되어주기 때문이다. 애쓰지 않고 하루 1꼭지 필사가 누적되면 책 한 권의 필사로 완성된다. 책 한 권이 35꼭지에서 40꼭지 정도 되니 한 달이 조금 넘으면 책 한 권의 필사 대장정에 종지부를 찍는 날이 온다. 매일 꾸준히 하는 필사가 내 글을 쓰고 싶게 만들었고, 작가의 삶을 꿈꾸게 했다. 주변 사람들에게 내 책을 쓸 거라며 거리낌 없이 말하기 시작했다. 제2의 새로운 삶의 밑그림이 그려지기 시작하면서 하루하루가 새롭고, 피곤한 줄 모른다. 필사를 하지 않으면 안될 것 같은 이 마음, 필사만이 내 인생의 해답지인 것처럼 오늘도 컴퓨터를 켜고 책을 편다. 그리고 키보드를 '타닥타닥' 경쾌하게 두드리며 하루 일상을 마무리하고 잠이 든다.

당신에게 오는 모든 인연이, 모든 순간이 기적이다. 그 인연의 연결고리를 만드는 것은 당신의 몫이다. 나에게는 태풍의 눈처럼 고요함에서 나오는 강력한 절대무기인 '필사'가 함께 한다. '내가 만약 K 작가에게 용기를 내어 문을 두드리지 않았더라면 어떻게 되었을까? N 작가도, 타이핑 필사도 몰랐겠지?' 이런 생각이 꼬리에 꼬리를 물때면 퇴사 후의 시간을 어떻게 보내고 있을지 생각만 해도 암담하다. 나는 왜, 좀 더 일찍 새롭게 내가 할 수 있는 일을 찾으려 하지 않았을까? 당시, 나의 일자리가 사라질 거란 걸 예측하지 못했기에 간절함마저도 부족했던 탓 일게다. 회생 중인 병원에서 일하는 것부터 어쩌면 내 삶은 흔들리고 있었다. 하지만 나는 그 생활에 익숙해져 더 넓은 세상을 애써 외면했다. 한 직장에 5년 이상을 다니다 보니 경고등이 켜졌는지 모른 체 익숙함에 젖어 내일의 나를 돌보지 않았다. 결국, 나를 움직인 건 절박함과 다급함이었다. 나는 발등에 불이 떨어져서야 글 쓰는 법을 배우기 위해 방법을 모색하기 시작했다.

익숙함은 마녀와 같다. 나의 무한 잠재력에 고약한 마법을 걸었다. 남은 인생에 '제2의 명함을 새기자.'라는 간절함의 스위치가 켜진 다음에서야 마법이 풀렸다. 그제야 행동으로 옮길 수 있었다. 늘 아쉬움은 남기 마련이다. 하지만 가장 늦다고 생각할 때가 가장 빠르다고 나는 생각한다. 그리고 이 글을 읽는 독자들에게도 말한다. "꿈은 간절함이 만들고, 꿈을 이뤄주는 것은 바로 행동이다." 일단, 용기 내어 문을 두드려보라! 우연처럼 보이던 만남 속에 숨겨진 기적을 만나게 될지도 모른다. 하루 한 꼭지 필사가 이렇게 좋은 줄 미리 알았더라면 얼마나 좋았을까? 내 삶이 조금 더 빨리 행복의 기운으로 가득 차 있지 않았을까.

『 필사하면 보이는 것들 』

여행은 익숙한 것들로부터 짧은 이별, 즉 해방이다. 내 문밖의 세상은 두려움과 설렘의 여정이다. 줄다리기하듯 팽팽한 긴장감을 놓지 못하게 하는 것이 여행의 매력이다. 우리는 익숙한 일상에서 멀어짐을 선택했을 때 주변에 새롭게 반응할 여유가 생긴다. 평소 보고 느끼지 못했던 것들에 우리 몸은 예민하면서도 즐겁게 받아들이는 법을 배운다. 마음만 먹으면 언제든, 한두 시간후면 낯선 장소와 낯선 사람들의 틈 속에서 낯선 냄새를 맡으며또 다른 자아를 만나게 된다. 여행을 통해 우리의 오감은 깨어나기 시작하고 새로운 자극에도 민감하게 반응하게 된다. 내가 옮기는 발걸음 닫는 곳마다 어떤 일이 생길지도 모르는 상황에서도 여행은 즐겁고 흥미진진하다.

나에게는 매일 신선한 자극제가 되어 주는 여행 같은 존재가 있다. 그것은 바로 나의 일상이 되어 버린 '타이핑 필사'이다. 필사는 나를 매일 새로운 세계, 위대한 세계 속으로 인도한다. 보이지 않던 세상이 나에게 말을 걸어오기 시작하고, 나는 그것에 반응하며 해답을 찾아간다.

멀리 떠나는 것만이 여행이 아니다. 익숙한 일상으로부터의 잠깐의 헤어짐은 언제든 우리가 마음만 먹으면 할 수 있다. 나는 아직도 처음으로 혼자서 조조 영화를 보러 갔던 날을 잊지 못한다. 내성적인 나에게 혼자 영화를 본다는 것은 동화 속 앨리스가 토끼 굴에 떨어져 신비한 모험을 떠나는 것과 같다. 단, 자신의 선택이냐, 아니냐의 차이다. 옷차림새를 마무리하고 비장한 결심을 한 듯 신발을 신었다. 신발을 신고도 한참을 '갈까? 말까?' 수없이 망설이고 주저했다. '그래 한 번 해보자.' 하는 무거운 마음을 안고 첫 발걸음을 떼기 시작했다. 긴장의 끈을 놓지 못했던 걱정과는 달리 모든 것은 의외로 순탄했다. 첫걸음을 떼고 나니 어떻게든 영화관에 도착했다. 이래서 시작이 중요하다. '시작이 반이다.'라는 말이 괜히 있는 게 아니다. 시작이 있어야 어떤 식으로도 마침표는 찍는다. 이른 아침, 영화관의 풍경은 고요하고 한산했다. 나는 사랑하는 연인의 죽음과 환생, 그리고 성별과 나이를 초월한 두 남녀의 깊은 사랑에 대해 다룬 '번지점프를 하다'란 영화를 선택했다. 이른 시간이라 조조 영화를 보러 온 사람들은 많지 않았지만 혼자 온 나를 이상한 시선으로 보는 것만 같은 두려움에서 벗어날 수 없었다. 나에게 말을 걸어오는 이가 없어도 미친 듯이 날뛰는 심장의 뜀박질을 누군가 알아챌까 봐 조심스러웠다. 혼자라는 사실이 조금은 외로웠지만, 상영관으로 들어서 의자에 앉고 보니 '어차피 인생은 혼자'라며 포기가 된다. 얄궂은 마음이다. 서서히 안정을 되찾았다. 보이지 않던 사람들의 표정과 움직임이 보이기 시작했다. 하나의 팝콘을 사이에 두고 연신 서로를 향해 눈을 맞추고 입꼬리가 내려갈 줄 모르는 젊은 연인, 살아온 세월만큼 사연도 많아 보이는 중년의 부부는 젊은 연인들과는 상반된 모습으로 뚫어지게 스크린만 쳐다보고 있었다. 조금은 홀가분한 마음으로 영화의 스토리에 빠져들었다. 이 영화는 오랜 시간이 흘러도 나에게는 부여하는 의미가 크다. 당시 아무리 죽은 연인의 환생과 못다 이룬 사랑의 애틋함일지라도 스승과 제자, 남자와 남자의 사랑을 어떻게 받아들여야 할지 잠시 혼란스러웠었다. 그럼에도 불구하고, 그들의 사랑이 부러웠고, 응원하고 싶어졌다. 내 인생 가장 선명하고 아름다운 영화로 남았다. 혼자 영

필사 POWER

화를 본다는 것은 나만의 고요한 세계 안에서 영화 속 주인공들과 깊이 있는 교감을 말한다. 그 안에서 새로운 나를 만나고 위로를 받는다. 혼자 영화를 본 후 나는 뭔가 모르게 밀려드는 뿌듯함 좋았다. 잔뜩 힘이 들어갔던 어깨 근육도 봄기운에 한겨울 얼음 녹듯 이완되는 것 같았다. 익숙한 일상의 반경을 조금만 벗어나도 충분히 여행과 같은 효과를 누릴 수 있었다. 낯선 것에 도전한다는 것은 나와 친숙해진다는 것이다. 낯선 경험이 주는 삶의 활기를 나는 필사에서 마음껏 느끼고 있다.

우리는 친숙한 삶의 영역을 벗어나 새로운 각도로 일상을 바라볼 필요가 있다. 나에게 첫 번째 일상의 변화가 새벽 기상이었다면 두 번째 변화가 타이핑 필사이다. 나조차 의식하지 못하는 사이 하루의 시작과 마무리의 중심추가 필사에 맞춰져 있었다. 매일 1꼭지 분량(소제목 A4 2장 반 정도)의 타이핑 필사를 꾸준히 했더니 나의 삶에 찾아온 작은 변화가 있다.

첫째, 필사는 일상의 모든 순간을 관찰자의 시선으로 보게 한다. 나는 아침마다 집 근처 수목원을 산책한다. 산책하며 나를 향해 성큼성큼 걸어오는 풍경들의 섬세함을 느낀다. 황금빛 은행잎이 바람에 흩날리는 가로수 길에 서면 절로 가슴이 뛴다. 가을이 오래 머물렀으면 하는 이기적인 마음이 발동한다. 또한, 가을 아침이 주는 신선한 공기는 나의 들숨과 날숨을 통해 마음을 정화시킨다. 청초하고 맑은 새의 지저귐은 일상의 소중함을 깨우기 충분하다. 작가는 창밖을 바라볼 때도 일을 하는 것이라더니, 작가가 되어 이 말을 곱씹어 보니 한동안 가슴이 먹먹했다. 작가의 길에 들어선 나에게 작가의 눈으로 삶을 대하는 태도와 자세가 어떠해야 하는지 말해주는 듯했다. 필사하는 동안 나에겐 글감이 없다고만 생각했다. 하지만 관찰자의 눈으로 일상을 바라보면 내가 보고, 듣고, 느끼는 모든 것들이 앞으로 내가 쓰게 될 책의 '예비글감'이 된다. 내 글쓰기의 강한 열망은 일상 속 모든 것을 소중한 글감이 되게 한다. 마음에 품을 것이 많은 사람은 써내야 할 글들이 많아진다. 늘 열린 마음으로 내 주변을 살펴야 한다. 필사는 글을 쓰게 만들고, 평상시 느낄 수 없었던 익숙함에서도 좋은 에너지와 감동을 선물한다. 온전히 누려라.

두 번째로 필사는 작가의 공간을 원한다. 당신에게 자기 자신을 위한 방이 있는가? 결혼 전에는 분명히 나만의 공간이 있었다. 결혼 후 나를 위한 공간은 사라지고 없었다. 꿈이 있는 자에겐 꿈을 키워갈 자신만의 작은 다락방이 필요하다. 한 평 남짓 작은 공간일지라도 나만의 책상을 놓아라. 그곳은 자신의 꿈이 자라는 비밀스러운 공간이 되어 줄 것이다. 나만의 공간이 주는 힘을 이용해 꿈을 향한 도전에 나의 기를 살려 주자. 새벽 기상을 시작하고 제일 먼저 한 일이 나의 공간 확보하기였다. 딸 둘에게 각자의 방을 주고 나니 남은 것은 주방과 거실, 안방이다. 내가 이 집의 주인인데 정작 나를 위한 공간은 없다. 매번 나를 위해 할 수 있는 일은 우선순위에서 뒤로 밀렸다. 이번만은 절대 양보란 없다. 거실은 TV를 즐겨 보는 남편의 유일한 휴식 공간이다. 다행인지 불행인지 남편은 침실 생활을 불편해서 거실 생활을 한 지 오래다. 나는 안방에 공간 속의 공간을 만들기로 했다. 책상과 의자, 스탠드만 놓아도 제법 작가의 방에 들어온 듯하다. '내 글을 쓰는 작가가 되고 싶다'라는 꿈의 씨앗을 심은 후부터 본격적인 나의 공간 꾸미기가 시작됐다. 책장을 안방으로 가져와 아끼는 책들로 책을 정리했다. 책상의 위치도 변경하여 공간의 분리를 두었다. 공저 쓰기를 결심한 날, 나는 남편에게 나의 숨겨왔던 꿈을 말했다. 남편은 나의 꿈을 응원하며 노트북을 선물해 주었다. 노트북까지 책상에 올려놓으니 작가의 방이 따로 없다. 이전보다 더 진화된 공간이 마음에 쏙 들었다. 꿈을 이루는 공간이 생기니 내가 상상하던 모습의 미래가 더 선명해지는 기분이다. 필사하면 내가 꿈을 이루고자 하는 일에 걸림돌이 무엇인지, 내게 필요한 것은 무엇인지 하나둘씩 걸러내는 작업을 하게 된다. 내가 하고자 하는 일이 무엇인지, 내가 어떤 사람인지 그 무엇보다 진실하게 보여주는 것은 내가 머무는 그 공간이 말한다. 공간이 주는 힘을 나의 삶에 적극적으로 활용하자. 그 힘을 느끼며 책을 읽고, 필사하며, 글을 쓴다는 것은 꿈에 한 발자국 다가가는 일 중 하나이다.

　세 번째 자연스럽게 1꼭지 쓰는 노하우를 무의식에 장착하게 된다. 책을 읽으며 기억해두고 싶은 문장들을 만나면 손으로 노트에 적었다. '필사는 손맛이다'라는 생각이 전부였던 나였다. 하루 한 꼭지 타이핑 필사를 하면서 타이핑 필사와 내 글쓰기가 무슨 상관이 있을까? 하는 의구심은 커졌다. 나는 노력형 인간이다. 간호사 국가고시를 준비할 당시, 아침 8시에 도서관에 도착해서 자정이 되어서야 집에 왔다. 밥 먹고, 화장실 가는 시간 빼고는 책상에 앉아 있었고, '독하다'라는 말을 그때 처음 들었다. 내 안에 한번 시작하면 끝장을 보는 성격이 내재하여 있다는 것을 너무 잘 알기에 필사의 시작을 앞두고 고민이 많았다. N 작가의 적극적인 푸시(push)는 어렵게만 느껴지던 필사를 시작하게 했다. 역시, 멘토의 역할은 중요하다는 것을 느끼는 순간이었다. 그녀는 가급적 데일리로 필사를 하는 것이 습관형성에 좋다고 했다. 우선, 필사와 필사 감상 글부터 적어보길 권했다. 그렇게 시작한 타이핑 필사가 지금까지 이어져 왔다. 꾸준히 필사하다 보니 그녀가 말하는 필사와 필사감상문의 가치를 저절로 알 것 같다. 필사는 글 쓰는 작가의 삶으로 인도하는데 가장 빠른 지름길이 되어준다. 그리고 필사감상문은 필사하면서 받아들이는 모든 오감을 부담 없이 풀어낼 수 있는 유일한 '나만의 글감저장소'가 된다. A4 2장 반 분량의 1꼭지 필사를 꾸준히 하면 '글눈'이 좋아지기 때문에 1꼭지 안에 들어있는 서론-본론-결론의 전체적인 글의 틀을 볼 수 있다. 틀에 맞춰진 사례들의 조합을 자연스럽게 익히게 된다. 필사의 시간이 누적되어 갈수록 '나도 글을 쓸 수 있을 것 같다.'란 작가 마인드가 밤새 소리 없이 내리는 하얀 눈처럼 내 마음 밭에도 한 겹 한 겹 쌓여간다.

타이핑 필사를 한다는 것은 남의 글을 내 글로 만드는 방법을 몸으로 익히는 일이다. 단순히 키보드를 두드려서 20분 안에 필사를 끝내고 인증하는 것이 중요한 게 아니다. 타이핑 필사의 중심을 내 글을 쓰는 방법이 잠재의식에 자연스럽게 스며들도록 하는데 두어야 한다. 매일 눈으로 읽고 필사를 하며 글을 쓰는 감각을 놓치지 않으려고 한다. A4 2장 반의 필사가 1꼭지 쓰는 법의 해답을 가지고 있음을 기억하라. 타이핑 필사만큼 정직한 스승은 없다.

필사는 나의 삶에 조용한 변화의 파문을 일으켰다. 내가 내딛는 모든 시공간이 여행이 된다. 나의 과거가 정리되고 나의 현재와 다가올 미래가 기다려진다. 기대되는 삶을 살게 되었다는 사실은 나에게 기적이 찾아왔다 해도 무리가 아니다. 누구나 이러한 적극적이고 진취적인 삶을 살아갈 수 있다. 마음만 먹으면! 이 책을 읽는 독자는 이것이 하늘이 주신 기회일 수 있다. 그 기회는 크게 오는 게 아니라 기회라는 힌트를 감추고 온다. 그 방법을 알아차릴 수 있는 것은 바로 자신뿐이다. 글을 쓰고, 책 쓰기를 하고 싶은가? 그러한 마음과 생각은 오랫동안 내 안에 머물러 있었을 것이다. 잠들어 있던 꿈을 깨우는 어떤 계기만 만난다면 그때부터는 폭발적으로 성장한다. 우리는 세상이 우리에게 아낌없이 주는 최선의 삶을 온전히 누릴 자격이 있다. 그러한 나의 간절한 마음이 매일 눈뜨는 아침과 잠들기 전 깊은 밤, 나를 책상 앞으로 이끈다. 당장, 움직여라! 내 의식이 이끄는 대로 내 몸이 따라가면 그곳에 답이 있다. 필사, 시작해보라! 보이지 않던 것이 보이고, 내가 바뀌고, 나의 세상이 꿈을 꾸기 시작한다.

「 서평쓰기도 꾸준한 필사가 최고다 」

한 가지 행동을 꾸준히 한다는 것은 가능성의 문을 계속해서 두드리는 과정이다. 멈추지 않는다면 문은 열릴 것이다. 꾸준함 속에 자신감이 생기고, 도전하고 싶은 욕망이 생긴다. 실패해도 괜찮다는 마음의 근육도 겹겹이 쌓여 단단해진다. 어느 날 인스타그램에서 짧은 동기부여 동영상을 하나를 보게 되었다. 한 여자아이가 초록색 플라스틱 의자 위를 향해 점프를 시도하는 장면이었다. '과연 의자 위로 올라설 수 있을까?', 이미 나의 눈길은 동영상에 꽂혀있었다. 여자아이는 멈추지 않고 계속해서 점프를 시도하고 넘어지는 행위를 반복했다. '저러다 다치겠다. 안 될 것 같은데…' 이런 생각이 들려는 찰나 아빠로 보이는 남성이 다가왔다. 그는 아이와 눈을 맞추고 할 수 있다는 말을 전하는 듯했다. 그리고 이마에 가벼운 입맞춤을 했다. '한 번 더' 시도할 수 있는 용기를 주는 세상에서 가장 따뜻한 입맞춤이다. 그리고 여자아이는 한참을 숨을 고른 뒤 의자에 집중한다. 그리고 힘차게 점프를 하며 의자 위에 균형을 잡고 단번에 선다. 여자아이와 아빠는 두 주먹을 불끈 쥐고 승리의 함성을 지르며 하이파이브를 했다. 아빠는 아이를 번쩍 들어 기쁘게 안아준다. 세상에서 가장 행복하고 따스한 아빠와 딸의 명장면이다. 의자 위로 올라선 순간 여자아이의 얼굴에 피어나는 진실된 성취감을 나는 보았다.

한계는 자기 자신의 마음에서 나온다. 나에 대한 확신이 그 일을 가능하게 만든다. 자신에 대한 믿음과 의자 위를 오르겠다는 의지, 그리고 아빠의 긍정적 지지가 포기를 모르는 아이로 만들었다. 아이는 어떠한 도전에도 실패보다는 그 과정에 무게를 두는 법을 스스로 배웠다. 내가 포기하지 않는다면 반드시 원하는 것을 성취하게 된다는 사실 말이다. 이렇듯 한 가지 일을 멈추지 않고 반복적이고 꾸준하게 한다는 것은 나의 한계를 넘어서는 일이란 걸 잊지 말자.

2000년 나는 'F 병원' 소아 집중치료실에 입사했다. 낯선 세상, 낯선 사람들, 낯선 업무들은 신규간호사의 눈엔 두려움의 대상이

자 새로운 삶의 희망 같은 거였다. 간호사가 되면 내 삶이 확 뚫린 고속도로처럼 탄탄대로를 거닐 것만 같은 환상에 빠져있었는지도 모른다. 병원에 입사하면 신규간호사가 꼭 거쳐야 하는 통과의례 같은 기본 일이 있다. 그중 하나가 바로 정맥주사를 놓는 일이다. 기술이 부족했던 나에겐 어린아이들의 혈관을 찾아 정맥주사를 놓는다는 것은 부담되는 일이었다. 내가 제일 자신 있는 혈관에 주삿바늘을 찌르지만, 어린아이들의 잦은 입원과 장기간의 병원 생활은 곧 온전한 혈관을 찾기 힘들다는 것과 다름없다. 한번에 정맥주사에 성공해야 한다는 부담감은 환아의 고통을 조금이나마 덜어주고자 하는 마음에서 나온다. 물론 정맥주사를 실패하게 되면 자책하게 되고 자신감은 한순간에 바닥으로 떨어지기 마련이다. 하지만 정맥주사의 실패는 나의 자신감 하락보다 환아와 보호자에 대한 미안함이 더 크게 다가와 심리적 부담이 더 크다. 처음부터 신규간호사에게 정맥주사를 시도하라고 맡기지 않는다. 선배들의 정맥주사 놓는 방법을 배우기 위해 선배를 그림자처럼 따라다니며 그 방법을 눈으로 익힌다. 어느 정도 때가 되면 선배는 좋은 혈관을 먼저 찾아 나에게 정맥주사를 시도하게 하고, 그런 나의 어시스트(assist)를 자처한다. 신규간호사는 요령이 부족하기도 하고 많이 긴장하고 있는 탓에 아무리 좋은 혈관을 찾아줘도 실패하기 마련이다. 어찌나 손이 떨리고 땀이 나던지 내 몸 어딘가 고장 난 것만 같았다. 그렇게 한 번 두 번 정맥주사를 놓다 보면 나의 자세, 주삿바늘의 각도, 이 정도 혈관이면 성공할 수 있겠다 안 되겠다는 감이라는 게 오기 시작한다. 그리고 한 발짝 더 나아가 보이지 않는 혈관도 손끝으로 찾아가며 정맥주사를 놓게 된다. 나는 처음으로 선배를 넘어서 경정맥(jugular vein)에 주삿바늘이 정확히 들어가던 날을 잊지 못한다. 목에 주삿바늘을 찌른다는 것은 더 신중한 스킬이 필요한 일이다. 내가 한 번에 해낼 수 있었던 것은 많은 환아의 혈관을 꾸준히 탐색하고 몸으로 익힌 기술 때문이다. 그 후로 정맥주사에 대한 부담감은 점점 더 줄어들었고, 자신감도 생겨 다른 일도 잘 할 수 있을 것 같은 용기가 생겼다.

어떠한 일이든 성공과 실패를 반복하며 몸으로 익히는 것만큼 좋은 건 없다. 이 모든 과정은 차곡차곡 나만의 성장 시스템을 구축한다. 꾸준한 반복과 실패의 연속이 결국 또 다른 일도 가능하게 연결한다. 도전하게 하고, 나를 더 잘하게 한다. 이것은 필사에도 적용이 된다.

필사는 많은 도전을 하게 하는 힘이 있다. 필사를 꾸준히 반복하다 보면 어느 시간대에 해야 효율성이 극대화될지, 어떤 책을 필사하면 글쓰기에 도움이 될지, 필사 후 내 글쓰기는 어떤 식으로 써보면 좋을지 등을 고민하기 시작한다. 나도 모르는 사이 필사를 반복하고 실패하는 과정에서 나의 사고는 더 확장되어 가고 있다. 이렇듯 한 가지 일을 반복한다는 것은 더 나은 결과를 가져오기 위해 최선을 다하기 시작한다는 것이다. 필사의 꾸준함이 가져온 변화 중에서도 첫 도전은 '서평 쓰기'였다. 인스타그램을 하다 보니 책을 읽고 서평 하는 사람들이 많다는 것을 알게 되었다. 게다가 책에 돈을 쓰지 않고도 책을 받아 읽을 수도 있다. 필사하기 전에는 서평을 할 엄두도 내지 못했다. 책 쓰는 일처럼 서평 쓰기도 특별한 사람들만의 전유물처럼 생각했기 때문이다. 타이핑 필사를 하고, 내 글쓰기도 하면서 긴 글 쓰는 데 도움이 될 만한 방법을 모색하게 되었다. 내 글쓰기도 가능할 것 같다는 생각이 드니 지금 내가 하는 독서에도 문제가 있지 않은가 되짚어 보게 된다. 앞으로 글을 쓸 작가라면 당연히 다양한 분야에 열린 마음과 눈이 필요하다는 것도 알게 되었다. 왜냐하면, 글쓰기에는 글감이 필요한데 내가 꺼낼 수 있는 직접 경험의 사례는 한계가 분명 있을 거란 생각까지 미쳤기 때문이다. 이쯤 되니 적극적으로 내가 움직일 수밖에 없었다. '그래, 서평 이벤트에 참여해보자! 서평단에 당첨이 안 되어도 괜찮다. 다시 다른 책의 서평 이벤트에 신청을 넣으면 된다!'라는 마음으로 출사표를 던졌다. 시작한다는 것은 내 안의 잠든 가능성을 깨우는 일이다. 두려움을 넘어서면 나의 한계가 어디까지일까 궁금해진다. 보이지 않는 두려움의 벽을 허무는 순간 나에게 더 좋은 것을 선물할 기회가 생긴다. 멈추지 말고 벽을 허무는 작업을 지속하라.

'꾸준함의 힘은 대단하다.'라는 것을 실감하는 요즘이다. 그동안 꾸준히 새벽 기상을 하며 독서를 하고 필사를 하는 내 모습이 온전히 담긴 인스타 덕분인가? 그간의 노고를 알아봐 주는 것처럼 내가 생각했던 걱정과 두려움이 무색하게 서평 이벤트 당첨의 기회가 쉽게 왔다. 서평도 필사만큼 하나의 일과처럼 자리 잡아가고 있다. 서평 쓰기는 내 글쓰기 연습에 더 박차를 가하고, 또하나의 글감의 저장소가 되어 주었다. 책을 꾸준하게 읽는 사람으로, 다양한 책을 읽으면서 내가 그동안 느낄 수 없었던 세계와 만난다. 서평을 쓰면서 내가 이런 생각을 하고 있었구나, 좀 더 객관적으로 나를 바라보는 계기가 되기도 했다. 서평이라고 하면 딱딱하고 차가운 느낌이 든다. 내가 쓰는 서평은 좀 더 따스하고 부드럽게 다가가려고 노력한다. 책 속에 글은 그 작가를 닮았다고 생각한다. 어쩌면 나의 서평은 나를 닮았을지도 모른다. 서평을 쓰게 되었다는 기쁨도 잠시 부담감이 은근 밀려왔다. 내게 서평의 기회를 줬다는 사실은 나를 신뢰한다는 것이다. 마감기한을 지켜야 하고, 정성껏 내 생각과 마음을 최대한 담아내는 글을 적으려 노력했다. 그것이 내가 읽은 책에 대한 예의라고 생각한다. 그렇게 책 한 권 한 권 완독의 질주를 이어가다 보니 어느새 서평

쓰기의 부담감은 덜어졌다. 오히려 그 일을 즐기는 나를 발견했다. 내 마음과 생각이 고스란히 전해진 걸까? 어느 날 YES24에서 문자 한 통이 왔다.

"안녕하세요. YES24입니다.:) 축하드립니다. 주간 우수 리뷰에 선정되셔서 YES 포인트 30,000원이 지급되었습니다. 소중한 리뷰 작성해 주셔서 감사합니다."

이런 기적 같은 일이 내게도 생기다니! 기분 좋은 두근거림을 안고 얼른 YES24 앱을 열고 들어갔다. 양원근 작가의 《나는 죽을 때까지 지적이고 싶다》란 책의 서평 글이 우수 리뷰로 선정이 된 것이다. 이 책이 내게 특별한 것은 새벽마다 이 책을 읽으며 손필사도 하고 내 생각을 정리하며 읽는 데 공을 들인 책이기 때문이다. 내겐 오랫동안 기억될 값진 순간이다. 또한, 타이핑 필사에 대한 관심이 하늘을 찌르고 있을 당시 오재옥 작가의 《당신의 커리어를 리모델링하라》란 책의 서평단에 참여하게 되었다. 별 기대 없이, 제 2의 삶을 살기 위해 작가 준비를 하는 나에게 도움이 될 것 같아 신청했었던 책이 내게 또 한 번의 행운을 가져다주었다. 내가 서평단 중에서 최고 우수 리뷰로 선정되어 10만 원 상당의 백화점 상품권을 받게 된 것이다. 내가 꾸준히 해온 타이핑 필사 덕분에 조금씩 긴 글쓰기에 자신감이 붙고, 서평 쓰기도 큰 어려움 없이 해낼 수 있게 된 것 같다. 내 인생에 타이핑 필사가 없었다면 어떻게 되었을까? 이 모든 게 가능했을까? 이러한 소소한 결과물들이 하나둘 생겨나는 순간마다 '나는 꼭 좋은 글을 쓰는 작가가 되어 이러한 기쁨을 나눠주는 작가가 되어야 겠다'라고 다짐하게 된다. 나는 그 순간을 꺼내 보며 초심을 잃지 않기 위해 스마트 폰으로 캡처하여 핸드폰에 저장해 두었다. 모든 일을 시작할 때 초심만큼 나를 바로 세우는 힘은 없다. 그 초심을 잃지 않는다면 내가 하고 하는 일에서 옆길로 새는 일은 없을 것이다.

꾸준한 필사가 서평의 문턱을 낮췄다 해도 무리가 아니다. 필사하면서 나는 '내 이름으로 된 책을 세상에 내놓을 것'이라는 명확한 목표가 생기고 난 후로 매일 책을 읽었다. 필사하고, 글 쓰는 것을 멈추지 않고 있다. 필사는 나의 하루의 출발선이자 결승선이다. 매일 하는 꾸준한 필사는 포기를 모르게 하고, 새로운 것에 도전하는 삶을 살게 한다. 필사는 내 글쓰기도 가능하게 하지만 서평도 어렵지 않게 가능하다는 것을 눈으로 증명하고 있다. 독서, 필사, 서평, 내 글쓰기, 책 쓰기 이 모든 것이 가능하게 한 그 중심에는 꾸준한 타이핑 필사가 있었다. 새로운 삶을 느껴보고 싶은가? 내 글쓰기, 책 쓰기를 원하는가? 당신이 원한다면 충분히 가능하다. 필사의 신세계로 두려워하지 말고 들어오길 바란다.

엄마의 필사로 아이도 변한다

나는 사춘기 딸 둘을 둔 엄마이다. 굳이 길게 설명하지 않아도 '사춘기 두 딸 맘'이라는 말에 나의 일상의 반은 들켜버린 기분이다. 사춘기 딸들은 '질서 파괴자' 같았다. 퇴근 후 현관을 들어서는 순간부터 얼굴이 굳어진다. 온종일 산모와 신생아들에게 에너지를 다 쏟고 난 후에 오는 극도의 피로감을 놓아 줄 새도 없이 짜증이 단숨에 머리끝까지 차오른다. 현관을 들어서는 순간부터 신발은 짝을 잃고 헤맨다. 아이들의 방은 아침에 벗어놓은 옷가지들이 마구잡이로 널브러져 제멋대로 춤을 추고 있었다. 싱크대 위에는 식기와 컵들로 가득 차 있고 곁눈질만 해도 세탁물로 가득 찬 빨래통이 보인다. 깊은 한숨과 함께 나는 재빨리 무거운 몸을 살필 겨를도 없이 청소와 설거지, 빨래를 시작한다. 퉁퉁 부은 다리를 겨우 세워 싱크대 앞에 서서 생각 없이 그릇을 씻고 헹궈내는 일을 반복한다. 알아차림의 순간, 숨죽이며 참아왔던 눈물이 울컥하며 앞을 가렸다. '내가 전생에 무슨 죄를 지어 이러고 살지?', '이 나이 될 때까지 내 새끼는 뒷전에 두고 남의 새끼 예뻐라 하며 지금까지 버틴 이유는 뭘까?', '내게 남은 게 뭐지?', '내가 왜 딸들의 분노를 담아내는 감정 쓰레기통이 되어 버린 거지.' 무수한 질문들이 나를 향해 답을 기다렸다. 딸들이 던진 모진 말들은 거름망도 없이 날 것 그대로 내게 날아왔다. 깨진 유리 조각들이 한꺼번에 심장에 날아와 꽂히는 것 같았다. 육아서를 읽고 부모로서 잘못된 부분을 반성하게 되는 것도 잠시 욱하는 마음을 잠재울 수가 없었다. 날마다 서로를 쏘아보고 마음에도 없는 날카로운 말들이 서로의 가슴에 비수가 되어 꽂히고 있었으니까. 서럽고 눈물이 났다. 내가 이런 모습을 보려고 20년 넘게 간호사 일을 하며 살았나 싶은 게 온갖 서러움이 밀려와 가슴을 내려쳐도 시원치가 않았다. 내가 잘못된 건지 아니면 딸들이 잘못된 건지 이제는 판단조차 하기 힘들 정도다. 왜 나를 이렇게 바닥까지 내려가게 만드는지 꼭 내가 나쁜 사람이 되어버린 기분이 든다. 학창 시절 친구들의 기억 속에 나는 책을 좋아하고, 손편지를 즐겨

썼고, 시를 좋아한 조용한 친구로 남아 있다. 세월은 또 다른 나를 탄생시켰다. 나조차 적응되지 않는 낯선 나를 어떻게 받아들여야 할지 모를 때, 매일 하는 루틴의 힘에 기대어 위로를 받았다.

　어느 날 거실에서 타이핑 필사를 하고 있었을 때다. 거실에 나온 딸아이가 말했다.

　"엄마. 도대체 매일 뭘 그렇게 해?"

　"응, 지금 필사하는 거야."

　"필사가 뭐 길래 매일 이러고 있어? 에게, 이 속도로 언제 다 써. 에이~ 내 타자 속도에 비하면 아무것도 아니네. 나는 더 빨리 칠 수 있는데."라며 속도가 느린 나의 타자를 비웃었다. 그때까지만 해도 딸아이는 내가 하는 필사가 그저 자판을 두드리는 정도로만 이해한 듯했다.

　"필사하는 데 타자 속도가 중요한 게 아니야. 책을 읽으며 작가가 쓴 글을 그대로 따라 옮겨오는 과정에서 배우는 것들의 소중함을 아는 게 중요한 거거든! 일단 너는 타자 속도가 빠르니까 타이핑 필사에 어려움은 없겠네, 자꾸 아무것도 안 하고 용돈 달라 하지 말고 필사해서 용돈을 받아가든가. 엄마는 세상에 공짜는 없다고 생각하거든!"

　"진짜? 그럼 내가 하는 만큼 돈 주는 거다. 내가 얼마나 타자 속도가 빠른데. 500타가 넘는다고! 앗싸, 진짜 주는 거다."

그렇게 뜻하지 않게 딸아이의 타이핑 필사가 시작되었다. 나는 은근 기뻤다. 딸아이와 함께 하는 필사! 공감대가 형성되는 계기가 될 것 같아 그 자체로 희망이 보이는 것 같았다. 한편으로는 '한 번 하고 안 한다 하면 어쩌지?' 하는 우려도 있었지만 그건 나의 기우에 지나지 않았다. 딸아이가 처음 필사할 책으로 어떤 것을 고르면 좋을까 고민했다. 고심하던 중 '아! 맞다. 내가 읽었던 책 중에 《공부란 무엇인가》란 책이 있었지!' 번개처럼 번쩍하고 생각이 났다. 이 책은 한근태 작가가 쓴 책인데 진짜 공부에 대해 다시 생각해보는 계기가 된 책이다. 나의 딸들에게 한 번쯤 꼭 읽히고 싶단 생각이 들어 큰 딸아이에게 "채원아, 나중에 이 책한 번 읽어봐. 네가 공부를 왜 해야 하는지 스스로 길을 찾는 데 도움이 될 것 같거든."하고 권했던 적이 있었다. 딸아이는 한 치의 망설임도 없이 "됐거든! 나는 그런 책 싫어!" 하고 단호하게 대답했다. 《공부란 무엇인가》제목부터 딸아이에겐 거부감을 느끼게 하기에 충분하다는 것을 알고 있기에 다시 권하기가 어려웠다. 그래서 이번 기회에 필사하면서 자연스럽게 공부에 대한 필요성을 느끼게 하고 싶었다. 고2가 된 딸아이는 아직 꿈도 명확하지 않고, 공부에 대한 의지도 약해서 이번 필사로 꼭 딸아이의 마음에 희망의 불씨가 피워지길 바랐다.

"엄마, 나 어떤 책을 필사하면 돼. 빨리하고 싶어."

"그래, 지난번 말했던 《공부란 무엇인가》란 책이야. 네게 도움이 될 거야."

"알았어! 진짜 내가 필사한 만큼 꼭 용돈 주는 거다!"라며 용돈 벌 생각에 신이 나서는 재빨리 손으로 낚아채더니 자기 방으로 가서 타이핑 필사를 시작하는 게 아닌가.

나는 '부모는 아이의 거울'이라는 말에 실감한다. 매일 책상에 앉아 책을 읽고, 필사하는 내 모습을 보며 궁금했을 것이다. '우리 엄마는 매일 뭘 저렇게 하지?' 하는. 자신도 모르게 엄마의 모습은 흔한 일상의 풍경이 되고, 무의식에 자리 잡아 거부감이 없었던 것 같다. 그렇게 시작한 필사, 딸아이에게 어떤 변화가 생겼을까?

첫째, 엄마와 딸 사이의 공통분모가 서로를 이해하는 데 도움이 되었다. 아이가 필사하기 전에는 엄마가 하는 매일의 루틴이 그저 도로 위를 무심히 달리며 지나치는 자동차를 바라보는 일 같았을 것이다. 그러나 필사를 한 후로 일상을 바라보는 시각이 바뀌기 시작한 것이다. 보는 눈이 맑아지면 드러나는 언어와 생각이 아름다워진다. 짜증을 많이 내며 나와 대화를 꺼리던 아이가 자꾸만 내 곁으로 와서 스킨십을 하고, 종알종알 재잘대는 새처럼 이야기를 풀어낸다. 큰 딸아이를 언제 꼭 안아봤던가. 안아보려고 하면 저리 가라며 나를 밀어내던 아이가 먼저 내게 다가와 품에 안겼을 때 기분이 묘했다. 내 가슴 안에 가득 찼던 조막만 한 아이가 어느새 나보다 더 큰 가슴으로 나를 안아주다니. 그 순간 언제 이렇게 컸나 싶고, 실컷 안아볼 수 있을 때 많이 안아주지 못한 후회와 아쉬움이 뒤섞인 뭉클함이 목구멍을 타고 올라와 가슴이 먹먹해졌다. 그리고 감사했다. 필사가 아이의 얼어붙어 있던 마음을 겨울의 문턱을 넘어 새 봄맞이에 들어서게 했다. 이제 아이의 마음에 봄이 찾아왔다. 그리고 자신만의 꽃을 계절마다 피우는 법을 알게 되었다.

둘째, 필사하면서 책을 읽는 즐거움을 알게 되었다. 타자 속도가 빠른 만큼 필사의 속도는 일취월장했다. 딸아이는 벌써 4번째 책이 마무리되어가는 중이다. 한근태 저자의《공부란 무엇인가》, 빅터 프랭클의《죽음의 수용소에서》, 레오 버스카글리아의《살며 사랑하며 배우며》를 끝내고 지금 현재 한동일 작가의《공부법 수업》을 필사 중이다. 딸아이는 이제 필사와 독서에 거부감 없이 일상의 흔한 풍경이 되어가고 있다. 내가 읽은 책들을 필사하는 딸아이는 현재 자신만의 독서 이력이 하나씩 채워지고 있다. 매일 필사한 분량을 나에게 보여준다. 말하지 않아도 필사를 하면서 인상 깊었던 부분이나 감명받은 문장이나 단락을 다른 색으로 바꿔 놓은 것이다. 나는 그런 딸아이의 중요표시 문장을 집중해서 읽는 편이다. 내가 책을 읽으면서 인상적이었고 감명 깊었던 부분과 어느 정도 일치되는지, 딸아이는 어느 부분에서 감동을 느꼈는지 엿볼 수 있었다. 나와 일치하는 부분이 있으면 '역시 내 딸!' 하며 미소 짓곤 했다. 그런 나를 보며 "엄마, 좋아?" 그러면 나는 말한다. "응, 너무 좋아. 네가 내 딸이란 게 그냥 좋아."

셋째, 필사한 만큼 용돈을 버는 재미에서 노동과 돈의 소중함을 알게 된다. 지금을 살아가는 아이들은 내가 자라던 때와 또 다르게 물질적 풍요로움을 마음껏 누리고 사는 세대란 생각이 든다. 어느 날 동성로 시내에 친구들과 함께 놀러 간다며 용돈을 달라는 것이다. 그래서 얼마가 필요하냐고 물었더니 주뼛대며 다른 친구들은 기본 5만 원 이상은 가지고 나온다며 푸념 섞인 말들을 늘어놓았다. 내가 그 정도의 용돈을 주지 않을 거란 걸 알아챘는지 미리부터 시위라도 하듯이 투덜대는 것이 아닌가. 결국, 그 날 나는 3만 원을 쥐여 주며 외출을 허락했다. '라떼'라고 말할지 모르지만 내가 어릴 때 엄마에게 돈을 달라 하면 "땅을 파봐라. 10원짜리 하나 나오나."라고 하신 말씀이 생각난다. 나는 그 말을 직장인이 되어 자취하며 절실히 느꼈다. 세상은 내게 호락호락하게 거저 주는 것은 없다는 것을 느끼며 돈을 저축했다. 그러나 내 아이는 돈을 달라하면 당연히 엄마는 줘야 할 대상인 듯 돈을 쉽게 말하는 아이가 가끔 걱정되기도 한다. 집안일을 도와주거나 책을 읽거나 하면 용돈을 준다고 했지만 크게 반응을 보이지 않던 아이였다. 그런 딸아이에게 노동과 돈의 소중함을 알게 해주고 싶었는데 다행히 필사에 긍정적인 반응을 보이다니 너무 신기하면서도 감사하다. 딸아이는 나와의 의견충돌 끝에 필사하면 1장당 500원~1000원으로 합의를 보았다. 책의 크기와 분량도 책마다 달라 새로 필사할 책이 정해질 때 가격을 조정했다. 처음에는 의욕 충만으로 10장을 필사해오더니 조금씩 속도 조절을 하며 필사를 이어가고 있다. 스스로 삶의 쉼표를 배워가고 있다고 생각한다.

"엄마, 나 오늘은 10장 필사했어. 칭찬해줘. 힘들긴 한데 내가 필사해서 받은 용돈이라서 아까워서 못쓰겠어. 꼭 필요할 때 쓸 거야."

"엄마, 나 4권째 필사책 「한동일 작가의 《공부법 수업》」이제 몇 장 안 남았어. 근데 이 사람 진짜 대단한 것 같아. 공부는 하긴 해야 할 것 같아."

"엄마, 이 책 다 필사하고 나면 어떤 책을 필사하게 할 거야? 궁금해."

모든 변화는 일상에 약간의 조미료가 더해질 때 시작된다. 나와 딸아이의 일상에 타이핑 필사란 조미료가 더해져 감칠맛 나는 삶을 살아가고 있다. 딸아이는 예전보다 마음의 평화와 자신감이 상승했고, 스스로가 무엇인가를 잘 해낼 수 있다는 것에 성취감을 느껴가는 것 같아 보고 있는 것만으로도 웃음꽃이 핀다. 초등학교 이후로 멈춰있던 독서를 다시 시작하고, 앞으로 사회로 나갈 아이에게 노동과 돈의 가치를 알게 한 필사이다. 자녀에게 물려주고 싶은 유산이 있는가? 나는 필사를 통해 자녀에게 물려줘야 할 소중한 유산이 무엇인지 알아가고 있다. 둘째 딸아이는 파울로 코엘료의《연금술사》필사를 시작했다. 둘째 딸아이의 앞으로가 기대된다.

『 필사의 편견을 버려라 』

필사 후 달라진 일상을 대하는 태도는 내가 얼마나 많은 편견 속에서 살아가고 있는지 깨닫게 되었다. 어느 날 나는 택시를 타고 약속 장소에 가는 중이었다. 택시 운전사는 성격이 많이 급해 보였다. 이리저리 끼어들며 달리는 택시가 못마땅해 눈살을 나도 모르게 자꾸만 찌푸렸다. 그렇게 한참을 가다 갑자기 급정지하는 바람에 앞 좌석에 얼굴이 부딪칠 뻔했다. "또 여자지! 아줌마가 운전을 못 하면 집에 들어가서 솥뚜껑이나 잡을 것이지. 나와서 민폐고."라며 말씀하시는 것이다. 순간 여자인 내가 죄인이 되는 것만 같았다. 얼마든지 여자들도 운전을 남자들보다 잘 할 수 있는데 왜 이런 생각하는 것일까. 실제로 남성들과 비교하면 여성 운전자가 서툰 부분이 있을 수도 있긴 하지만 운전도 반복하다 보면 남성 못지않게 운전을 잘하는 분들이 많다. 그런데 유독 여성 운전자들을 향한 편견의 목소리는 사라지지 않는다. 가부장적 사회의 분위기가 이런 생각의 뿌리를 내리게 한 것이다. 요즘 시대에 성차별적 말을 하면 분명 엄청 욕을 먹을 일이지만 아직도 이런 비슷한 말들을 종종 들을 때가 있다. 운전은 성별의 문제가 아니다. 운전도 계속 반복해서 하다 보면 다양한 경험을 통해 운전기술도 늘게 된다. 나는 운전면허증을 취득한 지 10년이 넘었다. 나는 아직 운전을 안 하고 있다. 사고 날 뻔했던 트라우마로 나의 자동차가 언제 살인 무기가 될지 모른다는 두려움이 운전대를 잡을 용기를 삼켜버린 지 오래다. 하지만 가끔 운전을 잘하는 여성 운전자를 보면 다시 운전대를 잡고 싶어진다. 나는 운전을 잘하는 사람을 만나면 묻는다.

"어떻게 이렇게 운전을 잘해요? 남자들보다 더 운전을 잘 해요. 주차도 잘하시고."

"나도 처음엔 서툴고 겁도 나고, 사고도 몇 번 났었어. 두려워도 계속 운전하다 보니까 잘하게 되더라고, 현주씨도 겁먹지 말고 일단 도로 위로 차를 몰고 나가요. 나이 더 들면 하고 싶어도 못 한다니까."

나는 왜 내가 운전을 못 할 거라고 미리부터 생각한 건지 모르겠다. 위의 대화에서처럼 느껴지듯이 나도 모르게 여자는 남자보다 운전을 못 할 거라는 편견을 가지고 있었다. 이렇듯 보이지 않는 편견은 필사에도 적용이 된다.

당신은 필사라 하면 어떤 생각이 드는가? 대체로 손으로 따라 쓰는 필사를 생각할 것이다. 이러한 필사에 대한 편견은 필사에 대한 부작용을 낳는다. 손으로 글자를 적어야 한다는 부담감에 해보지 않고 어렵게 느낀다. 또한, 글씨체가 악필인 경우는 더더욱 쓰는 것이 쉽지 않다. 게다가 한 권의 책을 필사하기에는 너무 오랜 시간을 들여야 한다. 그러다 보니 육체적 수고로움은 피할 수가 없다. 나는 오랫동안 새벽 기상을 하며 손 필사를 하고 있다. 책을 읽으며 기억하고 싶은 글을 만나거나, 인상적이고 감동적인 글을 놓치기 싫어 문장 일부분을 손으로 필사한다. 필사에 시간을 많이 들여다보니 독서 할 시간이 부족하게 느껴져서 《어린 왕자》 한 권을 필사한 후로 짧은 글들을 필사하고 있다. 문득, 손으로 하는 필사에서 느껴지는 긍정적인 부분들을 병행해서 타이핑 필사를 하면 더 좋은 시너지 효과를 얻을 수 있을 것 같았다. 분명히 손 필사가 주는 매력은 있었기 때문에 손 필사를 포기할 수 없었다. 장기적으로 손 필사를 이어간다고 한다면 아마도 중간에 필사를 포기하는 이들이 많을 것이다. 나는 타이핑 필사를 만난 이후로 필사의 편견을 완전히 깨고 말았다. 왜냐하면 타이핑 필사가 주는 이로움을 몸으로 체험하면서 필사의 신세계를 경험하고 있기 때문이다. 필사에도 여러 방법이 있지만 자신에게 꼭 필요한 필사를 하라고 권하고 싶다. 필사의 편견을 버리고 타이핑 필사를 시작해보자. 필사의 편견을 버린 후 나에게 찾아온 변화는 다음과 같다.

우선, '필사는 쉽다'라는 생각에서 시작하게 된다. 필사를 오랫동안 할 수 있는 힘이 생긴다. 손으로 계속해서 필사하고 있었다면 나는 내 글쓰기와 책 쓰기의 꿈은 망상에 지나지 않았을지도 모른다. 내 글을 쓰고 싶고, 책 쓰기를 하고 싶은 사람이라면 타이핑 필사를 꼭 해보기를 권한다. 자판만 두드릴 수 있으면 부담 없이 시작할 수 있다. 타자 속도가 조금 느려도 괜찮다. 나는 처음 A4 2장 반을 필사하는 데 1시간이 걸렸었다. 그러나 꾸준한 반복만큼 빠르게 행동의 변화를 이끄는 것도 없다. 매일 타이핑 필사를 하다 보면 늘 하던 일처럼 손가락도 알아서 움직인다. 게다가 내 글씨체가 남들이 읽어내기 어려울 만큼 악필이어도 상관이 없다. 자음과 모음이 적힌 자판을 외워 두드리기만 하면 저절로 일정한 규격의 글자가 모니터 화면에 새겨진다. 큰 딸아이가 지금까지 필사를 이어갈 수 있는 이유가 무엇이겠는가? 바로 쉽다는 것이다. 연필이든, 볼펜이든 필기도구가 손에 쥐어지지 않아도 키보드만 있다면 필사를 쉽고 빠르게 할 수 있다. 큰 딸아이의 경우 원래 자신이 타자 속도에도 자신이 있었지만, 실제로 필사를 하면서 용돈의 액수와 필사와 독서의 이력이 쌓이는 가시적인 결과물이 바로 드러났기에 그에 따른 시너지 효과가 딸아이의 변화를 끌어낸 것이다. 만약, 내가 딸아이에게 손으로 필사를 하라고 했었다면 어떻게 되었을까? 모르긴 몰라도 아마 한 페이지 필사도 힘들어 못 하고 중도 포기를 했을 것이다. 꾸준히 오랫동안 할 수 있는 필사의 힘! 그것은 바로 '필사는 쉽다'라는 생각에서 출발한다고 해도 과언이 아니다.

두 번째로는 필사에 대한 긍정 생각이 필사의 질을 높여준다. 필사라 하면 누군가의 글을 '베껴 쓰는 것'이라는 부정적 마음이 먼저 든다. 언니에게 글쓰기 방법을 익히기 위해 타이핑 필사를 매일 하고 있다고 했더니 바로 나온 첫 마디가 "필사라면 그냥 작가의 책을 베껴 쓰는 거 아니야? 그게 무슨 도움이 되나. 네 글을 써야지."였다. 맞다. 필사는 베껴 쓰는 것이다. 베껴 쓴다 하면 내가 의도하든 안 하든 죄책감이 드는 이유가 무엇일까? 이 또한 오래전부터 내재한 '베껴 쓰다'에 대한 편견일 게다. 대학교 다닐 때 과목마다 교수님께서 내주신 주제로 리포트를 적어 내야 했다. 그때 나는 도서관에 가서 여러 출판사의 책을 참고로 해서 정성껏 리포트를 적어 제출했었다. 그런데 어떤 친구들은 누군가 이미 써놓은 리포트를 그대로 베껴와 짜깁기해서 제출한 친구도 있었다. 심지어 좋은 점수를 받았다고 하면 기분이 상했다. 나의 노력과 시간의 가치를 도둑맞은 기분이 들었기 때문이다. 명품 브랜드의 다자인을 베껴와 시중에 짝퉁이 판을 치고, 어떤 이가 수많은 시간과 노력을 들여 쓴 논문을 베껴와 박사학위를 받았다는 표절 시비의 뉴스들이 은연중에 부정적 생각의 씨앗을 심어놓는다. 필사를 제대로 하고 싶었다. 나의 잠재의식에 자리 잡은 부정적 생각을 버리고 매일 하는 필사의 행위에 새 생명을 불어넣어 나의 글을 쓰고, 책을 쓰고 싶었다. 그래서 나는 필사하면 떠오르는 '베껴 쓰다'라는 말 대신 나만의 언어로 순화시켰다. '베껴 쓰다'에서 '그대로 옮겨 적다'로 나름의 언어로 정의했다. 그랬더니 이전에 들던 부정적 마음이 조금씩 허물을 벗어내기 시작했다. 그렇게 필사의 부정적 감정에서 벗어나 필사의 정의를 나만의 언어로 바꾸고 죄책감을 지웠다. 그래서인지 전보다 더 즐겁게 필사를 하며 필사 예찬론자가 되어가고 있다.

마지막으로 필사에 대한 믿음을 초월하고 나를 위한 필사를 하기 시작했다. 책을 써야 성공한다는 말에 혹한 적이 있다. 책을 쓰면 돈이 따라서 온다고? 필사하면서 내 글을 쓰고 책을 써서 돈까지 벌면 참 좋을 것 같다. 저마다 성공의 정의는 다르겠지만 성공의 결과는 행동에 있다. 내가 좋아하는 일을 꾸준히 하고 있을 때 기회도 문을 두드린다. 그 기회를 알아볼 수 있는 좋은 안목을 키우는 게 중요하다고 생각한다. 필사하면 할수록 작가란 직업의 고귀함을 알아가고, 한 권의 책도 소중하지 않은 책이 없다는 것을 알았다. 책을 함부로 대한다는 것은 그 책을 쓴 작가를 대하는 나의 태도가 될 수 있겠다는 생각을 했기 때문이다. 분명, 작가는 이 한 권의 책을 세상에 내놓기 위해 날마다 책에 대한 생각으로 하루 삶을 녹여냈으리라. 그런 생각까지 미치다 보니 '글 쓰는 일은 돈을 떠나 나를 위한 글쓰기를 하는 것이었구나, 그렇다면 필사도 나를 위해 해야 하겠다.'란 생각이 들었다. 그렇게 나는 매일 나를 위한 필사를 하기 시작했다. 그랬더니 오히려 마음이 더 편해지고 필사를 하는 이유가 더 분명하고 명확해지는 것 같았다. 무엇인가를 바라고 하는 마음을 버리고 나를 위한 글쓰기를 하다 보면 기회는 반드시 찾아올 것이다. 기회가 왔을 때 잡을 수 있는 좋은 눈을 나는 필사를 하면서 글에서 찾는다.

우리는 자기 혁명의 시대에 살고 있다. 필사에도 혁명이 필요하다. 아날로그방식을 조금만 벗어나면 필사에도 자유를 줄 수 있다. 시대의 요구에 응할 필요가 우리에게 있다. MS워드와 컴퓨터 자판, 스마트 폰에 익숙해진 세대인 만큼 필사의 종류도 다양해지고 있다. 나는 손 필사가 나쁘다고 말하는 것이 아니다. 내 글을 쓰고 싶고, 책 쓰기가 하고 싶은 이들이라면 필사의 편견을 깨고 타이핑 필사를 시작해보라는 것이다. 쉽고 빠르게 누구나 시작할 수 있는 이 시대의 요구에 부합되는 필사에서 그 해답을 찾아갔으면 하는 바람이다.

더 나은 삶을 추구하기 위해서 기존의 방식과 새로운 방식 사시에서 현명한 취사선택을 할 수 있는 지혜가 필요하다. 기존 틀에 묶어두려 할수록 구속될 수밖에 없다. 좁은 공간에서는 제아무리 튼튼하고 아름다운 날개를 가지고 있어도 날갯짓 한 번 할 수도 없다. 나를 둘러싸고 있던 좁은 공간의 벽을 허물고 날갯짓을 준비하라. 우리 자신에게 진정한 자유를 줄 수 있는 사람은 바로 자신임을 잊지 말아야 한다.

「 내 삶을 바꾼 프라임 필사 」

내 인생의 터닝포인트는 '필사'이다. 여기서 말하는 필사는 '타이핑 필사'다. 한 사람이 자신의 삶 속으로 들어오는 것은 그 사람 전부가 오는 것이라고 했다. 나에게 필사는 한 작가의 삶이 내게 스며드는 일과 같다. 필사는 다른 이의 삶을 내 안으로 초대하는 일이다. 다시 글을 통해 나를 이야기한다. 나 자신이 글이 되고, 나의 삶이 책으로 재탄생하는 여정이다. 처음 타이핑 필사를 시작할 때만 해도 큰 기대하는 바는 없었다. 이 필사 하나로 빠른 시간 내에 글쓰기 방법을 익히고 내 글을 쓰게 되리라고는 전혀 상상조차 못 한 일이었다. 그런 내가 지금 공저에 참석해 내 글을 쓰고 있다는 것이 믿어지는가? 나는 지금도 꿈을 꾸는 것만 같다.

게다가 몇 달 후면 내 이름 석 자가 적힌 공저 책이 세상에 모습을 드러낸다는 사실은 내 삶의 이력서 하나가 만들어지는 순간이다. '글 쓰는 작가이자 간호사'란 타이틀이 생긴다는 생각만으로도 가슴이 벅차오른다.

나는 어떤 대상에 의미를 붙이는 것을 좋아한다. 특별한 나만의 증표 같은 느낌을 주기 때문에 더 애착이 간다. 내가 매일 하는 이 타이핑 필사가 내 인생 최고의 필사가 되었다. 그러한 의미를 담아 '프라임(PRIME) 필사'라고 이름을 붙였다.

P: powerful connections (강력한 인맥: 책성원, 타이핑 필사)

R: read and write(읽고 쓰다),

I: imagine(상상하다),

M: manifestation(실체화) ,

E: easy and fast(쉽고 빠르다)

한 문장으로 풀어 말하자면 '책을 읽고 쓰면서 미래를 상상하고, 꿈을 현실로 드러나게 하는 쉽고 빠른 가장 강력한 인맥은 바로 타이핑 필사다'라는 뜻이다. 이 필사의 좋은 혜택을 누리지 못했다면 나는 지금도 새벽 기상을 하고 책을 읽고, 손 필사에 머물러 있었을 것이다. 내 글을 쓰고 싶어도 방법을 몰라 지금까지 헤매고 있을지도 모른다. 내 이름 석 자가 새겨진 공저 책 출간은 전혀 생각도 못 했을 게 뻔하다. 어떻게 나는 필사한 지 100일이 되기도 전에 내 글을 쓰는 작가의 삶을 살게 되었을까? 내 삶을 새롭게 개척하고 일으킨 타이핑 필사, '프라임 필사'라고 부를만한 이유는 충분하다. '프라임 필사'의 의미에 부합하여 타이핑 필사로 내가 얻어 낸 최고의 소득은 다음과 같다.

첫째, 필사의 행위가 곧 꿈의 청사진이다. '시각화'란 말을 들어 본 적이 있을 것이다. 자수성가한 성공자들은 하나같이 시각화를 하며 자신의 간절한 꿈을 이루는데 이 방법을 사용했다. 자수성가한 대표적인 인물 중 켈리 최 회장은 시각화의 중요성을 널리 알리고 있다. 그녀는 부자가 되기 위해 단 하루도 빠짐없이 시각화를 실천하고 있다고 전한다. 나는 여기에서 '단 하루도 빠짐없이'란 말에 중심을 둔다. 이루고자 하는 것이 있다면 내가 원하는 그것을 향해 매 순간 집중하고 매일 생각하는 것이다. 시각화는 내가 원하는 삶을 이미지화시켜 잠재의식 속에 스며들게 하는 일이다. 인간은 하루에도 수만 가지 생각을 나의 의지와 상관없이 하게 되는데 그중에 부정적인 생각도 무의식에 남게 된다고 한다. 나도 모르게 자리 잡은 부정적인 생각들을 버리는 작업을 지속적으로 해야 나의 목표에 더 집중할 수 있다. 나는 매일 새벽 기상을 한 후 손 필사를 한다. 자기 전에는 타이핑 필사를 하며 나의 미래의 모습을 실감 나게 그려본다. 그리고 내가 꿈꾸는 삶을 한 장의 청사진으로 남긴다. 그렇게 매일 필사를 하다 보니 어느 순간 그 모습을 닮아가고 있는 나를 보게 되었다. 실제 내 글을 쓰기 시작하고, 책 쓰기를 하는 내 모습이 놀랍다. 컴퓨터나 노트북 앞에서 타이핑 필사를 하는 것 자체가 실제 꿈의 주인공인 나 자신이 주체가 되어서 하는 행동이다. 평소 그리던 꿈의 모습을 현실로 가져올 때 더 생생하고 가슴 뛰게 하는 시각화 영상이 된다. 살아 움직이는 생생한 시각화는 내가 원하는 삶을 무에서 유로 창조해내는 정신적 지지대이자 거푸집 역할을 한다. 남들의 눈에는 단순히 자판을 두드리고, 남의 글을 베껴 쓰는 대수롭지 않은 행위처럼 보인다. 그러나 내 글을 쓰는 작가의 삶으로 가는 가장 빠른 지름길이자, 살아 움직이는 가장 선명한 꿈의 청사진이라는 것을 잊지 말아야 한다. 필사를 매일 실천하고 있는 내 모습만큼 생생하고 구체적인 시각화 영상이 어디 있겠는가.

둘째, 타이핑 필사로 제2의 삶을 꿈꾸게 되었다. 한 치의 앞을 예상할 수 없는 것이 인생이다. 시련의 얼굴을 한 기회를 맞을 준비를 하고 있어야 한다. 나는 책 읽기를 좋아하기 때문에 직장생활을 하면서도 책 읽는 시간을 확보하기 위해 새벽 기상을 시작했다. 독서의 질을 높이기 위해 손 필사도 함께 해 왔다. 그런 매일의 루틴이 어느 날 나의 글을 쓰고 싶다는 생각을 불러일으켰다. 새벽 기상을 하면 하루 중 가장 감성이 충만해진 신성한 시간 대라 평소 생각지 않았던 '아하'의 순간이 찾아올 때가 많다. 그럴 때마다 감정선의 흐름에 따라 짧은 글을 쓰며 인스타에 올렸다. 하지만 내 글을 쓰려면 반드시 긴 글을 써야 하는 순간이 올 거란 생각은 피할 수 없었다. 그런 생각을 가슴에 품고 살아서일까? 〈책성원〉의 N 작가와의 만남으로 인해 알게 된 타이핑 필사는 긴 글쓰기 연습에 최고봉이다. 긴 글을 꼭 써내야 한다는 억지스러운 마음이 가득할수록 글쓰기 시작은 어렵기만 하다. 하지만 타이핑 필사는 무거운 마음을 덜어내고 작가의 생각을 글로 풀어낸 책을 읽고, 자판을 두드리면 어느새 긴 글들이 옹기종기 모여 1꼭지 분량인 A4 2장 반의 글이 완성되어 있다. 내 생각에서 나오지 않았지만, 작가의 '생각의 흐름'이 담긴 글들을 따라가다 보면 그 속에 숨겨진 글쓰기 비밀이 눈에 들어오기 시작한다. 왜 타이핑 필사를 해야 하는지 스스로 느끼는 순간은 진정한 내 꿈이 뭔지 선명해지는 순간이 된다. 〈책성원〉에 들어올 때만 해도 막연했던 글쓰기였다. 하지만 이제는 기필코 나의 경험이 담긴 책을 쓴 작가가 되어 선한 영향력을 주는 사람이 되는 것이 꿈이다. 마흔 중반을 넘어서는 순간부터 남은 삶을 어떻게 새롭게 리모델링해야 할지 막막했다. 타이핑 필사 하나로 조금 더 빨리 제2의 삶을 사는데 가까워진 것 같다. 그래서인가. 나는 필사로 많은 이들에게 본보기가 되고 싶다. 내 인생 키워드는 '필사'이다. 필사로 인한 그 파급력을 누구보다 적극적으로, 나만의 언어로 쉽게 알리고 싶어졌다. 이 글을 읽고 있는 독자라면 반드시 책을 좋아하고 글쓰기를 하고 싶은 사람일 거라 짐작된다. 주저하는 순간은 꿈과 멀어지는 첫 번째 걸림돌이다. 필사를 결심하는 순간 그것은 꿈을 만들어 가는 디딤돌이 되어 줄 것이다. 무엇을 망설이는가. 시작하라. 그리고 작가란 꿈으로 가는 추월차선에 올라타라.

셋째, 필사 하나로 내 자녀에게 물려 줄 유산이 하나 더 생겼다. 나는 죽기 전까지 글을 쓰는 작가로 생을 마무리하는 것이 꿈이 되었다. 내가 내 아이에게 물려 줄 수 있는 자산 중 하나가 나의 책이 되길 바란다. 나의 인생 철학이 담긴 책들이 나의 자녀들에게 살아가는 동안 큰 힘이 되어 주길 바라기 때문이다. 우리의 삶은 산을 오르는 것과 닮았다. 산을 오르다 보면 평소 안 쓰던 다리 근육들에 기름칠을 시작하면서 슬슬 아파오기 시작한다. 오르다 보면 숨이 턱 끝까지 차오르고 헉헉 대기 시작한다. 하지만 멈추지 않는다면 누구나 정상에 오르고야 만다. 정상에 오르면 거칠었던 숨소리는 잠든 아기의 숨결처럼 안정을 되찾고 높이 올라왔을 때만이 느낄 수 있는 해방감을 느낀다. 하지만 언제까지 정상에 머물러 있을 수 없다. 다시 내려가야 하는 순간이 온다. 이미 우리는 내려가야 한다는 것을 알고 있다. 그러하기에 내리막길이 두렵지 않다. 이처럼 나는 나의 자녀에게 삶의 내리막길이 찾아왔을 때 나의 책이 인생 나침반이 되어 주길 바라는 마음이다. 나의 삶을 들여다 보며 그 안에서 해답을 찾아가는 삶을 물려주고 싶다. 당신은 자녀에게 무엇을 주고 싶은가.

'당신이 가진 것에 만족하고 당신이 놓인 상황을 기뻐해라. 아무것도 부족함이 없음을 느낄 때 온 세상이 당신의 것이 될 것이다.' 노자가 말했다.

우리는 너무 많은 것을 이미 누리고 있다. 단지, 더 많은 것을 가지고 싶어 할 뿐이다. 필사를 하면서 다짐했다. 책을 써서 돈도 벌게 되면 참 좋겠지만 돈을 최종 목적으로 두지 않겠다고. 꿈은 멈추지 않아야 한다. 매번 설레어야 한다. 힘들다는 생각이 들지 않고 즐거워야 한다. 지금이 딱 그렇다. 글을 쓰면서 생각하는 하루를 살고, 한 가지 주제에 대해 독서를 깊이 있게 하게 되면서 더 많은 주제로 글을 쓰고 싶어졌다. 나 자신과 내 삶의 변화를 이끈 중심에는 PRIME 필사가 있었다. 내 인생의 한 획을 긋는 '사건'으로 기억될 것이다. 있는 그대로 모든 것이 내 안에 들어와 글이 된다. 내가 보고, 느끼고, 생각하는 모든 것들을 내 세상으로 가져오는 비법이 궁금한가. 필사를 귀한 손님을 맞이하듯 내 삶으로 초대하면 된다. 손끝으로 읽어내는 타이핑 필사의 위력을 온몸으로 받아들이자. 그 결과물은 나 자신이 되고, 내 삶의 위대한 상징물로 남게 될 것이다.

PART. 2

필사는 드라마보다 재미있는 것

남상희

『 필사가 끌어낸 소중한 내 꿈 』

올해 6살이 된 두 아들을 키우고 있다. 그렇다. 나는 아들 쌍둥이 엄마이다. 내가 아들 둘을 낳았다고 하니까 아는 언니는 우스갯소리로 이런 이야기를 해주었다. 현생에 아들 둘을 키우면 죽어서 무조건 천국에 간다고. 그만큼 힘이 들 것이니 각오하라는 뜻으로 한 농담이라는 것을 나는 알고 있다. 쌍둥이로 태어난 아이들은 둘이 성향이 아주 다르다. 그중 선둥이는 말도 후둥이보다 조금 느리고 예민하고 불안이 많은 아이였다. 쌍둥이라서 좋은 점이 정말 많지만 태어나서부터 어쩔 수 없이 둘이 비교 대상이 된다는 것은 참 안 좋은 단점 중의 하나이다. 후둥이는 다른 아이들에 비해서는 좀 느리긴 했지만, 선둥이보다는 말도 빠르고 유난히 운동신경이 좋아서 항상 둘이 그 부분이 비교 대상이었다. 둘을 계속 보다 보면 유난히 느린 부분들이 보이고 그러다 보면 부모로서 걱정을 안 할 수가 없어진다.

　그러던 어느 날 선둥이에게서 특별한 부분을 보게 되었다. 아이들이 아직 소근육이 약하여 손동작이 잘 안될 때였다. '꼭꼭 약속해~'하며 약속 놀이를 하곤 했는데, 새끼손가락을 거는 모양을 아직 잘하지 못할 때였다. 후둥이는 잘되진 않았지만 한 번에 되어서 자꾸 와서 하려고 했는데 선둥이는 한번 하고 잘 안되니 안 하려고 하는 것이었다. 그래서 나는 이 아이가 한번 하고 안되면 금방 포기해버리는 성향이면 어쩌지 걱정 아닌 걱정을 했었다. 그런데 어느 날 밤에 자려고 누워있는데 혼자서 손가락을 접으며 열심히 연습하는 것이었다. 그러기를 며칠. 결국, 그 손동작을 해내더니 나에게 와서 '꼭꼭 약속해' 놀이하자고 하는 것이다. 선둥이의 엄청난 장점을 찾아낸 날이었다. 지금도 선둥이는 항상 본인이 안 되는 부분을 끝까지 연습하고 또 연습해서 결국 해내는 아이이다. 이런 아이를 보면서 나는 또 배운다. 이런 집요함이 결국 결과를 이룬다는 것. 아이들은 정말 될 때까지 요구하고, 될 때까지 연습한다. 해내겠다는 아이 같은 집요함으로 나 또한 나의 삶을 바꾸기로 했다. 내가 바뀌면 나의 아이들도 그리고 우리 가

정도 변화될 거라 믿었다. 그리고 나는 미래의 나와 나의 가정을 위해 필사하기로 마음먹었다.

어느 날 누군가 물었다. "상희 씨는 잘하는 게 뭐에요?" 나는 적잖이 당황했다. 오랫동안 생각해보지 않았던 질문이었다. 나의 머릿속은 복잡해졌다. '내가 잘하는 게 뭘까? 잘하는 게 있나? 없는 것 같은데…' 그 질문을 들은 순간부터 몇 달 동안 나는 참 힘들었다. 꼬리에 꼬리를 물고 내가 잘하는 것에 대해 생각했다. 그래도 거의 40년을 살아왔는데 잘하는 게 없다니. 자존감이 충만한 사람이었다면 그 질문에 이렇게까지 힘들지는 않았을 것이다. 그런데 그 당시 나의 자존감은 바닥이었고 그런 나에게 그 질문은 참 쉽지 않은 숙제로 남아있었다. 뭐 그 정도 질문에 몇 달을 힘드냐고 생각하는 사람도 있을 것이다. 하지만 그것은 나의 마음의 문제였다. 이미 나 자신은 정확히 알고 있는, 들키고 싶지 않은 치부를 들켜버린 기분이었다. 나도 꿈이 있었다. 열심히 무언가를 배우고 그것이 아니면 안 된다는 마음으로 나의 열정을 불태웠던 시절이 분명 있었다. 그런데 그 열정 가득하던 아가씨는 지금 어디로 갔을까? 결혼이 문제일까? 아이들이 문제일까? 아님. 이런 사회가 문제일까? 아니다. 문제는 바로 나였다.

다행히 그때의 그 질문은 나를 여기까지 오게 해준 시발점이 되었다. 문제를 인식하고 바로잡기 위해 나는 고민하기 시작했고 몇 날 며칠을 머리를 쥐어 짜낸 결과 결국 답은 나오지 않았다. 하지만 그 질문의 답을 찾기 위해 독서를 시작하기로 마음먹었다. 그 당시 나는 책은 사치라고 생각했었다. 육아와 집안일을 하느라 잠자는 시간도 부족한데 무슨 책이냐며 생각조차 하지 않았다. 하지만 나는 삶의 변화를 갈망했고 그러기 위해선 큰마음을 먹어야 했다. 책을 읽기 시작하고 우연히 읽은 책에서 필사를 알게 되었다. 어느 작가가 얼핏 이야기한 필사에 대해 궁금증이 생기기 시작했다. 그렇게 손 필사를 시작했었다. 나는 비록 악필이지만 손 필사하면서도 너무 좋았다. 그 후 얼마 지나지 않아 운명처럼 《하루 20분 필사의 힘》이라는 책을 읽게 되었다. 자판 필사에 관한 책이었다. 책에는 필사하면서 변화된 작가들의 이야기가 차곡차곡 담겨있었다. 나처럼 답답하고 길이 보이지 않던 작가들은 필사를 만나 단단해지고 살아갈 힘이 생기기 시작했다고 고백했다. 나는 책을 읽고 무언가에 홀린 듯 필사로 탈출구를 만들기 시작했다. 이 꽉 막힌 길에서 나갈 방법은 나만이 찾을 수 있는 일이었다. 무엇이든 시도해야 했고 나에게 맞는 그 무엇을 찾아야 했다. 그런데 필사가 나에게 꼭 맞는 그 무엇이었다. 그렇게 나는 필사를 통해 〈잃어버린 나 찾아주기〉 프로젝트를 진행하기 시작했다. 온전히 나를 위한 시간이 필요했고 그 시간을 만들기 위해서 움직였다. 생각을 시작하면 꼬리에 꼬리를 물고 잡생각들이 몰려들어서 머리가 아파져 왔고 생각하는 것을 포기하곤 했다. 자판 필사를 하다 보니 머리 아팠던 생각이 깔끔히 정리되는 경험을 했다. 나는 생각 정리가 필요할 때면 필사하기 시작했고 필사의 매력에 완전히 빠져들었다.

필사하면서 자연스레 혼자 깊이 생각할 시간이 늘어났다. 내가 어떤 삶을 살고 싶은지를 진지하게 생각하게 되었다. 그런 시간이 쌓여가고 나에게도 드디어 뭔가를 이룰 수 있겠다는 용기가 생겼다. 나의 이런 상황을 책으로 쓰고 나와 비슷한 상황의 엄마들에게 힘이 되어 주고 싶다는 가슴 뛰는 꿈을 꾸게 되었다. 내 책을 읽고 누군가가 단 한 명이라도 힘을 얻고 삶이 변화된다면 그보다 좋은 일이 어디 있을까 싶었다. 내가 책에서 삶을 찾았듯이 나 또한 누군가에게 그런 힘을 주고 싶었다. 필사하다 보니 자연스레 잃어버리고 살았던 꿈에 대해 생각하게 되었다. 그런데 책을 쓰고 싶은 마음과 달리 나의 삶은 엉망이었다. 이렇게 엉망인 나로 책을 쓴다는 것이 말이 되지 않는다는 생각이 들었다. 그래서 5년 뒤에 책을 쓸 나를 위해 지금의 나의 삶부터 변화하기로 했다. 무엇을 할 수 있을까. 나는 돈도 벌고 있지 않았고 삶에 여유도 없었다. 하지만 내가 할 수 있는 일을 찾아내야 했다. 답은 역시 책뿐이었다. 그저 매일 책을 읽고 필사하자고 마음먹었다.

하루만 보면 참 짧은 시간이지만 이것이 모이면 엄청난 힘이 생길 것이라는 확신이 있었다. 그 확신은 책을 읽으며 점점 더 커졌고, 나는 책으로 위로받고 응원받았다. 그렇게 나의 삶에 필사가 시작되었다. 하루 이틀 필사가 모이고 모이니 나의 마음도, 나의 하루도 점점 바뀌었다. 그리고 지금은 1년 전의 나와는 180도 다른 내가 되어있다고 자부한다.

그때는 글을 쓸 수 없다고 생각했던 내가 지금은 너무 글이 쓰고 싶어졌다. 가장 큰 변화이다. 계속해서 남의 글을 베끼어 쓰다 보니 나의 글도 쓰고 싶어졌다. 가만히 조용히 타이핑 하면서 글을 쓰고 있는 이 시간이 너무 좋다. 내 생각들이 점점 더 명료해지고 있다는 것을 느낀다. 머릿속 꼬인 실타래처럼 엉켜서 잘라버리고 싶었던 생각들이 점점 스스로 작아지고 있었다. 너무 생각이 많았을 때는 그냥 생각 없이 할 수 있는 단순노동이라도 하고 싶었다. 다들 그런 때가 있지 않나? 무언가에 멍하니 집중하다 보면 나의 머릿속도 좀 쉴 수 있지 않을까 했다. 그런 순간들이 올 때면 필사가 바로 특효약이었다. 필사하고 있으면 머릿속이 언제 그랬냐는 듯 조용해졌다. 다른 생각이 들어올 틈이 없었다. 그렇게 나는 가장 힘들었던 시기에 필사를 만나서 숨을 쉴 수 있었다. 그런 시기는 살면서 여러 번 온다. 한 번에 꼭 한 가지 일만 오는 것은 아니다. 여러 가지가 한꺼번에 터질 때도 있다. 그런 순간에도 나는 필사를 놓지 못한다. 그럴 때 정말 나에게 필요한 시간이 필사 시간이지 않을 수 없다. 그만큼 필사는 나의 삶에 큰 영향을 미치고 있다. 필사의 힘이 강력히 발휘되고 있다는 것이 느껴진다. 지금 이 글을 읽고 있는 독자들도 이런 필사의 힘을 느껴보라고 말하고 싶다. 나 혼자만 느끼기에는 이미 많은 사람이 그 변화를 경험하고 있기 때문이다. 물론 필사를 한다고 바로 삶이 바뀐다고 할 수는 없다. 하지만 하다 보면 조금씩 아주 천천히 내 속에 있는 무언가가 툭 하고 올라오는 경험을 할 수 있을 것이다. 그럼 올라온 그 무언가를 잘 다듬고 키우면 된다. 필사는 분명 그 방향을 잡는 데 아주 큰 도움이 될 것이다.

이것이 바로 필사의 힘일까? 흐릿했던 꿈이 명료해지며 그 꿈을 이룰 날을 앞당길 수 있을 것 같다는 확신이 내 마음속에서 스멀스멀 올라오기 시작했다. 언제 이루어질지 모르고 이번 생에 이룰 수 있을지도 몰랐던 나의 막연한 버킷리스트가 점점 형체가 생기고 숨을 쉬고 있었다. 필사로 인해 생각보다 빠르게 나의 삶은 변화하고 있었고, 나는 그런 나의 변화들이 정말 감사했다. 나의 삶이 엉망이라서, 지금은 할 수 있는 상황이 아니라서, 돈이 없어서, 아이들이 어려서, 시간이 없어서…. 살면서 무언가를 할 수 없는 이유는 정말 수천 수백 가지를 만들 수 있다. 위의 이유 또한 내가 그동안 만들어낸 핑계들이다. 하지만 나는 지금 글을 쓰고 있다. 변화되기까지 오랜 시간이 걸리지 않았고 지금도 변화하는 중이다. 물론 나의 삶도 완전하지 못하다. 여전히 엉망인 부분들도 많다. 하지만 완전한 사람은 세상에 없다. 그렇기에 나도 용기를 내고 있다. 필사는 하루 20분이면 할 수 있는 삶의 작은 투자이다. 이 투자로 엄청난 삶의 이득을 볼 수 있다. 작은 투자로 확실한 삶의 변화를 이루고 싶다면 필사를 강력 추천한다. 필사라는 작은 투자로 잠자고 있는 여러분의 꿈을 깨워서 세상 밖으로 끌어내 볼 수 있길 진심으로 바란다.

『 작심삼일 10번이면 30번이다 』

　'작심삼일 10번이면 30번이다.' 내가 자주 하는 말이다. 나는 항상 뭔가를 시작은 하지만 꾸준히 끈기 있게 하지는 못했었다. 그래서 나는 '이번에도 작심삼일로 끝나겠지'라는 생각에 어느 순간 어떤 것도 시도하지 않고 있는 나를 발견했다. 그 실망감이 너무 싫었다. 이번에도 포기했다는 좌절감, 이번에도 실패했다는 패배감이 나를 더 바닥으로 끌어 내리는 기분이었다. 그렇게 나의 자존감도 저기 어딘가 바닥에 굴러다니는 먼지 같은 존재가 되어있었다.

작심삼일(作心三日)

단단히 먹은 마음이 사흘을 가지 못한다는 뜻으로, 결심이 굳지 못함을 이르는 말.

'이번엔 포기하지 말아야지.'라고 단단히 먹은 마음이 사흘을 가지 못하고, 어느새 그럴듯한 핑계들이 생겨난다. 어떤 날은 '그 래도 3일이나 했으니 오늘은 잠시 쉬어볼까?'라는 얄팍한 생각이 드는 날도 분명 있었다. 그렇게 또 실패감을 맛보고 허송세월하 던 어느 날 기가 막힌 글을 보았다.

'작심삼일 10번이면 30번이다.'

'어라? 맞는 말이네? 3번씩 10번만 해도 30번이네?'

이 글을 본 순간 나의 삶의 신조로 삼기로 했다. 그리고 나의 마 음가짐이 달라졌다. 이제는 '중간에 포기하면 어때? 시작도 안 하 는 것보단 100배 낫다!'라는 마음으로 살아가고 있다. 그리고 필 사 역시 작심삼일로 시작했지만, 지금은 6개월을 훌쩍 넘겼다. 작 심삼일이면 어떤가? 중요한 것은 다시 시작했다는 것이다. 그만 둘 것이 두려워 시작도 하지 않는 것은 정말 어리석은 일이 아닐 수 없다. 필사를 시작할 때 나의 마음은 필사는 중간에 그만둔다 고 0일이 되지 않는다는 것이었다. 내가 쓴 글이 남아 있고 그것 은 다시 시작하면 계속 이어져 가는 것이 분명했다. 내가 3일하고 멈췄다면 다시 시작하는 날이 4일이 되는 것이다. 그렇게 하루하루 하다 보니 벌써 6개월째 필사 중이다. 나는 요즘 내가 아주 기특하다. 프로 작심삼일러가 작심삼일을 6개월째 하고 있다니 대견하지 않은가?

운동하겠다는 목표는 누구나 가지고 있을 것이다. 남편도 살을 빼고 싶은 마음과 운동을 좀 해야겠다는 생각을 항상 가지고 있다. 그래서 아파트 헬스장을 등록해 달라고 해서 등록을 몇 번 해 줬는데 매번 한 달에 2번 이상을 나가질 못한다. 금액이 한 달에 3만 원이라서일까? 저렴한 금액에 아주 좋은 시설의 헬스장을 이용할 수 있음에도 한 달에 2번 이상 나가지를 못하다니 참 안타까운 일이다. 어느 헬스장이나 마찬가지겠지만 매월 초가 되면 다른 사람들도 엄청난 열정에 운동하러 온다. 이때는 사람들이 붐비다가 월 중반쯤 되면 서서히 사라진다. 월말이 되면 운동하러 오는 사람은 몇 명 되지 않는다. 매월 반복이다. 하지만 운동을 시작해도 몇 번 못 할 것이라는 생각에 등록조차 하지 않는다면 월에 겨우 2번 하던 운동조차 할 기회가 없어진다. 세상일은 모르는 것이다. 어느 순간, 어디에서 누군가로부터 동기부여가 되어 진짜 열심히 운동하는 사람이 될 수도 있는 일이다. 하지만 작심삼일을 몇 번 하다 보면 내가 나를 믿지 못하게 된다. 그래서 그냥 시도조차 하지 않는 무기력한 사람이 되고 만다. 이런 마음을 바꿀 필요가 있다. 3일하고 포기하더라도 다시 시작하는 것이 중요하다. 포기하더라도 다시 시작하면 된다고 생각하는 것을 기억하자. 우리는 자신에게 너무 엄격한 기준을 둘 때가 있다. 하지만 조금 관대해질 필요도 있다. 너무 관대해서 이것도 저것도 모두 다 오케이라면 문제가 되겠지만 어떤 것을 시도하고 그만두고 다시 시작하고 하는 것에 적어도 나에게 도움이 되는 일들이라면 다시 시작하는 것에 관대해지자.

나 또한 프로 작심삼일러였다. 항상 열정만 가득하고 하고 싶은 일이 넘쳐서 남편이 오죽하면 공부는 학교 다닐 때 한 거로 충분하지 않냐고 하던 때도 있었다. 남편이 볼 때 내가 매번 다른 공부를 시작해서 그런 이야기를 했을 것이다. 나에게는 일 년에 몇 번씩 찾아오는 패턴이 있었다.

돈을 벌고 싶다. → 일하고 싶다. → 나는 무엇을 할 수 있을까? → 할 줄 아는 것이 없다. → 그럼 배워야 한다. → 돈이 없다. → 적은 비용으로 배울 수 있는 것이 있나? → 찾는다. → 배우기 시작한다. → 지친다. → 포기한다. → 시간이 흐른다. → 돈을 벌고 싶다. (반복)

저 패턴을 몇 번이나 시도했을까? 내가 그렇게 행동했던 이유는 육아하는 엄마들이라면 거의 알고 있을 것이다. 지금보다 나은 삶을 살고 싶기 때문이다. 항상 내가 할 수 있는 것을 갈구하고 배움에 목말라 했다. 다들 나와 같은 마음이지 않을까? 하지만 그 패턴이 몇 번 반복되자 나는 프로 작심삼일러가 되어있었고, 이제는 시도조차 하지 않는 겁쟁이가 되어버렸다. 그렇게 나는 또 아무것도 하지 않고, 시간만 축내며 나의 미래를 걱정만 하는 그런 흐지부지한 사람이 되어가고 있었다. 아무것도 하지 않을 때보다는 무엇이든 하고 싶은 마음이 들 때가 좋았던 것이라는 사실을 이제는 알고 있다.

아인슈타인은 이런 말을 남겼다. '어제와 똑같이 살면서 다른 미래를 기다리는 것은 정신병 초기 증세이다.' 아무것도 하지 않는 것보다는 비록 단 3일 일지라도 무언가를 한다면 다른 미래가 올 확률이 올라간다. 이것은 분명한 사실이다. 그렇다면 이것을 이용해서 3일을 10번만 한다고 목표를 바꾸는 것은 어떨까? 그렇게 목표 기간을 짧게 잡고 여러 번 성공의 맛을 보는 것이 성공으로 가는 더 좋은 방법이다. 이 방법은 작은 성취감을 여러 번 느끼게 해주며 그러면서 자연스레 포기하려는 마음을 밀어내준다. 이 작은 성취감을 나에게 반복적으로 가져다준 행위가 있다. 그것이 바로 필사였다. 매일 한 꼭지씩 쓴다는 목표를 세우고 그것을 반복했다. 목표를 이루는데 많은 생각을 할 필요도 없고 이것저것 많은 준비를 할 필요도 없다. 내가 가지고 있는 책과 노트북 그리고 앉을 자리와 하겠다는 마음가짐만 있으면 된다. 행동하기에 많은 것이 필요 없기에 더 자주 목표를 이룰 수 있다. 그냥 앉아서 따라 쓰기만 하면 된다. 프로 작심삼일러에게 시작하기 아주 좋은 취미이다.

　사실 어떤 일이든 내가 재미가 있으면 남들이 하지 말라고 해도 하게 되어있다. 처음에 나도 '내가 얼마나 가겠어?'라는 마음으로 시작했다. 그런데 작은 성취감을 여러 번 느끼는 것은 정말 달콤한 일이었다. 책 한 권 필사하기로 마음먹었던 날. 정말 내가 이런 결단을 내릴 줄은 생각도 못 했고, 어떻게 보면 무모한 도전이라고 생각도 했다. 과연 필사가 나에게 남는 것이 무엇일까에 대해 의심한 것도 사실이다. '고민 말고 일단 시작해 보자.' 하고 시작했고 하루하루 한 꼭지씩 필사해나갔다. 그런데 나는 지금 벌써 세 번째 책 필사를 마무리했다. 작지만 꿀맛 같은 성취감을 매일 느끼는 것을 멈출 수 없다. 그렇게 계속하다 보니 이제는 필사하지 않으면 하루가 너무 찝찝한 지경에 이르렀다. 작심삼일로 시작한 필사가 이제는 완벽하게 나의 일과가 되었다.

　작은 성과들이 모이면 분명 큰 목표를 이루어 나가는 것에 도움이 된다. 할 때는 작다고 생각하지만, 그것이 모이고 나면 엄청난 힘을 가지게 된다. 작고 작게 느껴지는 그것들이 모여 힘이 될 때까지 반복하는 것이 중요하다. 멈추었을 때 다 끝났다고 생각하지 말자. 이제 다시 시작하면 된다고 생각하고 작은 힘을 모으자. 예를 들어 애초의 목표가 매일 필사를 100일을 하는 것이라고 하자. 3일을 하다가 중간에 하루 빼먹었다고 지금까지 한 3일이 없어지는 것은 아니다. 3일간의 성장이 분명히 있었다. 생생한 경험이 나에게 확실하게 남아있다. 그러니 다시 시작하면 된다. 그게 다시 1일이 되었다고 해도 아무것도 없는 상태의 1일은 아닐 것이다. 그렇게 3일을 여러 번 반복하면 그것이 30일이 되고 90일이 되는 것이다. 꾸준히 쭉 하는 것보다 조금 오래 걸릴 뿐이다.

필사는 작심삼일러에게 최고의 취미이다. 작은 성취감이 반복된다는 것은 그만큼 성공을 자주 느낀다는 것이다. 살면서 성공을 여러 번 경험한 사람들은 인생이 바뀐다. 이미 성공하는 방법을 알고 있기 때문이다. 인생의 큰 목표를 이루고 싶다면 지금 당장 당신의 삶에서 작은 성취감을 반복적으로 느낄 무언가를 찾자. 그리고 그 무언가를 추천한다면 나는 고민 없이 필사를 뽑겠다. 작은 성취감을 매일 느낄 수 있고, 나의 지식의 빈틈을 채워주고, 자존감마저 높여준다. 필사가 주는 효과는 무궁무진하다. 필사를 이용하여, 성공으로 가는 작은 목표들을 이루어 갈 수 있다. 그 작은 목표들은 분명 큰 목표를 도전하는데 밑거름이 될 것이라 확신한다. 내가 필사를 시작해 지금은 책을 쓰고 있는 것과 같다. 필사라는 작은 도전들이 계속해서 성공하니 나는 책 쓰기라는 큰 목표를 설정했다. 그리고 지금은 한 꼭지 쓰기라는 또 작은 목표를 만들어서 실천하고 있다. 필사하기 전에는 상상도 하지 못했던 일들이 지금은 이루어지고 있다. 그 무궁무진한 필사의 효과를 이 책을 읽고 있는 여러분이 직접 경험해보길 바란다.

『 필사, 하루 중 가장 중요한 시간으로 정했다 』

여러분의 일과는 어떤가? 하루 중 가장 중요하다고 생각하는 시간이 있는가? 나는 19년도에 쌍둥이를 낳았다. 그때부터 지금까지 하루 중 가장 중요한 시간은 바로 아이들이 자는 시간이었다. 19년도부터 지금까지 아이들 자는 시간만 기다리며 살고 있다고 해도 과언이 아닐 것이다. 아이들이 잠이 든 그 소중한 시간마저도 피곤함에 지쳐 아무것도 하지 못하고 하루를 보냈었다. 초보 엄마들은 특히나 밥 먹는 시간을 비롯한 씻는 시간, 자는 시간도 사치인 순간들이 많다. 인간의 기본 욕구들 중 거의 모든 것을 침해당한 채로 최소 몇 년을 그야말로 악으로, 깡으로 버티는 엄마들이 내 주변에도 수두룩하다. 나 또한 그렇게 버티고 버티다 보니 아이들은 어느덧 어린이가 되고 이제는 내 시간을 자유로이 쓸 수 있는 여유가 조금은 생겼다. 이렇게 생각하니 정말 버티는 게 답인가 싶은 생각도 든다. 하지만 나의 그 여유가 어느 날 갑자기 아이들 어린이집을 보냈다고 생긴 것은 아니었다. 아이들은 한참 동안을 밤에 통 잠을 자지 않았다. 둘이 번갈아 가며 이틀에 한 번꼴로, 어떤 때는 거의 매일 새벽만 되면 깨서 우는 바람에 나의 수면 패턴은 항상 뒤죽박죽이었다. 거의 3년을 그 생활을 하다 보니 통잠을 자는 날이 언제쯤 올까 하며 눈물로 지새운 날들도 많았다.

코로나가 막 시작됐던 딱 그 시기에 PC방을 오픈했던 남편은 새벽까지 홀로 가게를 지켜야 했었고, 나 역시 집과 아이들을 홀로 지켜야 했다. 아이들이 어린이집이라도 가야 내가 쉴 수 있었다. 지금 생각하면 정말 그 시간을 어찌 버텼을까 싶다. 그렇게 몇 년이 지나고 오지 않을 것 같았던, 조금은 마음 편히 지낼 수 있는 날들이 왔다. 모두가 다들 힘들던 그 시기가 끝이 났고 그런 시기에도 아이들은 자란다. 그리고 나도 나의 하루를 챙길 여유가 생기고 있었다. 내가 갖게 된 소중한 시간을 어떻게 하면 요긴하게 쓸 수 있을까 생각했다. 지금 생각하면 그 힘든 시기에 내가 필사를 만났다면 어땠을까 하는 생각을 한다. 그땐 아이들이 어렸고 지금보다 더 손이 많이 가던 시기였다. 하지만 드라마를 볼 시간도 없을 정도는 아니었다. 내가 드라마를 보던 그 시간에, 핸드폰을 들고 밤을 새우던 그 시간에 필사했다면 하루가 그리 무의미하진 않았을 것이라는 후회를 한다.

그러던 나의 하루에도 변화들이 생겼다. 나에게 하루 중 가장 중요한 시간 중 하나는 바로 내가 잘 수 있는 시간이었다. 두 아이의 엄마인 나는 잠이 항상 부족했고 자고 또 자도 피곤했다. 그 이유는 간단했다. 물론 그동안의 피로가 쌓이고 쌓여서 그런 것도 있었다. 하지만 더 큰 이유가 있었다. 아이들이 밤잠을 자기 시작하면 내 시간을 보내야 한다는 강박에 드라마와 핸드폰으로 매일 새벽을 맞이했다. 그러다 보면 또 아침이 너무 힘들고 아이들 보내놓고 부족한 잠을 자는 최악의 패턴을 가지고 있었다. 그런 패턴은 우울증이라는 검은 그림자로 나를 지겹게 따라다니기 시작했다. 하루하루가 힘들었고 지친 상태였다. 그때의 나는 그냥 무기력의 결정체였다. 점점 나를 잃어가고 있었다. 가끔 누군가와 재미있는 시간을 보내고 있어도 눈은 계속 집에 갈 시간만 확인했다. 문제는 나의 이런 패턴들이 아이들이 통잠을 자기 시작한 지 한참 됐지만 고쳐지지 않았다는 것이다. 그때는 우울증이라는 생각도 못 했고 고칠 생각조차 하지 못했었다. 잠은 나의 모든 스트레스를 멈춰주는 가장 좋은 수단 중 하나였고 쌍둥이 육아는 나에게 아주 좋은 핑곗거리였다.

하지만 내가 살려면 고쳐야 했다. 1년에 몇 번씩 도졌던 울컥 증상이 점점 횟수가 많아지고 공황 증세까지 생기면서 사는 것이 두려워졌다. 갑자기 아이들과 있다가 숨이 쉬어지지 않을까 봐 겁이 났다. 그렇게 어둠 속을 한참을 헤매고 다니다가 살아야겠다고 생각했다. 나는 내가 너무 안쓰러웠고 가여웠다. 몇 년간 이어온 몸에 벤 습관들을 고치고 싶었지만, 그땐 잠 대신 뭘 해야 할지도 몰랐다. 그만큼 사고의 폭이 좁았다. 그때 바뀌고 싶다는 간절한 고민의 끝에 다행히도 '책에는 방법이 나와있지 않을까.'라는 단순한 생각에 책을 읽기 시작했고 다행히도 거기서 답을 찾았다. 내가 찾은 답은 이러했다.

1. 변화는 작은 습관으로 시작한다는 것.
2. 습관이 완전히 나 자신의 것이 될 수 있도록 반복하는 것.
3. 하루 중 나만의 시간을 꼭 만들 것.
4. 하루 10분이라도 책을 읽을 것.

나의 습관의 처음은 뜻밖에도 세수하기였다. 아이들을 돌본다는 아주 좋은 핑계로 그동안 나를 돌보지 않음을 절실히 느꼈다.

어느 날 아이들이 핸드폰으로 사진을 찍으며 놀다가 내 사진을 찍어주었는데 그 속에 나는 셀카와는 참 다른 지극히 현실적인 못생긴 아줌마가 되어있었다. 충격적이었던 나는 그 사진을 바로 지우지 않고 두고두고 보았다. 그러다 자기 성찰을 하게 되었다. '세수는 하였는가? 샤워는 언제 했지? 밥도 못 먹었는데 무슨 세수야.' '아차. 나 지금껏 이런 생각을 하며 살아왔구나.' 그래서 세수를 첫 번째 목표로 삼았다. 나를 먼저 사랑해주자는 목표의 작은 시작이었다. 저녁에는 무조건 세수하고 스킨, 로션을 듬뿍 발라주기. 그땐 몰랐다. 이 시작이 이렇게까지 커질 줄은. 그렇게 나에게 하루 중 가장 중요한 시간은 세수하는 시간이 되었다. 하루 중 제일 마지막으로 나를 위해 거울을 보고 나를 가꾸는 행위 자체가 나에게 힐링이 되었다. 너무 고생한 나에게 내가 주는 선물의 시간이었다.

세수가 완전히 나의 습관이 되어 갈 때쯤 나는 다른 것도 나에게 주고 싶어졌다. 이왕이면 나를 조금 더 멋지게 만들어줄, 나의 헛헛한 마음을 채워줄 무언가를 원하고 있었다. 그때 필사를 만났다. 운명 같았다. 어떤 것도 채워줄 수 없어서 공허한 마음에 책을 읽어도, 머릿속에 들어온다는 느낌이 없었다. 책을 읽고는 있지만, 이 정도면 시간 낭비가 아닌가 하는 생각까지 들었다. 그러던 중 필사에 관한 책을 만났다. 책의 내용을 조금 더 내 속에 잡아두고 싶었고, 그동안 몰랐던 지식도 나에게 하나둘 채워주고 싶었다. 나의 그런 욕구들을 채워주는데 딱 맞는 것이 바로 필사였다. 온전히 나를 위해 시간을 내어 무언가를 한다는 사실이 참 좋았다. 하루에 고작 20~30분이었지만 어느 순간, 그 시간을 보내기 위해 하루를 버틴다는 생각이 드는 날도 있었다.

하루는 그 소중한 시간을 빨리 느끼고 싶어서 새벽에 일어나서 필사할 때도 있었고 또 하루는 마무리를 차분히 하고 싶은 마음에 아껴두었다가 하는 날도 있었다. 그렇게 필사는 어느새 나의 하루 중 가장 중요한 시간이 되어 있었다. 머릿속이 복잡한 날에는 차분히 정리되는 시간이 되고, 생각 없이 멍하니 필사하다 보면 번뜩이는 아이디어들이 솟아오르는 시간도 되었다. 나를 위한 시간이 한순간도 없었다고 생각되던 날도, 필사하고 나면 그리 억울하지 않았다. 필사는 이렇게 또 온전히 나 자신의 것이 되어 갔고 나는 또 더 좋은 것을 나에게 주고 싶어졌다. 지금은 보이는 사실이 힘든 상황들에 갇혀있으면 보이지 않는다. 한 발짝만 떨어져서 보면 보이는 그 쉬운 해결 방법이 어떤 회오리 속에 갇혀있으면 혼자서 헤쳐 나올 수가 없다. 내가 그 회오리 속에서 빠져나온 방법은 바로 독서와 필사였다. 그중에서 필사는 어려운 상황에서 한 발짝 떨어져서 상황을 객관적으로 보게 하는 힘을 준다. 해야 하는 우선순위를 정하게 했고, 나에게 필요 없는 것들을 걸러주었다. 필사하는 그 행위가 나에 대한 짙은 연민에서 빠져나오게 했다.

당신의 하루 중 가장 중요한 시간은 무엇을 하는 시간인가? 나는 필사를 하루 중 가장 중요한 시간으로 정하고 나서 중요한 것들이 점점 늘어나고 있다는 것을 느꼈다. 처음에는 나를 위한 세수로 시작했고, 세수와 필사로 늘어났다. 그런데 이제는 책을 쓰는 시간까지 챙겨야 한다. 해야 하는 것이 늘어났기에 시간이 없어진 줄 알았다. 하지만 그렇지 않았다. '나를 위한 시간을 만들어 내는 것에 기꺼이 행하자.'라는 마음가짐이 생겼다. 하루 중 가장 중요하다는 것은 그럼에도 불구하고 그 시간을 만들어 내야 한다는 것이다. 이제는 나를 위해 시간을 만들어 내는 것에 재미가 붙었다. 예전 같으면 그냥 잤을 시간에도 무엇을 할지 고민 없이 필사하고 책을 읽고, 하루를 계획한다. 눈을 떠서 책을 보고 자기 직전까지 책을 보는 삶. 그것은 내가 동경했던 삶이었다. 하지만 그 삶은 내가 생각했던 것만큼 그리 멀리 있지 않았다. 결코, 나와는 상관없는 인생이 아니었다. 작은 습관들로 큰 변화들이 생겨난다. 그 습관 중에는 필사가 꼭 들어가길 바란다. 필사는 당신이 생각하는 것보다 당신을 더 멀리, 그러니까 당신의 목표 가까이 당신을 보내줄 수 있는 최고의 습관이다. 필사는 기본적으로 독서가 포함된다. 세상에 독서가 독이 된다고 말하는 사람은 단 한 사람도 없다. 책을 가까이할 수 있고 책을 꾸준히 깊이 있게 읽을 수 있는 필사라는 행복한 취미를 꼭 경험해보길 바란다. 매일 잠만 자던 사진 속 못생긴 게으른 아줌마가 이제는 책을 쓰는 작가가 되었다. 믿어지는가? 변화는 서서히 일어나지만 변화하기 시작하면 무섭게 가속도가 붙는다. 만약 하루가 너무 바쁘고 정신없이 흘러간다면. 그 와중에 나를 챙길 무언가가 필요하다면 하루 중 가장 중요한 시간에 필사하는 것을 추천한다. 여러분도 필사의 힘을 이용하여 삶의 변화를 함께 느껴보길 바란다. 그렇게 필사하다 보면 어느 순간 나의 삶이 옳은 방향으로 잘 가고 있다는 것을 느낄 수 있을 것이다.

「 그래서 필사가 뭔데? 」

처음에 이야기했지만 나는 아들 쌍둥이의 엄마이다. 아이들은 아직 엄마 손길이 많이 필요한 시기이다. 안타깝게도 남편은 육아와 살림과는 거리가 조금 있는 사람이다. 내가 너무 사랑하는 남자가 육아와 살림이 젬병이라니 너무 슬프지만 그래도 투닥투닥 싸우며 화해하며 살고 있다. 최근에는 남편이 하는 일을 나도 함께하며 홍보까지 맡아서 하고 있다. 그래서 집안일과 육아 그리고 일까지 하게 되어 정신없이 바쁜 날들을 보내고 있다. 그래도 아이들이 6살이 되면서 나의 시간을 챙길 정도의 여유가 생겼다. 그것만으로도 참 감사한 요즘이다. 이 책을 쓰고 있는 해의 9

월과 10월에 양가 외할머님이 돌아가셨다. 한 달도 채 되지 않은 시간에 갑자기 할머님들이 돌아가셔서 정신이 없었는데 그 와중에 아버님이 폐암 진단을 받으시고 지금은 수술 후 항암치료를 받고 계신다. 나의 시어머님은 갑자기 엄마를 잃으시고 남편도 암이라는 생각에 적잖이 충격을 받으셨다. 하늘을 원망하지 않을 수 없는 상황이지만 그래도 침착히 잘 지내고 계셔서 정말 감사할 뿐이다. 우리 신랑은 외동아들이라서 시부모님을 챙길 식구가 우리 부부뿐이다. 그러다 보니 나의 역할에서 해야 할 일들이 늘었다. 그런데 이런저런 일들이 휘몰아치는 가운데 나는 정신적으로 단단해졌다고 느낀다.

예전의 나였다면 지금쯤 정신없이 몰아치는 일들에 허겁지겁할 일들을 해내며 마치 나에게만 이런 일이 생긴다는 생각으로 힘들어하며 보내고 있었을 것이다. 그런데 지금 나는 매일 새로운 안 좋은 소식들에도 너무도 태연하게 내가 하면 좋은 일들을 해내고 있다. 그 와중에 나를 위한 시간도 짬을 내어 보내고 있다. 몸도 마음도 힘들 때면 엄마인 나는 아이들을 대하는 태도부터 달라진다. 어딘가로부터 상처받거나 힘든 일에 치이면 아이들을 핑계 삼아 그 감정을 표출하곤 했었다. 그땐 나도 사람이라 어쩔 수 없다고 생각했지만 지금 생각하니 정말 못된 엄마였다. 그런데 지금은 그런 일들이 현저히 줄었다. 내가 스트레스를 잘 감당하고 있다는 의미다. 무엇이 나를 이렇게 평온하게 만들었을까? 그것은 바로 나를 위한 시간으로 필사를 했기 때문이라고 생각한다. 하루가 엄마로, 아내로, 며느리로, 딸로 보내기도 빠듯한 요즘이다. 나는 양가 할머님들이 돌아가신 와중에도 3일 이상 필사를 빼먹은 날이 없었다. 그것이 그냥 함께 필사하는 사람들과의 약속이 있기에 가능한 일이었을까? 정신없는 나날 속에서도 계속 필사하게 하는 그 힘이 도대체 무엇일까? 필사가 가진 힘이 무엇이길래 나를 이렇게 필사에 빠지게 했는지 궁금하지 않은가?

하루하루 어쩌면 이럴 수가 있을까 싶은 일들의 연속인 요즘이다. 체력의 한계가 있는 날은 필사도 빼먹을 정도이다. 하지만 모든 일과를 마친 후 천근 같은 몸을 다시 일으켜 노트북 앞에 가져다 놓는다. 필사만 하자는 마음으로 앉아서 시작한 마음은 어느새 이것도 하고 저것도 하고 싶어진다. 그런데 힘든 하루 중 필사만 하고 자야지 하는 마음은 무엇일까? 그래서 내가 필사하면서 느끼는 점들을 정리해 보았다.

첫째, 필사하다 보니 차분히 나의 하루를 돌아보는 힘이 생겼다.

하루를 마치고 자기 전 필사를 하는 시간이 많다. 그래서 아이들이 잠들고 불이 다 꺼진 집에 주방 불 하나만 켜놓고 노트북 앞에 앉아 차분히 나만의 시간을 갖는다. 손과 눈은 책을 보고 쓰고 있지만, 필사하면서 중간중간 내가 오늘 하루 놓쳤던 부분도 떠오르고 잘한 일들도 떠오른다. 그러면서 자연스레 나의 하루를 성찰하는 시간을 갖는다. 이렇게 하루를 돌아보는 시간을 갖는 것은 내가 더 나은 사람이 되기 위해서 중요한 시간임이 틀림없다.

둘째, 필사하다 보니 어떻게 살아야겠다는 계획이 세워진다.

책을 필사하다 보면 책에 있는 지식이 나도 모르게 흡수된다. 책을 통해 다양한 분야에서 성공한 삶을 사는 작가들의 글을 반복해서 보고 쓰다 보면, 어떻게 사는 것이 나의 삶에 도움이 되는지를 알게 되고, 삶에 적용하게 된다. 책에는 항상 답이 있다. 당신이 어떤 삶을 그리고 있고 그 생각으로 책을 고른다면 책에는 그 삶을 살게 하는 방법들이 친절하게 나와 있을 것이다. 그럼 그 방법을 잘 적고 따라 하면 된다.

셋째, 필사하다 보니 삶이 기대되고, 설렌다.

책에는 당신의 잠자고 있는 열정과 도전정신을 북돋아 주는 글들로 가득하다. 그런 글들을 매일 읽고 적다 보면 나도 그 열정과 도전정신을 어딘가에 쓰고 싶어지는 마음이 생기게 된다. 그것은 자연스러운 현상이다. 또한 그 마음을 마음으로만 가지지 말고 실천해보자는 의지가 생긴다. 그렇게 실행하다 보면 나의 삶도 긍정적인 쪽으로 변화가 생기고 머지않은 미래의 나의 삶이 기대되며, 변화된 이후의 삶을 생각하며 살다 보니 설레지 않을 수 없다.

넷째, 필사하다 보니 작은 성과들이 성공으로 연결된다.

나는 프로 작심삼일러다. 그런 내가 매일 필사하는 것을 목표로 삼았다. 필사한 사진을 인스타에 올리고 함께 필사하는 〈책성원〉 단톡방에 인증한다. 그렇게 매일 하다 보니 인증에 성공하는 하루하루가 바로 성공의 나날이었다. 더 이상 나는 작심삼일러가 아니다. 누군가는 나를 꾸준히 하는 성실한 사람으로 보고 있을 것이다. 그리고 나 또한 작은 성공의 맛을 여러 번 맛보다 보니 점점 더 그것보다 큰 성공의 맛을 보고 싶어졌다. 그래서 나는 지금 책을 쓰고 있다. 필사라는 작은 성과들이 쌓여 책 집필이라는 큰 성공으로 가는 중이다. 큰 성공을 이루고 싶은가? 그렇다면 지금 그 성공으로 가는 작은 성과들부터 쌓도록 하자. 작은 성과들이 쌓이면 성공으로 가는 사다리가 되어줄 수 있다는 것을 명심하자.

다섯째, 필사하다 보니 삶을 대하는 단단한 힘이 생긴다.

필사하기 전에는 나의 삶만 다양한 이벤트(굳이 겪고 싶지 않은 일)들이 생긴다고 생각했다. 그 생각들에 휩싸여서 하루하루가 힘듦의 연속이었다. 자기 연민에 빠져 우울했고, 삶이 버거웠다. 필사하다 보니 이 세상 나만 힘든 것이 아니었다. 다들 그런 삶 속에 살고 있고 다들 이겨내느라 힘이 든다는 것을 알게 되었다. 그게 바로 삶이라는 것도 이제는 안다. 행복한 날들만 있다고 그게 행복한 것이 아니다. 살면서 누구나 힘든 일을 겪는다. 지금의 나도 역시 그런 일들을 겪는다면 어쩔 수 없이 그냥 주저앉는다. 하지만 예전보다 주저앉아있는 시간이 짧아졌다. 지금도 힘들면 울기도 하고 이불속에 처박혀 있기도 한다. 하지만 금방 다시 털고 일어나 할 일을 한다. 그 시간 또한 분명 필요하지만 길게 가져가면 삶에 큰 도움이 되지 않는다는 걸 알게 되었다. 삶의 회복 탄력성을 길러주는 것 그게 바로 필사의 힘이다.

살면서 어떤 높은 파도가 밀려와도 마음이 설레는 무언가 하나만 있다면 앞으로 나아갈 수 있다. 그게 사람이 될 수도 있고, 일이 될 수도 있고, 음식이 될 수도 있다. 나는 요즘 정말 필사의 힘으로 살아가고 있다고 해도 과언이 아니다. 당신의 삶에는 설레는 무엇이 있는가? 그것이 뭔지 아직 찾지 못했다면 필사를 해보는 것을 추천한다. 가만히 책을 필사하는 시간의 고요함을 느껴보길 바란다. 그 고요함 속에서 책과의 대화를 시도해 보자. 살다 보면 수많은 파도가 밀려온다. 어떤 파도는 그냥 넘을 수 있는 파도겠지만 때로는 나의 키가 훨씬 넘는 파도가 두세 개씩 한꺼번에 몰려올 때도 있다. 그럴 때는 현재 상황을 한탄하는 대신 나를 설레게 하는 그 무엇을 생각하며 버텨보자. 한탄은 나의 에너지만 축낼 뿐이다. 필사가 당신의 삶에도 설레는 그 무엇이 되면 좋겠다.

'인생이 편하고 사는 게 여유가 있으면, 사실 독서든 쓰기든 간절해지기 쉽지 않다. 어딘가 꽉 막힌 인생이라 느껴질 때, 책을 읽고 글을 쓰게 된다. 그저 숨만 쉬는 삶이 아닌 반드시(必), 살아내는(生) 삶을 살 수 있게 되었다.' 내가 처음 필사한 책 《하루 20분 필사의 힘》이라는 책에 김보아 작가의 글이다. 나의 인생을 어떻게 살아갈지를 고민하게 만든 글이다. 이 글을 보는 당신 또한 그저 숨만 쉬는 삶이 아닌 반드시 살아내는 삶을 살아갈 수 있기를 바란다.

『 필사는 드라마보다 재미있는 것 』

나는 드라마를 정말 좋아한다. 나에게 드라마를 보는 것은 하루를 즐겁게 마무리하겠다는 경건한 나만의 행위였다. 오롯이 나만을 위해 나의 시간을 보내겠다는 의지였다. 하루가 아무리 힘든 전쟁터였어도 아이들이 잠들고 나면 나는 리셋이 되었다. 나는 절대 아이들과 같이 잠들 수 없었다. 너무 피곤해서 잠들었어도 남편에게 꼭 깨워달라고 신신당부했었다. 그렇게 나에게 드라마가 주는 힘은 대단했다. 하루 중 유일하게 아무 생각이 없이 울고 웃을 수 있는 시간이었다. 하루의 보상이었고 그 보상은 항상 나를 실망하게 하는 일이 없었다. 드라마는 항상 나에게 옳았다.

어쩌면 도피였을 것이다. 몇 년째 하루하루가 똑같은 반복인 일상에서 벗어나고 싶지만 벗어날 수 없는 이 지독한 현실에서 나는 매일 드라마로 도피했다. 드라마를 보는 시간에는 완전한 몰입을 위해 핸드폰도 하지 않았고 빨래도 개키지 않았다. 드라마를 틀어놓고 설거지하는 일은 내겐 없었다. 나는 누구에게도, 어떤 것에도 그 시간을 방해받고 싶지 않았다. 이렇게 설명했으니 여러분은 나에게 드라마가 주는 의미를 조금은 이해할 것이다. 그런데 이런 나에게 드라마보다 더 재미있는 게 생겨버렸다. 바로 필사이다.

지금의 나의 삶에는 필사가 예전의 드라마와 같은 존재가 되었다. 그래서 드라마를 과감하게 끊었다. 사실 나에게 필사와 드라마는 두 마리의 토끼와 같다. 지금은 두 가지를 다 할 자신이 없다. 그래서 더 재미있고 나에게 도움이 될 필사를 선택하고 드라마는 당분간 미뤄뒀다. 이쯤 되면 여러분은 어떻게 필사가 드라마보다 재미있을 수 있는지 궁금할 것이다. 누군가는 거짓말이라고 생각할 것이다. 하지만 진실이다. 책을 읽으며 필사하면서 나의 마인드가 변했고 그러자 삶이 변하기 시작했다. 내 삶이 변하기 시작하다니 이건 정말 드라마보다 재미있을 수밖에 없지 않은가? 문제 상황이 벌어졌을 때 그것을 대하는 태도가 달라지자 해결되는 것 또한 달라졌다. 드라마의 다음 편을 기다리는 것과 같이 나도 나의 내일이 기다려지기 시작했다. 드라마는 갑자기 '1년 후'로 점프할 수 있지만, 우리의 삶은 매 순간을 직접 겪어야 지나 갈 수 있다. 그렇기에 지치지 않고 꾸준히 하는 것이 중요하다. 처음에는 물론 유혹이 있었지만, 나의 삶이 변화되는 것을 느끼기 시작하니 더이상 유혹되지 않았다. 나는 단단해졌고 굳건해져 가고 있었다. 내가 변화되고 있다는 것은 나만이 느낀 것이 아니다. 나의 제일 측근인 남편이 먼저 느끼고 있었다. 아주 좋은 변화라며 나의 변화를 나만큼 좋아해 준다. 그리고 다른 가족들도 나의 변화를 알고 기뻐해 주고 있다. 매일 아이들이 잠들기를 바라고 새벽까지 드라마를 보고 잠이 부족하다며 낮에는 잠만 자는 부인을 보며 남편은 그동안 무슨 생각을 했을까? 생각해보니 그런 나를 보며 정신 차리라고 닦달해주지 않아서 정말 감사하다.

물론 드라마도 삶에 도움이 되는 부분이 분명히 있다. 우리나라 작가들은 정말 대단하다. 어쩌면 드라마가 하나같이 버릴 것이 없는지. 대사도 주옥같고 배우들도 너무 연기를 잘한다. 괜히 K 드라마 열풍이 있는 것이 아니다. 나 또한 대사 한마디에 쓰리고 아팠던 마음을 치유하는 경험을 여러 번 했다. 그리고 대리만족이 주는 만족감 또한 대단하다. 물론 드라마가 끝나고 나면 허무함이 남긴 한다. 하지만 그 행복감은 정말 중독이 될 수밖에 없다. 엄마들이 괜히 일일드라마 하는 시간에는 약속도 안 잡는지 나는 잘 안다. 그 끊을 수 없는 드라마중독을 나는 필사를 하며 끊어버렸다. 드라마가 끝나면 항상 허무함이 남았었다. 하지만 필사는 한 권을 마치고 나면 뿌듯함과 성취감이 대단하다. 그리고 한 권씩 필사할 때마다 나의 성장이 눈에 보인다. 내가 하는 말의 어휘가 달라지고 내가 바라는 나의 미래가 달라진다. 그러나 드라마는 어떤가? 드라마 10편을 몰입하여 정성 들여 본다고 나에게 남는 것이 있는가?

어릴 적 '티브이는 바보상자'라는 말을 들었었다. 티브이를 보고 있으면 시간이 정말 순식간에 지나간다. 생각을 깊게 하며 시청을 하는 것이 아니고 그냥 흘러가는 데로 보고 있게 된다. 생각할 시간을 주지 않는다. 하지만 책을 필사하는 것은 그냥 눈으로 책을 읽는 것과는 차원이 다르게 깊이 있는 독서를 할 수 있다. 나는 이 점을 높게 생각한다. 다독도 좋지만 한 권의 책을 정독하는 것 또한 중요하다. 책을 빨리 여러 권 읽는 것보다는 한 권을 읽더라도 그 책에서 생각할 부분들을 충분히 생각하는 시간을 가지며 느리게 읽는 것을 더 선호한다. 그런 의미에서의 필사는 아주 느린 독서법이다. 그래서 더 애정이 간다. 뭐든 짧은 것을 선호하고, 빠른 것을 선호하는 이 시대에서 어쩌면 시대를 거스르는 행위이긴 하다. 하지만 다른 것이 아니라 독서이기에 더 느리게 읽는 것을 추천한다. 나 또한 책을 읽기 시작했을 때 1년 목표를 100권으로 잡고 빨리 읽어보자 했었다. 하지만 빨리, 여러 권 읽고 머릿속에 남는 것이 없는 것은 아무 의미가 없다는 것을 느꼈다. 읽으며 그것을 내 것으로 만드는 시간과 행동이 필요하다. 책을 읽고 흘려보내 버리지 말고 내가 오래오래 간직하고 싶은 구절을 적어두는 것도 좋은 방법이다. 그런 구절들이 많은 책이라면 나는 그 책 전체를 필사해 보는 것도 추천한다. 그렇게 책을 필사하다 보면 분명히 눈으로 볼 때와는 다른 것들이 오래오래 나에게 남을 것이다.

　나는 필사를 하면서 나의 삶을 객관적으로 돌아보고 미래를 결정하게 되었다. 그리고 그 미래를 만들어 가기 위한 기획과 연출, 배우는 모두 남이 대신해주는 것이 아니라 내가 직접 해야 한다. 드라마에서 배역들이 변해가는 것을 지켜보는 것도 재미있다. 하지만 그것은 허구일 뿐이다. 내가 변화하는 것을 느끼는 지금이 훨씬 더 재미있다. 내가 무엇을 하는지, 이 일로 인하여 얼마 뒤 나는 어떻게 변했는지 나의 감정 상태는 어떤지, 문제가 생겼을 때 어떻게 처리했는지에 대해 감정적으로 생각하던 부분들을 이제는 객관화해서 보기 시작했다. 그게 바로 필사가 드라마보다 재미있는 이유이다. '나'라는 드라마에 각본도 기획도 연출도 배우도 오롯이 내가 해야 하는 이 상황이 어찌 재미없을 수 있을까? 이렇게 하루하루 살다 보니 미래가 너무 기대되고 하루가 즐겁다. 필사하니 삶이 변하고 하루가 즐겁다니. 필사가 주는 힘이라기엔 너무 거창하다고 생각할 수 있지만, 이것은 사실이다.

당신은 드라마 보는 것이 하루 중 가장 즐거운 일인가? 만약 '그렇다'라면 지금 당신의 삶이 드라마보다 즐겁지 않은 것은 아닐지 한번 생각해보자. 물론 나도 드라마가 여전히 재미있다. 지금 시작하면 드라마를 몰아보느라 며칠이 사라질 것 같아 시작하지 않고 있을 뿐이다. 하지만 세상에 드라마보다 재밌는 일은 정말 많다. 나는 필사를 하면서 자연스레 책에 집중하게 되었다. 그러면서 나의 스트레스와 잡념들이 사라졌다는 것을 느낀다. 나에게 드라마를 보는 것은 나의 삶에서 벗어나 새로운 삶을 살고 싶은 대리만족을 느끼게 하고 현재의 삶에서 잠시라도 분리되고 싶은 마음이 있었기 때문이다. 그런 대리만족을 느낄 수 있는 다른 방법 중에 좋은 방법은 역시 독서이다. 책을 읽고 필사하면서 살아가는 방법에 대해 깊게 사유하고 삶의 지혜를 쌓아간다. 생각이 확장되어 옳고 그름의 판단력이 분명해지고, 어떠한 문제가 생겼을 때 그 문제를 다루고 해결하는 방식이 전과는 달라졌다는 것을 느낀다. 여러분 또한 나의 인생이 드라마보다 재미있어지기를 원하는가? 그렇다면 깊이 있는 독서를 하면서 나의 삶을 점검해보자. 나의 삶 어느 부분이 부족하고 어떤 부분을 보충해야 하는지 세세하게 들여다보고 부족한 부분은 채워주고 과한 부분은 덜어내면서 나의 삶이 즐거워지기 위해 노력하자. 그냥 드라마를 보며 시간을 보내고 있다고 나의 삶이 재미있어지지 않는다는 것을 우리는 알고 있다. 다만 우리가 변하는 것보다 항상 새로운 드라마가 빨리 나온다. 개의치 말고 우리는 우리의 삶을 살자. 드라마는 허구일 뿐이다. 우리는 필사로 우리의 현실의 삶을 써 나가보자. 그러면 분명 드라마보다 더 재미있는 삶이 기다리고 있을 것이다. 드라마를 보며 아무것도 하지 않으면 아무 일도 일어나지 않는다. 드라마 속 주인공처럼 인생을 장밋빛으로 바꾸고 싶은가? 그렇다면 나를 위해 투자하고 지금 무엇을 해야 하는지 생각해보자. 무엇을 투자하고 무엇을 해야 할지 모르겠다면 일단 도서관에 가서 책을 읽고 필사부터 해보자. 그럼 서서히 내가 하고 싶은 것이 무엇인지 뚜렷해짐을 느끼게 될 것이다.

『 꿈꾸는 엄마여, 필사하라 』

요즘 우리 아이들은 숫자에 빠져있다. 처음 10까지 세는 것도 힘들어하더니 요즘은 100까지도 술술 센다. 누구나 그렇듯 처음 10을 세는 데 제일 오래 걸렸다. 하지만 10까지 세고 나니 그다음이 궁금해진 아이들은 내가 굳이 시키지 않아도 20을 세고 20을 세고 나니 100까지 세는 것은 식은 죽 먹기처럼 쉽게 배우게 되었다. 그런데 아무도 수 세기를 아이들에게 보여주지 않았다면 아이들이 관심을 가졌을까? 또래 아이 중 누군가가 수 세기를 멋지게 하는 것을 보고 나니 아이들은 폭발적인 관심을 보이기 시작했다. 아이들은 참 신기하다. 무엇엔가 꽂히면 그것을 주야장천 생각하고 중얼거리고 누군가에게 보여주고 그러다 보면 습득한다. 항상 때가 되면 그것을 해내는 아이들이 대견하고 그런 아이들의 정신을 배워야겠다고 생각한다.

나도 처음 독서를 시작하고 필사하게 되었을 때 딱 아이들 같았다. 뭘 해도 책 생각이 나고 필사하고 싶어서 근질근질했다. 필사할 시간이 없을 것 같은 느낌이 들면 조바심마저 생겼었다. 처음에는 '언제 책 한 권을 필사하지.'라고 생각했지만 매일 올라오는 〈책성원〉 단톡방에 인증들과 먼저 책을 쓴 선배 작가들의 글들을 읽으며 나는 자연스레 나의 꿈도 꾸게 되었다. 혼자 하면 힘들지만 함께하는 사람들이 있다면 쉬워진다. 몸이 힘들고 마음이 힘들어 꼼짝하고 싶지 않을 때도 누군가와 한 약속이 있기에 한 번 더 움직이게 된다. 그렇게 하고 나면 나는 한 뼘 성장하는 것이고 그렇게 쌓아가다 보면 나는 많이 커져 있을 것이다. 내가 지금 책을 쓰고 있는 것 또한 〈책성원〉과 리더인 N작가를 만나지 못했다면 가능하지 않은 일이었을 것이다. 삶을 살아가면서 그 길을 먼저 간 선배들의 조언과 격려를 듣는 것은 참 중요한 일인 것 같다. 책은 나보다 먼저 삶을 살아간 선배들의 이야기가 모여있는 것이고 필사는 그런 선배들의 이야기를 더 경청해서 새겨듣는 행위가 된다. 없어도 살아갈 수 있지만 있다면 그만큼 쉽게, 편히, 많이 힘들이지 않고 살아갈 수 있다. 그렇게 살아가다 보면 꿈꾸던 일이 그냥 꿈으로 남는 것이 아니라 현실이 될 수도 있다.

　나의 20대는 공연으로 시작해서 공연으로 끝이 났었다. 뮤지컬 배우가 꿈이었던 나는 뮤지컬과를 졸업하고 아동극 배우로 무대에 올랐었다. 그 공연을 하면서 느꼈다. '아……. 나는 정말 배우에는 소질이 없구나.' 무대에 서는 일이 정말 즐겁고 매일 하고 싶었지만, 나는 노래도 춤도 연기도 뭐하나 기깔나게 잘하지 못하는 배우였다. 주변에 너무 잘하는 배우들을 보며 다른 길을 찾아야 하는 것을 느꼈다. 하지만 무대가 너무 좋았다. 무대는 배우가 아니라도 탐낼 수 있었다. 그래서 나는 새로운 것에 도전하고자 캐나다로 어학연수를 떠났고 1년을 보내고 조금의 영어 실력과 엄청난 깡만 늘어서 돌아왔다. 나에게 못 할 일은 없었고 두려움도 없었다. 그렇게 무작정 '뮤지컬 위키드' 해외투어팀 외국 스태프들의 통역 아르바이트를 구한다는 소식을 듣고 세트 철수 기간 동안 이틀 정도 아르바이트했다. 참고로 통역할 정도로 영어를 잘하지 못했다. 고작 1년 어학연수를 다녀왔을 뿐이다. 그 후 며칠 뒤 나는 그 아르바이트를 뽑았던 공연 제작사에 이력서를 제출하고 여러 명의 경쟁자를 제치고 입사하게 되었다. 지금 생각하면 정말 깡만 늘어 왔던 것 같다. 나보다 영어를 잘하는 사람도 있었고 경력이 빵빵한 사람도 있었다. 그런데 나를 뽑으셨다는 게 믿기지 않았다. 덕분에 나는 영어로 무진장 고생했고 잘 못하는 걸 아시면서 도대체 왜 나를 뽑으셨을까 울면서 원망도 했었다. 다시 한번 말하지만 그때도 지금도 영어를 잘하지 못한다. 'THE SHOW MUST GO ON' 무슨 일이 있어도 결국 공연은 올라간다. 내가 참 좋아하는 말이다. 쇼는 우리의 인생과 같다. 무슨 일이 있어도 결국 공연은 올라간다. 우리의 삶이 무슨 일이 있어도 흘러가는 것처럼. 그렇게 갈망하던 공연을 배우가 아닌 스태프로 백스테이지에서 보고 있자니 참 많은 생각이 스쳤다. 마음은 아프고 슬펐지만, 여전히 나는 무대가 좋았고 공연이 좋았다. 그리고 그 공연에 내가 작은 퍼즐 조각이 되어 함께 하고 있다는 것이 기뻤다.

20대 초반 뮤지컬 배우로 시작한 나는 결국 뮤지컬 제작 조감독으로 30대를 맞았었다. 그때를 생각하면 지금의 나의 삶은 조금은 잔잔해졌을 수 있다. 그때는 열정으로 가득 차 이리 뛰고 저리 뛰고 나도 내가 어디로 튈지 몰랐었다. 하지만 결혼을 하고 두 아이를 낳고 나서는 나는 내 자리에 머물러 있다. 이게 나의 역할이고 흔들리지 않는 것이 우리 가정을 지키는 일이라 생각했다. 그런 내가 요즘 필사에 폭 빠져있다. 필사는 사람을 굳건하게 해준다. 무언가를 좋아하는 마음은 그것을 결국 해내게 한다고 했다. 책을 좋아하고 필사를 좋아하다 보니 결국 나는 책을 쓰고 있다. 내가 내 삶에서 흔들리지 않고 좋아하는 일을 해내는 것. 그것이 내가 필사하면서 단단해지고 있음을 느끼는 증거이다. 엄마가 된 후 나의 삶은 온전히 아이들을 중심으로 돌아간다. 그런 하루가 모여서 몇 년이 되다 보면 누구나 피로감을 느낄 수밖에 없다. 물론 아이들은 크고 있고 그때마다 주는 행복이 어마어마하지만 결국 인간이라는 동물은 나를 먼저 생각하게 되어있다. 20대 때만큼 열정으로 가득 차 그걸 이루기 위해 이리저리 몸을 움직일수는 없지만 40을 바라보는 지금 나의 마음에도 그 정도의 열정은 가득하다. 그때는 나만 움직이면 되고 나의 삶을 책임지면 되었지만, 지금은 내가 돌볼 가족들이 나만 보고 있기에 움직일 수있는 시간에 한계가 있다. 그래서 조금 시간 여유를 두고 천천히가야 하며 20대 때보다 체력이 약해졌다는 것이 그때와는 달라진점이다.

"애들 보내고 아르바이트할 수 있는 거 찾고 있어.", "아이 낳기 전에 하던 일 다시 시작해 보려고." 요즘 주변의 엄마들과 만나면하는 대화들이다. 자신을 다시 찾고 싶어서 용기를 내는 엄마들이 많다. 그런데 멈춰있던 시간이 있고 아직은 마음대로 움직일수 없다는 제약과 정확히 뭘 해야 할지 찾지 못한 그들의 이야기들을 자주 듣는다. 열정과 용기는 있지만 어디서부터 뭘 해야 할지 모르는 막막함이 나 또한 여러 해 겪은 감정이기에 마음이 아프다. 그럴 때 필사를 하면 도움이 되는데 나는 책을 읽기 전에는 필사에 대해 알지 못했었다. 작가의 꿈을 가진 엄마들뿐 아니라 모든 사람에게 도움이 되는 필사를 널리 알리고 싶은 마음이다. 그중 마음을 잘 다스려야 하는 엄마들에게 나는 가장 추천하고 싶다.

책을 필사하면서 나는 나를 찾는 것에 초점을 맞추었다. 내가 무엇을 하고 싶은지 찾으려면 내가 어떤 사람인지에 대해 알아야 했다. 그러다 보니 지난 5년간 나의 삶에 대해 돌아보게 되었다. 나로서가 아닌 다른 역할로서 살아온 삶에 대해. 나를 버려두고 미뤄둔 것에 대해 미안하고 또 미안했다. 그래서 더 역할로서가 아닌 나로 사는 삶을 살게 해주고자 꿈을 찾아주기로 했다. 책을 읽고 필사하다 보니 자연스레 나의 이야기를 쓰고 싶어졌다. 참 신기한 일이다. 책을 읽고 책을 베끼어 쓰기 시작하니 책이 쓰고 싶어진다니. 그렇게 나는 작가의 꿈을 꾸게 되었고 지금 그 꿈을 이루는 중이다. 나는 내가 작가에 대한 꿈이 있는지 알지 못했었다. 그냥 지나가는 말로 '언젠가는 내 삶을 책으로 써 볼 거야.'라고 입버릇처럼 이야기했던 것은 있지만 내가 진짜 작가가 될 거라고는 상상도 하지 못했었다. 작가는 정말 대단한 사람이 하는 것으로 생각했었고 어떤 것에 대해 정말 잘 알고 있는 사람이

어야 쓸 수 있다고 생각했다. 그런데 아니었다. 나도 작가가 될 수 있었고 매일 글을 쓰는 이상 나는 이미 작가였다. 나는 이미 경력 5년 차 두 아이의 엄마였고 그 경력은 돈 주고도 못 사는 어마무시한 경력이 아닐 수 없었다. 나는 나와 같은 엄마들에게 지금 나의 고민과 걱정을 해결해 나가는 모습을 써서 도움을 주고 싶다는 꿈을 갖게 되었다. 엄마들은 과거에도, 지금도 존재하고 미래에도 존재할 것이다. 아이를 엄마가 주로 봐야 하는 이 환경이 쉽게 변하지는 않을 것이고, 지금 내가 겪고 있는 아이를 키우는 환경들 또한 쉽게 변하지는 않을 것이다. 그 때문에 내가 어떻게 살아가고 있는지 어떻게 엄마로서, 나로서 나를 지켜야 하는지에 대해 고민하고 써나가고 싶다. 그래서 나는 지금 어떤 시련이 와도 그 시련들이 다 글감이 될 것이란 것을 알고 있다.

당신은 지금 이루고 싶은 꿈이 있는가? 이 책을 읽고 있는 엄마 중 나처럼 꿈을 찾고 싶은 엄마가 있다면 필사를 통해 나와 같은 경험을 했으면 좋겠다. 필사하다 보면 자연스레 떠오르는 것들이 있다. 내가 집중하고 싶은 분야를 어떻게 해나갈 것인지에 대해 객관적으로 판단하고, 지금 현실에서 할 수 있는 실천 방법을 어떻게 찾을지를 고민하게 되는 것이 당연하다. 하지만 그것에 대해 크게 고민하지 말자. 필사하다 보면 머릿속으로 문제들이 정리되고, 아이디어들이 떠오른다. 필사가 머리에 지식을 넣는 행위이기도 하지만 머리를 비우고 새로운 것을 채우는 행위가 되기도 한다. 필사하다 보면 머릿속에 가득 차 있던 고민과 걱정들이 어느 순간 떠오르는 아이디어들로 해결되기도 하고 걱정하던 것들이 사라지기도 하는 경험을 하게 된다. 나는 요즘 필사하며 미래의 나를 그려본다. 몇 달 전까지만 해도 내가 누군지 모르고 방황하던 나는 이제 없다. 지금 내가 무엇을 하고 싶은지, 내가 누구인지에 대해 방황하고 있다면 고민하지 말고 필사하라. 필사는 내 생각을 정리해주고, 나의 미래를 결정하는 데 많은 도움을 준다. 당신이 원하는 책을 고르고 당신의 미래를 생각하며 알맞은 구절을 선택하라. 그러면 자연스럽게 그것을 오래도록 기억하고 싶어질 것이고, 그렇다면 어딘가에 그 구절을 쓰고 싶어질 것이다. 책에는 항상 답이 있고, 당신이 뭘 원하는지 알고 있다. 당신이 할 일은 그 책을 고르고 당신에게 맞는 구절을 찾아내어 머릿속에 새기면 된다. 그러다 보면 자연스레 필사하고 싶어지는 책을 만나게 될 것이다. 그 책을 필사하는 순간 당신의 삶이 변화할 것이라 나는 확신한다.

PART. 3

필사, 인생을 잘 살아가는 이유이다

김경화

『 내 삶의 우선순위는 필사다 』

사람이 하루 살아가면서 각자 자신이 우선으로 생각하는 것들이 있다. 나는 내 삶의 우선순위를 필사로 하고 싶은 마음이고 그 마음 때문에 계속 필사하고 있다. 지금이나 어렵고 힘든 시기나 필사하는 것이 나에게는 적성이 맞았다. 다른 어떤 운동이나 노래에는 관심이 없고 책을 읽는 것도 책을 쓰기 위한 일임을 작가 되고 알게 되었다. 필사로 시작하여 내 이름으로 된 책을 써냈고 또 지금은 여러 권의 공저도 써냈다. 필사 어찌 보면 단순한 것 같지만 나는 그 단순함이 좋다. 날마다 우선으로 필사할 때 나의 에너지는 결과를 만들어내는 데 집중할 수 있었다. 필사 덕분에 책을 읽고 책을 쓰기로 했던 자신이 지금 봐도 참 대견스럽다.

　사람들이 삶을 살아가면서 아주 많이 힘든 날이 있다. 보통 때는 그냥 그렇게 지나가는 문제도 나의 기분과 감정에 따라 어렵고 힘들게 느낄 때가 있다. 나는 내 삶이 제일 어렵고 어두운 곳에서 필사를 시작하였다. 그 당시 나는 아무것도 할 수 없었다. 세상이 무너진 줄 알고 나만 불행한 줄 알았다. 볼 수 있는 것도 만지고 느낄 만한 것도 없었다. 숨을 쉬고 있는 자체가 원망스러웠으니까. 이때 나는《성경》을 필사하기 시작하였다. 그저 아무 목적도 없이 하루 시간을 보내기 위해서다. 필사하면서 처음에는《성경》의 내용이 눈에 들어오지 않았다. 두꺼운 성경을 아무런 생각도 없이 그저 필사할 뿐이었다. 그렇게라도 하지 않았더라면 나는 죽을 것 같은 느낌에 휩싸여 정말 괴롭게 하루하루를 살았을 것이다. 필사하면서 나는 점점《성경》말씀이 눈에 들어오기 시작했고 점점《성경》에 마음을 열기 시작했다. 이야기같이 느낄 때도 있고 어떤 때는 SF소설 같기도 하고 그렇게 문자 그대로《성경》을 접해갔다. 하루하루 필사로 시작하면서 나는 언제부터인가 숨을 쉬고 있었는지도 모를 정도로 숨을 잘 쉬고 있었다. 그렇게 삶이 싫고 숨을 쉬기조차 힘들다고 느꼈는데 숨통이 트였다. 이렇게 시작한《성경》필사는 점점 나를 살리기 시작했다. 그러면서 나의 우선순위는 점점《성경》필사로 되어져 갔다.

필사를 삶의 우선순위로 하고 나는 새벽 3시 30분이나 4시에 일어나서 필사를 시작하면서 마치 필사를 하루 하지 않으면 내 삶이 무너져 앉을 것만 같은 조바심으로 시작했고 계속되는 필사의 분량은 매일 A4지 두 장 반 정도가 나왔다. 처음에는 그냥 필사했고 아무런 규칙도 가지지 않고 필사를 하고 싶을 때 하고 양을 맘대로 했다. 그러나 책을 쓰면서 나는 책 한 권이 A4지 두 장 반에서 시작된다는 사실을 배웠다. 그때부터 나는 필사의 분량을 항상 A4지 두 장 반 이상을 쓰려고 노력했다. 이렇게 필사로 시작하여 나는 나의 첫 책《새벽 독서의 힘》을 쓰고 내 인생에 작가라는 꿈을 가지고 이루었다.

날마다 필사의 분량이 채워지니 책 한 권을 쓰기가 그리 어렵지 않았다. 책 쓰기는 엉덩이 힘이라고 하는데, 나는 책 쓰기는 필사의 힘이라고 생각한다. 먼저 남의 글을 A4지 두 장 반을 베껴 쓰다 보니 언젠가부터 내 글도 A4지 두 장 반 쉽게 쓸 수 있었다. 몸이 A4지 두 장 반을 쓰는 힘과 법을 기억하는 것이다. 무엇이든지 몸에 익으면 자기 것이 된다. 필사는 나의 무기가 되었고 내가 필사하면 할수록 더 많은 것을 배워가기 시작했다. 그냥 독서는 필사 독서와 비길 수 없을 정도로 필사 독서가 행복하다. 내가 《나의 삶을 바꾸는 필사 독서법》에서 얘기했듯이 필사는 모방이고 창조이며 필사는 나를 행복하게 했다. 필사를 우선순위에 놓을 때 2021년 나는 나의 개인 저서 《새벽 독서의 힘》과 《나의 삶을 바꾸는 필사 독서법》 등 공저 6권을 출간했다. 지금 와서 생각해도 어떻게 그런 결과를 만들어 낼 수 있었던지, 그것은 오로지 내가 매일 필사를 우선순위에 놓았기에 이루었던 결과이다. 2022년 직장을 옮기면서 필사를 제대로 하지 못했고 결국 2022년에 나는 아무런 결과도 없이 1년 이상의 시간을 보냈다. 필사했지만 바쁘다는 핑계로 필사가 우선순위에 있지 않았다. 항상 하던 필사를 하지 않으니 치유한 마음도 또다시 해이해지기 시작했다. 마음 정리가 잘 안 되어 하루하루 삶이 힘들어져 갔다. 나는 또다시 삶의 슬럼프를 겪기 시작했다. 그러면서 우연한 기회에 인스타그램에서 필사를 기본으로 작가 되어가는 소모임인 〈책성원〉이라는 모임을 알게 되고 리더 작가님을 비롯한 많은 예비 작가님을 알게 되면서부터 나의 필사는 다시 불이 붙기 시작했다. 날마다 필사 인증을 하기 위해 노력하고 필사 우선순위의 가치를 알기에 늘 노력하여 필사를 우선순위에 놓기로 한다. 혼자 할 때보다 여럿이 같이 하고 작가라는 같은 꿈을 꾸면서 필사를 다시 시작하니 내 가슴은 다시 불타오른다.

처음에도 그랬듯이 나는 필사밖에 잘할 수 있는 것이 없다. 필사는 오로지 내가 필사하겠다는 의지로만 가능하다. 그 의지가 없으면 필사는 할 수 없다. 다시 자신을 필사의 세계로 몰아넣고 자신에게 매일 몸이 피곤할 정도로 필사를 강요하는 편이다. 야근하여도 웬만하면 그날 필사를 완성하고자 한다. 야근한 날은 필사가 그 하루의 우선순위가 되지 않기에 새벽 1시간의 필사가 낮 2~3시간으로 이어진다. 역시 필사를 우선순위로 하는 것이 나의 체질에 맞고 나를 발전시킬 수 있는 최고의 무기이다.

수많은 유명한 작가도 필사의 중요함을 알기에 자신이나 가족에게 필사를 요구한다. 남의 글을 필사하다 보면 내 글도 써질 수 있고 자신의 성품을 갈고 닦을 수 있기 때문이다. 매일 하는 것과 매일 하지 않는 것은 엄청난 차이가 있다. 필사도 매일 하는 것과 생각나면 가끔 하는 필사는 엄청난 결과를 만들어낸다. 작가는 매일 자기 글이든 남의 글이든 써야 한다. 글을 써가면서 자신의 마음을 정리하고 꿈을 정리할 수 있다. 마음 정리가 되지 않고 목적의식이 분명하지 않으면 하루를 분명하지 못하게 살아갈 수 있다. 작가가 꿈이기에 필사를 놓지 못하고 오히려 자신의 느슨해진 마음을 바로잡을 수 있다. 필사를 우선순위에 놓고 하루를 시작하면 마음의 정리가 잘 되어 삶에도 엄청난 좋은 결과를 가져온다. 직장 다니면서 각종 상황에 부닥칠 때도 먼저 처리해야 할 일들을 먼저 처리해야 하고 어떤 일이 우선순위를 잡아야 할지 알게 된다. 내 삶의 우선순위가 필사인 만큼 나는 필사로 하루를 시작하면서 하루하루 행복하게 보낸다. 주변의 잡음도 들리지 않고 오로지 나의 타자 소리만 들리는 새벽, 나는 지금도《성경》필사와 성경과 같이 두꺼운《기적 수업》을 필사해 간다. 나는 이 두 책을 번갈아 가면서 필사를 하는데 이 두 책은 나의 갇힌 생각의 폭을 넓혀주는데 너무 소중하고 귀중한 경험을 가르쳐 준다. 인생에 있어서 이렇게 소중한 책은 필사하는 것이 마땅할 것 같고 그렇게 책을 읽는 나는 정말 많은 행복감을 느낄 수 있다. 나의 잘못된 생각을 교정할 수 있고 새롭게 변화되어 갈 나를 만들어 가고 있다. 필사는 참으로 가장 오래되고 가장 깊은 곳에 나를 만나는 길이다. 다른 사람은 명상을 얘기하지만, 나는 필사를 얘기한다.

필사하면 한 만큼 좋은 결과가 만들어져 지금도 사람들에게 필사를 권하고 있다. 나는 필사를 하면서 삶이 바뀌었다고 확신 있게 말할 수 있다. 나의 마음가짐을 온전히 가지고 즐기는 필사를 하면서 행복감을 느끼는 필사야말로 엉덩이 힘이고 더 이상 아무것도 할 수 없을 때 돈을 쓰지 않아도 나를 살리는 방법이기 때문이다. 지금 삶이 힘들고 지친다면 필사를 한번 해볼 것을 권한다. 자신을 아웃풋 하는 인생이 자신을 살게 한다. 나의 속에 있는 것을 드러내면 낼수록 지혜로워지는 것이다. 필사 매력이 참 많으니 관심 있는 사람은 필사의 매력에 한 번 빠져보고 다른 사람에게도 내면의 힘을 키울 수 있는데 도움이 되는 필사를 한번 시작해보길 권한다. 필사는 나를 살리고 남도 살리는 무기이다. 책 쓰기를 위한 필사는 좀 더 쉽게 책을 쓸 수 있도록 해준다.

「 필사하면 분노 조절도 가능하다 」

하루는 남편이 TV를 보고 있을 때, 옆에 앉아 같이 본 적이 있다. 10대의 횡포에 대하여 세계 10위를 방송으로 보여줬다. 방송 중 10대는 어느 나라나 할 것 없이 인정 없고 자신들의 범죄를 부끄러워하거나 죄의식을 갖지 못하였다. 어떤 10대는 심지어 자신이 구세주인 양 이 세상에 장애인을 자신이 심판한다고까지 한다. 이러한 10대들은 사람을 죽여도 눈 깜빡하지 않고 오히려 자신이 정당하다고 주장하고 있다. 10대를 가진 부모로서 가슴이 섬뜩해진다. 물론 우리나라에도 수많은 10대의 범죄사실이 드러나고 있지만 지금 전 세계적으로 10대들은 정말 두려운 존재다.

많은 위대한 10대가 있는 방면에 사회에 먹구름이 되는 10대들도 있다. 그들은 마음속에 많은 분노를 품고 있다.

나도 책을 읽고 책을 쓰기 전에는 늘 가슴에 분노하고 있었다. 지나친 가난과 세상의 일들이 내 마음과 같이 되지 아니함에 살아 숨을 쉬는 자체가 고역이고 자신을 사랑하지 않았기에 나에 대한 좌절, 그리고 세상에 대한 절망감이 어우러져 말끝마다 분노의 감정이 드러났다. 가정에서도 아이들이 말을 잘 안 듣고 남편과의 관계가 좋지 않을 때 역시 자신에 대해 분노의 감정을 가졌다. 분노의 감정은 책을 쓰면서 내 속에 어린아이가 위로받지 못하고, 있는 그대로 인정받지 못하고, 칭찬받지 못하고 사랑받지 못하여 분노하게 됨을 알게 되었다. 책을 읽고 쓰면서 자신이 살아가는 것이 왜 그리 힘든지 점점 알아가게 되었다. 치유에 관한 책도 감정에 관한 책도 심리에 관한 책도 많이 찾아보면서 자신 속의 어린 아이부터 달래고 있었다.

그 문제를 《초인대사들이 삶의 질문에 대한 100문 100답》을 필사하면서 여러 문제를 이해할 수 있었고 또 자신 속의 어린아이를 수용할 수 있었다. 자신을 수용하면서부터 세상의 많은 것들이 이해되기 시작했다. 책을 필사할 때 7개월을 다른 책과 함께 필사하면서 그동안 자신을 사랑하지 못한 것이 제일 큰 원인임을 알게 되었다. 날마다 필사하면서 점점 자신의 감정을 조절하게 되고 점점 마음에 이해가 되니 분노의 감정을 내려놓을 수 있었다. 자신을 사랑하고 자신의 존재가 사랑스러울 때 남도 용서가 되고 모든 것을 바라보는 눈이 다르게 변화된다. 우리 내면의 변화가 외부의 변화를 일으킨다.

필사하면서 느낀 행복감을 독자와 공유하기 위해 쓴 나의 개인 저서《나의 삶을 바꾸는 필사 독서법》에서 얘기했듯이 필사할 때 손끝에서 분노의 감정이 흘러서 컴퓨터로 들어가고 글이 되어 나의 감정을 표현하고 아픔을 드러내고 자신의 생각을 드러내면서 점점 마음이 치유되어 이제는 온유한 마음을 가질 수 있도록 기도하고 자제하고 자신의 감정을 통제할 수 있다. 아직 자신의 요구에 미흡하지만 분명 나는 책을 쓰기 전과 비교하면 많이 성장하여 있다. 그리고 나는 분노를 치유하는 감정을 받아들이면서 점점 자신을 더 사랑하고 자신의 살아 있음에 감사하면서 나를 창조하신 하나님께 감사하며 나아갈 수 있었다. 내가 자기 분노의 감정을 이겨내자, 삶은 더 아름다워지기 시작했다. 나의 경험을 살리기 위해 분노 조절장애가 있는 다른 분들 한테 도움이 되기 위해〈분노 조절 상담사〉자격증도 땄다. 분노 조절 장애가 있는 사람들은 대체로 자신의 기준으로 다른 사람에게 역할을 맡겨 놓고 그 역할을 완성해 주기를 바라지만 다른 사람이 그 역할을 잘해주지 않고 나의 기대에 잘 따르지 않기에 생긴다고 본다. 분노 조절 장애는 나 자신을 사랑해야만 다른 사람을 사랑할 수 있고 분노도 조절할 수 있다.

최근에 필사하는 《감정치유》라는 책에서 나는 자신의 감정을 치유해야만 되고 또 그렇지 못하면 많은 질병에 걸릴 수 있고 심지어는 생명에 위태로운 사실을 알게 되면서 자신의 상한 감정을 그대로 놔두면 안 되겠다는 생각이 들었다. 마음먹고 자신의 아픈 감정을 치유하기로 작정했다. 책 한 권 필사로 상한 감정이 다 치유되지 않지만, 한 권 필사하면서 여러 권의 감정 치유에 관한 책을 읽다 보면 나의 감정이 치유될 수 있다. 나는 항상 책 한 권을 필사할 때 같은 분야의 책을 여러 권 보는 편이다.

《자조론》에서 스스로 자신을 돕지 아니하면 세상 그 누구도 나를 돕지 않는다는 내용을 보았기에 내가 먼저 나를 돕기로 마음먹었다. 그리고 자신의 아픔을 인정하고 먼저 치유하기를 원했다. 치유 받는 과정에 필사는 필연적이었다. 어쩌다 하루씩 필사를 못 한 날도 있었다. 사람들은 그까짓 남의 것을 베껴 쓰는 것이 무엇이 그리 중요하냐고 할 수 있겠지만 나는 이미 필사의 여러 가지 좋은 점을 많이 느끼고 있기에 어렵고 힘들수록 필사를 더 고집한다. 필사를 항상 우선순위에 놓고 일과를 시작한다. 그러면 하루 한 꼭지 분량을 완성했다는 작은 성취감이 늘 나를 기쁘게 한다. 에너지를 확 끌어 올리고 요양원에 근무하면 다른 요양보호사와 다르게 긍정적으로 어르신들을 온전히 섬길 수 있다. 왜냐하면 나는 필사를 하면서 진리를 알아가고 진실한 사랑을 알아가고 있기 때문이다. 내가 읽고 필사하는 책은 대부분 사랑에 관하여 그리고 의식에 관하여 영혼에 관하여 쓴 책들이기에 나를 먼저 성장시킨다. 사람이 사람의 사랑으로 부족해도 하나님의 마음으로 사랑하면 정말 부족해도 완전한 사랑을 할 수 있는 것에 놀란다.

요양원 다니면서 다른 주변 사람들은 요양원은 어르신들이 우리의 기를 빨아들여 우리가 더 빨리 진을 뺀다고 얘기한다. 그러나 나는 어르신들 사랑을 받고 있어서 감사할 따름이다. 어쩌다 어르신한테 "고맙다", 또는 "애 먹는다"라는 말을 들으면 더욱 힘이 나서 어르신들에게 더 적극적인 관심을 가질 수 있어서 어르신들의 더 많은 사랑을 받고 있다. 다른 동료들은 하루하루의 일과가 힘들고 지쳐서 녹초가 되지만 나는 일과를 마쳐도 어르신들한테 사랑을 받을 수 있어서 힘이 넘친다. 필사하면서 어르신들과 나의 영혼 차이가 없음을 알게 되고 그들과 나는 똑같이 존귀한 존재임을 알고 그와 나는 다 창조주의 피조물이기에 위에서 하나님 측면에서 보면 그나 나나 다 똑같이 소중하고 귀한 존재이다.

지금 필사하고 있는《기적수업》은 성경책만큼 두꺼운 책이다. 내가 이 책 필사를 시작할 때《성경》필사도 번갈아 가면서 하고 있으니, 내면의 힘을 강하게 하는 데 많은 도움을 받고 있다. 세상을 보는 관점에 따라 우리의 삶이 행복한지 불행한지 알 수 있다. 그저 자신의 견해에 따라 다를 뿐이다. 제삼자의 측면에서 볼 때 그저 같은 문제라도 보는 자의 기준과 견해가 다르면 그 문제는 천지 차이의 효과를 나타내고 있다. 비록 이런 책들의 필사는 많은 시간을 가진다. 그러나 자신과의 약속이고 나를 누구보다 성장시킬 수 있는 책이기에 긴 시간이 걸려도 나는 필사를 완성하기를 바란다. 거기서 나의 인내함의 한계를 뛰어넘는다. 꼭 정해진 시간 만에 필사를 완성 안 해도 된다. 조금 더 느긋하게 평생 갈 과제로 필사하게 되면 너무 애가 타지 않고 물 흐르듯이 필사가 자유롭다. 나는 항상 새벽에 일어나면 필사 1~1.5시간 필사하고 어떤 때는 원고 한 꼭지를 쓸 때도 있다. 책을 쓰는 요양보호사로 책도 읽고 필사도 하고 책도 쓰고 참으로 의미 있는 하루를 보내고 있는 지금이 너무 행복하다.

필사를 하면서 분노 조절을 하고 있다. 마음에 고요함을 필사하면서 찾아가면서 점점 안정된 자신을 볼 수 있다. 마음이 고요해지면서 다른 사람의 말과 행동에 상처를 덜 받고 점점 자신이 주체이고 다른 사람의 눈치를 보는 삶에서 좀 더 자유로워지고 있다. 다른 사람에 맞춰 살지 않고 나의 인생을 내가 살아가면서 점점 타인에 의존하던 마음도 타인을 미워하는 마음도 다 사라지기 시작했다. 필사하면서 미운 것도 용서할 수 있다. 자신의 감정이 다스려지고 자신이 용서되니 아이들이나 배우자에 대해서도 더 너그럽게 바라볼 수 있다. 엄마인 나의 감정 조절이 되니 아이들의 감정도 같이 보듬어 가는 것 같다. 집안에 조용함이 들어올 수가 있어서 좋다. 내가 변하면 내 주변이 자연적으로 변하게 돼 있다. 필사로 얻은 마음의 고요함이 나와 우리 가정을 행복하게 만들어 간다.

『 인풋의 삶을 아웃풋의 삶으로 이끌어 간다 』

　책을 읽기만 할 때는 책을 읽어도 별로 기억에 남는 것이 없었다. 무엇을 읽었는지 무엇을 보았는지 어떤 것이 마음에 와 닿아도 그저 '그 내용이 마음에 와 닿네', '좋은 문구네.'하고 말았다. 그렇게 책을 읽어도 별로 눈에 띄게 변화되지 않았다. 물론 책을 읽지 않을 때보다는 조금 더 생각하는 힘을 가졌지만, 원하는 변화를 이끌어 가지 못하였다. 필사하면서 느낀 것이 무턱대고 남의 글을 따라 쓰다가 내 글도 써보고 싶은 것이다. 저자도 이처럼 어려운 상황이 있었고 그들도 어려운 상황을 이겨낸 것이 눈에 들어왔다. 세상 사람들은 모두 다 자신만의 어려운 상황이 있고 그것을 어떻게 이겨내는가가 중요하다. 이겨낸 사람은 한 걸음 더 성장하고 이겨내지 못한 사람은 아직 방황하는 것이다.

　필사는 인풋인 동시에 아웃풋한다. 필사하면서 가장 큰 성과는 남의 글을 쓰기 시작하고부터 내 글도 쓸 수 있다는 것이다. 필사가 익숙하지 않은 사람은 필사의 매력을 느끼지 못한다. 내 글을 쓰기 시작하니 내 이름으로 된 책을 써낼 수 있었고 앞으로의 독서도 인풋만이 아닌 아웃풋의 독서가 되었다. 무엇을 보고 느낀 것을 바로바로 기록하는 습관이 생기고 책 속의 가슴에 와닿는 한 구절이라도 인풋만이 아닌 글 그램이나 영상으로 아웃풋의 삶을 살아간다. 언제든지 다시 볼 수 있어서 좋았고 자신이 만든 글 그램이나 영상이 더욱 자신이 드러내고 싶은 것을 마음껏 드러내고 있어서 행복하다. 창조의 시작은 모방이다. 타자 필사를 하기에 책 속의 많은 내용이 일차적으로 컴퓨터에 들어가고 컴퓨터에서 다시 새로운 콘텐츠가 되어 나올 수 있어서 나에게도 다른 사람에게도 많은 동기부여가 된다. 필사할 때 내가 선정하는 책은 나를 배로 성장시킨다. 그냥 보는 책과 필사하는 책은 서로 조화를 이루어 가면서 나를 더 아름답게 만들어 준다. 나는 지금도 필사를 아주 많이 사랑하는 편이다. 작가가 되고 나서 늘 가방에는 책 2권과 블루투스 키보드를 갖고 다닌다. 핸드폰만 있으면 언제 어디서나 아웃풋의 삶을 살아갈 수 있음에 감사한다. 꼭 노트북이나 태블릿 PC 아니어도 핸드폰만으로 가능한 필사나 글쓰기가 쉬워진다. 생각날 때 수시로 메모할 수 있고 좋은 광고 구절도 수시로 사진 찍고 나의 것으로 만들어 놓는다. 네이버에 작가로 등록한 후부터는 보고 듣고 하는 많은 것이 사례로 되도록 준비하고 그렇게 글로 남기기 위해 노력하고 있다.

인풋과 아웃풋의 균형 잡힌 삶은 우리를 더 성장하게 만든다. 책 속의 많은 내용이 처음에는 글 그램으로 나를 통하여 다른 누군가를 통하여 사람들에게 동기부여 되고 있었고 그다음에는 동영상을 통하여 다른 사람에게 동기부여 된다. 나도 처음에는 글 그램 하나 만드는데 많은 시간을 보내었고 익숙하지 않은 SNS의 삶이 지금은 점점 익숙하게 드러내게 되어간다. 글 그램이 익숙해지니 이제는 한 걸음 더 나아가서 짧은 영상이나 릴스로 자신을 드러내고 경험을 드러내도록 노력하고 있다. 항상 '어제의 나보다 오늘의 더 멋진 나'가 되고자 노력하고 있다. 과거에 미련 두고 잡혀서 아무런 진보도 하지 못하는 것이 아니라 오늘을 더 알차게 살고 더 아름답고 멋진 나를 만들어 가는 것이 필사이다. 과거의 아픔에서 벗어날 수 있고 주의를 다른 곳에 옮길 수 있다. 부정적인 감정에 계속 얽매어 있는 것보다 그 감정을 흘러 보내므로 시간이 지나면서 자신도 모르는 사이에 벌써 치유가 되어져

간다.

이미 공저 포함해서 여러 권의 책을 냈고 전자책《독서 시간대만 바꾸면 행복한 독서가 된다》를 출간했지만, 인생은 책 몇 권에 담을 만큼 간단하지 않다. 평생 살아가면서 평생 자신의 이야기를 적어가고 자녀들에게 나의 삶의 기록을 남겨주는 것이 얼마나 좋은지를 너무도 잘 안다. 엄마가 종일 아무 발전도 하지 못하면서 아이들에게 발전하라고 하면 아이들은 바로 되받아친다. "엄마나 발전하라고" 그러니 아이들 앞에서 아이들 변화하고 발전하라고 하기 전에 내가 먼저 변화하고 발전하기 위하여 노력하는 모습을 보여주는 것이 필사를 통하고 내 글을 쓰는 것이다. 최근에 참여하는 〈책성원〉 모임은 책을 쓰고 성장하기를 원하는 모임에 리더 N 작가는 저번에 줌 미팅에서 이야기한 적이 있다. 여러 명의 고등학생이 이미 자신의 소리를 내고자 해서 그들에게 책 쓰기에 관한 좋은 이야기를 해주었다고 했다. 리더 작가의 리드로 우리 작은 모임에 가입한 예비작가나 기성 작가인 우리는 남의 글 쓰고 내 글 쓰고자 하는 같은 꿈을 이루어 가고자 한다. 우리는 매일 필사하면서 자기 글도 써가는 작가가 되어가는 것이다. 모두가 필사하기에 자기 글도 쉽게 써낼 수 있다. 공저를 함께 쓰는 여러 작가님은 이미 초고 완성한 상태이다. 아직 나만이 초고 미완성이다. 한 그룹에서 서로 동기부여 받고 자신의 일정을 조절해가면서 나도 초고 완성한 작가님들의 동기부여로 초고 완성하고자 선포한 날까지 초고 완성하려고 한다. 지금 초고 쓰고 있는 이 시간 이후 이제 한 꼭지만 남았다.

공저 쓰기를 우선순위에 놓는 것이 좋다. 먼저 공저 쓰기를 정해진 기간에 빨리 완료할수록 마음에 짐이 줄어든다. 책을 쓰면서 우선순위의 중요함을 깨닫고 또 실행력이 점점 더 발전된다. 매일 새벽 필사는 하루의 우선순위에 놓여 있고 또 공저 완성은 정해진 기간에 우선순위다. 삶의 우선순위가 무엇인지 알고 그 우선순위대로 일을 처리해나가니 결과물도 하나씩 생겨난다. 그리고 다시 나는 무엇인가 배우고 도전한다. 이렇게 조금씩 조금씩 새로운 꿈을 가지게 되고 새로운 소망이 내가 생각하고 계획하는 대로 이루어져 간다. 자신의 삶을 점점 통제하고 내가 하고 싶은 것들로 채워져 간다. 이전에는 하고 싶은 것이 많으나 생각만 하고 실행하지 않았기에 시간만 지나가고 되돌아보니 아무런 결과도 만들어 내지 못했다. 지금은 무엇을 원하면 그것에 집중하고 원하는 것을 한가지라도 시작하고 마무리 지으려 한다. 한 가지 일을 마무리 짓지 않고 새로운 일을 시작하면 이것도 저것도 잘 되지 않는다. 계획하고 실천하고 결과를 이루어내는 것이 무엇인가를 이루는 힘이다. 원하는 것에 집중하는 이 시간이 멋진 결과를 만들어 내는 시간이다. 행동하지 않으면 아무리 꿈이 멋지고 빛나도 그저 환상일 뿐이다. '구슬이 서 말이라도 꿰어야 보배'라는 말이 그저 나온 말이 아니다. 행동하지 않고 무엇을 기대한단 말인가?

전에 어떤 사람도 평범한 내가 책을 써내자 정말 부러워했고 자신도 책을 쓰고 싶다고 했다. 그러나 그는 필사하지 않고 결국 3년 지난 지금 책을 써내지 못하였다. 그러나 또 한 사람은 내가 책을 써낸 것에 감동하고 나에게 물었고 나는 같이 책을 쓰는 그룹에서 같이 필사부터 하면서 책을 써내자고 했을 때 그는 그대로 실행하고 지금은 나와 같이 쓰는 공저도 완성하였다. 필사는 이렇게 우리에게 실행하는 힘을 키워준다. 자신이 어떤 일을 이루고자 하면 실행이 답이다. 필사는 행동하는 것으로 동사다. 움직임이고 움직이게 하는 힘이 있다. 필사는 명사가 아니다. 그러기에 수많은 베스트셀러 작가도 필사부터 하지 않았던가? 이지성 작가도 정약용도 다 초서 필사부터 했다. 남의 책을 베껴 쓰지 않으면 절대 내 책을 써낼 수 없다. 아무리 책을 쓰고 싶어도 결국 마무리를 지어내지 못한다. 전에 책 쓰기 공부를 할 때 어떤 작가님도 그때 그 당시는 쓰기로 했지만 결국 아직 책이 나오지 않았다. 안타까운 일이다. 필사는 필사하는 사람들만이 누릴 수 있는 성취감을 가져다준다. 책 한 권의 필사가 쉽지 않다. 날마다 새벽마다 얼마나 일어나기 힘든가? 따뜻한 이불속이 얼마나 유혹적인가? 하지만 나는 새벽 필사에 집중한다. 새벽 필사를 하면서 나는 새날의 활기찬 태양이 떠오르는 것을 보고 고요한 새벽이 나만을 위한 시간임을 즐긴다. 힘들고 삶이 어려울수록 자신만을 위한 시간을 가져야 한다. 자신을 위한 시간을 가지지 않는다면 우리는 힘들고 지친 삶에서 헤쳐나갈 길을 찾지 못한다. 자신에게 힘을 주고 세워주는 그 귀한 시간을 투자하면 세상 무엇도 서운하지 않다. 항상 일이 바쁘고 자신에게 투자할 시간이 어디 있느냐고 한탄하지 말고 무엇이라도 자신을 위하여 시간을 투자하길 바란다. 누구나 좀 더 나아지고 싶어 하는 욕구가 있다. 그 욕구가 채워지지 않으면 우리는 삶에서 희망을 품을 수 없고 삶에 지치게 된다. 운동이든 악기든 뭐든 자신의 성장을 위하여 시간을 투자해야 한다. 그리해야 인생에 후회가 남지 않는다. 자신을 위한 시간 없이 타인만 위하다 생을 마감할 때 정말 후회하게 된다. 수많은 사람이 죽기 전에 후회하는 것이 자신에게 하고 싶은 것을 할 기회를 주지 않았던 것이 아닌가? 나는 자신에게 기회를 주고 하고 싶은 것을 하나씩 하면서 하고 싶으나 하지 못한 것이 없는 삶을 살기를 바란다. 나이 들어도 시간이 천천히 지나가도 한가지씩 하고 싶은 것은 다 해보고 싶은 것이다. 어찌 보면 욕심쟁이 일 수도 있지만 삶에서 할 수 있는 범위에서 스스로 자신을 제한하지 않고 하나씩 해보고 미련이 없는 삶을 살아가기를 바란

필사 POWER

다.

　나는 다행히 필사를 통해 자신을 세우는 힘을 키우고 자신을 위하여 시간을 투자하고 있다. 그러기에 억울하지 않고 자신에게 힘주는 일이 즐겁다. 날마다 하는 새벽 필사는 나를 점점 더 멋진 사람으로 만들어 간다. 삶이 재미있어지고 삶이 궁금해진다. 날마다 새벽이 기대되고 하루가 기다려진다. 오늘은 어떤 필사할 내용이 나를 기다리는지, 필사로부터 시작된 아웃풋의 삶은 우리가 살아가면서 점점 더 지혜롭게 해준다. 아웃풋이 없으면 인풋이 헛되어진다. 모든 인풋은 아웃풋을 위해 필요한 것이다. 필사는 인풋인 동시에 아웃풋이기에 아웃풋의 삶을 먼저 연습하는 것이다. 필사로 독서가 자신의 습관이 되고 단단해지고 시간이 없고 바쁠수록 더 독서를 할 수 있는 독서광이 된다. 그러면서 동시에 자신이 배운 것을 드러내고 표현하는 책 쓰기에 이어진다. 모든 성공자는 독서광이고 그들은 자신만의 경험과 노하우를 책으로 써낸다. 성공한 사람들이 대부분 책을 쓴 것도 그만한 인풋이 있었기에 아웃풋도 가능하다. 이렇게 좋은 습관이 다져지고 다져져서 마침내 악순환의 고리를 끊어버리고 선순환의 삶을 살아가게 된다. 그것이 필사독서로부터 시작되어진다.

「 필사로 헛된 시간을 줄여라 」

우리 사회가 날마다 빠른 발전을 해오고 사람들은 저마다 자기 시간의 유한성과 시간의 유효성을 따져가면서 시간을 허투루 쓰지 않고 정말 알뜰하게 사용하고자 한다. 자기 계발하고 자기 관리를 하는 사람은 시간을 들여 독서하고 운동하고 자신의 업무에 집중하여 적은 시간 투자해서 좋은 결과를 만들어 내고자 한다. 시간이 남아서 독서하는 것이 아니라 바쁜 와중에도 시간을 내서 독서한다. 이렇게 분초를 다투는데 필사를 논하면 많은 사람은 필사는 시간이 너무 많이 걸린다고 불편해한다.

나는 오히려 짧은 시간에 필사를 통해 많이 성장했다. 필사는 짧은 시간으로도 더 큰 성장을 이룰 수 있다고 확신한다. 필사를 통해 책 한 권 읽을 시간에 책을 두 번 세 번 읽는 효과를 가져왔고 그러면서 나의 독서 습관은 다량의 독서보다 한 권의 책을 반복적으로 제대로 읽는 연습을 하게 했다. 한 책을 두 번 세 번 반복해 읽는 것보다 한번 필사하고 두 번 필사하는 것이 훨씬 효과가 좋고 책의 많은 내용을 기억하고 삶에 적용할 수 있다. 지금은 정말 좋은 책을 두 번 정도 필사하고 그 외에 반복적으로 하는 독서는 삶에 적용하는 면에서 더 효과적이다. 한 권의 책 필사는 처음에는 많은 시간 걸리고 정말 시간이 아까운 것 같지만 책을 두 권, 세 권 계속 필사를 해나가면 언젠가부터 변화 되는 자신의 모습을 볼 수 있다. 필사하면서 내면에 단단함과 꾸준함, 인내심이 생긴다. 실천력 그리고 자신의 감정통제와 주체적 사고방식 등 많은 면에서 이전보다 훨씬 성장하였음을 볼 수 있다.

필사가 이렇게 좋은 점을 많이 가지고 있기에 필사하기 시작한지 3년 되었지만 계속 유지할 수 있다. 필사로 내 삶이 확실히 변화되어 가기에 필사가 나에게 헛된 시간을 보내지 않는 유일한 방법이라고 생각한다. 내가 좋아하는 일을 하면서 TV 보거나 다른 SNS로 시간을 낭비하는 일도 줄어든다. 쉬는 날 집안일을 마치면 시간 나면 필사하고 독서하면서 독서 기록을 블로그에 옮기고 또 일상이 내 글이든 남의 글이든 쓴다. 몸은 글을 쓰는 몸으로 세팅 돼 가고 공저라도 꾸준히 쓰면서 작가의 꿈을 항상 기억하고 그 목표를 향하여 한 걸음씩 걸어가고 있다.

요즘 나는 3년 전에 호기심에 의해 주식 공부를 시작했다가 경제적 여건이 되지 않아 한쪽에 치워 두었던 주식 책을 다시 필사하기 시작한다. 주식 공부를 위하여 주식 책 10여 권 있는데 이 주식 책들을 필사해 가면 적어도 20권의 주식 책 읽는 효과를 가져온다는 사실을 너무나 잘 알고 있다. 사람들이 한 부문의 전문가가 되고자 하면 그 부문의 책 100권 이상을 읽으면 전문가가 된다고 한다. 주식 책 10권 이상을 필사하고 나머지 몇십 권을 반복적으로 읽으면 책을 100권 읽는 효과보다 더 큰 효과를 만들어 갈 수 있다. 주식투자는 평생 공부하면서 투자해야 성공할 수 있다. 오가는 정보가 진실한 정보인지 아닌지 분별하려면 공부하는 것 외에 다른 방법이 없다. 자신의 확실한 기술이 되어야 주식이 투자되지, 공부하지 않고 주식에서 성공하기를 바라는 것은 투기이다.

직장생활을 하면서 직장생활에 안주할 수 없다. 직장이 나의 노후를 책임져 주지 못함을 사람들은 다 안다. 주식을 제대로 배워서 주식투자로 잠자는 동안에 돈이 들어오는 파이프라인을 만들어 놓는 것이 훨씬 더 유익하다. 지금은 비록 직장을 다니지만, 아직 정년퇴직까지 많은 연수가 남았고 그사이 주식을 3년 정도 공부하면서 투자하면 바르게 투자할 수 있다는 믿음이 나를 피곤한 몸을 이끌면서도 필사하게 만드는 이유다. 한 부문에서 3~5년이면 사람들은 보통 전문가의 수준에 이르러 가는데 필사가 중요하다. 주식 책 필사가 시간을 단축할 수 있다.

나는 중학교 때 외우는 공부는 성적이 좋았다. 45명 이상의 반에서 외우는 과목을 몇 번째로 잘 외울 수 있는 기억력을 갖고 있었다. 항상 문과 성적은 좋은 편이기에 문과 공부하는데 좋은 팁들을 딸들에게 가르쳐 준다. 큰딸은 나의 머리를 닮았는지 문과 성적이 좋다. 그러나 둘째는 문과보다 오히려 이과 쪽을 잘하는 편이다. 둘째 딸이 역사를 싫어하면서 시험 기간에는 늦게까지 공부한다고 한다. 나는 역사가 좋았고 큰딸도 내가 역사 공부를 했듯이 좋아한다. 큰딸은 역사를 거의 95~100점 사이를 맞는다. 둘째 딸에게 언니처럼 공부하라고 해도 잘 안 된다. 그래서 내가 둘째 딸에게 비법을 가르쳐주었다. 역사는 육하원칙에 따라 상관 내용을 필사하게 되면 역사 성적이 오른다고 가르쳤다. 그래도 본인은 그렇게 하지 않는다. 방법을 알려줘도 따라 하지 않는 둘째를 보면서 안타까웠다. 필사가 얼마나 매력적이고 집중력을 키울 수 있는지 둘째 딸아이는 알지 못하였다. 언젠가는 알아차릴 날이 있을 것이다. 필사는 기억력 증진에 도움이 된다. 손은 두 번째 뇌라는 말이 있다. 물론 우리의 모든 기관은 기억하고 있지만, 눈으로 보고 귀로 듣고 손으로 쓰면서 우리의 기억은 점점 더 완고하게 무의식 속에 기억된다. 반복적인 필사는 필사할 때마다 다른 느낌을 주며 처음에 알지 못하던 것을 다시 깨닫는 데 엄청난 도움을 준다. 독서도 그냥 독서보다 한번 필사한 독서는 더 잘 이해된다.

자기 계발의 가장 빠른 단계는 자기 이름으로 된 책을 출간하는 것이다. 자신이 겪은 경험을 다른 사람에게 알려주고 초보가 왕초보를 가르치는 지금 제일 좋은 브랜딩 방법이 바로 책 쓰기이다. 나에게는 그저 그런 경험일지도 모르지만, 다른 사람에게는 탈출구가 될 수 있는 경험은 삶의 과정 과정마다 모두 나를 성장시킨다. 왜 나의 삶은 이렇게 암울하고 어둡고 도저히 햇볕이 비칠 것 같지 않은지 알 수 없지만, 그것이 나만의 문제가 아니다. 내가 이 암울한 시기를 견디고 이겨내고 한층 더 성장한 힘과 지혜가 다른 이들에도 엄청난 힘과 용기를 준다. 필사가 그저 단순히 남의 글을 베껴 쓰는 것만이 아니다. 필사가 몸에 배면 남의 글을 쓰면서 내 글도 쓰기 시작하게 되고 내 글을 쓰면서 나의 감정들이 드러나고 치유되어 가는 것이다. 상처는 드러나야 치유된다고 한다. 그 상처를 꽁꽁 감싸고 있으면 속에서 곪아 터진다. 따라서 우리는 상처가 있음을 인정하고 그 상처를 보듬어 주고 자기 내면의 상처받고 울고 있는 어린아이를 보듬어 주고 달래주고 치유되어야 한다. 우리가 상처를 안고 상처에만 집중하면 발전할 수 없다. 상처는 반드시 치유되어야 한다. 자신도 살고 주변의 타인에게도 유연한 태도를 가질 수 있다.

책 쓰기가 상처 치유에 많이 도움이 되기에 지금의 나는 활기차게 살아있다. 3년 전에 책 쓰기를 하지 않았다면 지금의 나는 아직도 방황하고 헤매고 상처 때문에 나부터 모든 일과 상황과 사람에게 탓만 하면서 살고 있을 것이다. 그 부정적인 악순환의 고리를 끊고자 마음을 단단히 먹었고 그래서 한 것이 바로 책 쓰기이다. 처음에 책 쓰기를 하면서 그저 작가가 되는 것이 꿈이었다. 책 한 권 써내면 그것으로 모든 것이 고쳐질 줄 알고 내 삶이 바로 변화되는 줄 알았다. 그러나 우리의 인생은 책 한 권에 담을 만한 간단한 인생이 아니다. 우리는 계속 발전해 가는 존재이다. 계속 성장하고 발전해 가는 것이 우리의 기본 욕구이다.

상처가 치유되고 나서부터 우리는 성장할 수 있고 상처 너머를 바라볼 수 있기에 나는 지금도 책을 쓰기를 원한다. 지금은 개인 저서가 아닌 공저를 쓰지만, 공저라도 쓰는 것이 책 쓰기를 계속하고자 하는 꿈을 이어 가는 고리이다. 아직 치유되지 않은 많은 감정이 나의 책 쓰기를 기다리고 있다. 《새벽 독서의 힘》, 《나의 삶을 바꾸는 필사 독서법》과 그 외에 쓴 공저들은 모두 필사 덕분에 나온 책이다. 직장 다니면서 매일 새벽에 일어나서 꾸준히 필사한 후 책을 한 꼭지씩 쓸 수 있었고 1년 동안에 공저 포함 6권의 책을 쓸 수 있었다.

꿈이 없던 나는 필사로 시작하여 단기간에 평생 작가의 꿈을 이루었고 꿈 너머를 바라보면서 새로운 꿈을 꾸고 도전한다. 이제부터 사는 삶은 덤으로 사는 삶이다. 왜냐하면 나는 죽기 전에 책 한 권 써보는 것이 평생의 소원이었는데 이미 여러 권의 책에 내 이름을 당당하게 적었으니 무슨 여한이 있겠는가? 다음의 꿈으로 달음질하면서 새로운 꿈의 시작도 필사로부터 시작하여 짧은 기간에 최고의 성과를 이어 나가기를 바란다. 오늘도 필사는 빠르게 변하는 세상에 적응되어 나가는 나만의 무기로 되어 새로운 부문에서 도전의 시간을 단축하게 한다.

「 아이에게 물려주고 싶은 유산, 필사 」

　　나는 현재 3명의 딸아이를 키우는 워킹맘이다. 큰딸이 내년에 〈경북 바이오 마이스터고〉에 입학하게 되었다. 큰딸이 학교에서 성적이 좋은 편이라서 선생님들이 추천해 주셨다. 처음에는 안동 메디컬 고등학교를 추천해 주셨지만, 딸아이의 성격이 비교적 내성적이어서 메디컬 고등학교보다는 〈경북 바이오 마이스터고〉가 더 합당하다는 결론이 내려졌다. 고등학교 입시 설명회에 참석하여서 학교의 역사와 학교의 많은 좋은 점들을 알아가고 큰딸 역시 마음에 들어 했다. 기숙학교로서 취직을 위한 공부를 가르치는 것이다. 이제 개교한 지 6년 되고 1기부터 3기의 학생들

은 현재 전국의 유명한 제약회사들에 취직하였고 취직률이 98%
에 도달했고 현재의 1학년부터 3학년까지도 그리고 다음 해 우리
아이가 갈 때까지는 7년 된 학교다. 아이가 고등학교 가서 입학설
명회 들으면서 많은 생각이 든다. 언제 아이가 이렇게 컸는지, 또
앞으로는 아이들에게 남겨줄 것을 생각해야 하겠다는 생각도 든
다. 아이들에게 남겨주고 싶은 것은 신앙의 삶과 필사를 남겨주
고 싶다. 신앙인의 삶으로 아이들이 됨됨이가 되고 필사로 아이
들이 자기 계발되어서 이 사회에 꼭 필요한 사람으로 성장했으면
하는 바람이 크다. 아이들이 어릴 때는 그저 건강하게만 자라주
기를 바랐고 아이들이 점점 커가면서 점점 욕심이 생긴다. 아이
들이 사회에 나가면서 성실함과 꾸준함, 그리고 인내심, 또 어려
운 상황을 잘 판단하고 잘 이겨내는 힘과 용기와 지혜를 가졌으
면 좋겠다는 생각이 든다. 아이들에게 바라는 이 모든 것들은 필
사하는 것을 통해 가능하다.

필사하게 되면서 내가 겪은 수많은 좋은 점을 아이들에게 설명
할 수 있고 아이들에게 학습 방법도 가르쳐 줄 수 있다. 필사하면
서 집중력을 키우면서 아이들이 공부하는 데 많은 도움을 줄 수
있다. 끈기를 가지고 인내심을 가질 수 있고 깊이 있는 독서를 하
므로 아이들은 모든 것을 얻을 수 있다. 아이들이 어릴 때 필사를

시켜본 적이 있다. 매일 《성경》 한 장을 필사해보도록 했고 아이들에게 얼마간의 용돈을 주었다. 그때 아이들은 잘 따라주었고 일주일 정도는 필사를 정말 잘하였다. 나는 아이들과 함께 책상에 마주 앉아 필사하였다. 아이들과 함께하는 필사는 행복했다. 일주일 지나서 아이들이 점점 필사하기 싫어했다. 《성경》부터 필사하도록 하여 아이들에게는 너무 힘들게 했던 것이다. 아이들은 아직 《성경》 필사할 인내심과 끈기와 힘이 없었다. 내가 좋아하는 《성경》 필사는 아이들에게는 잘 맞지 않았다. 이유는 필사하는 데 시간이 너무 많이 걸린다는 것이다. 그때 아이들에게 필사의 유익한 점을 제대로 가르쳐주지 못한 것이 아쉽다. 또 지혜롭게 아이들의 필사를 이끌어주지 못하고 나의 입장에서만 필사를 강요하다 보니 그런 결과가 나오게 된 것이다. 나는 계속 필사를 이어갔고 아이들은 필사를 그만두었다. 이제 다시 필사하라고 이끌어 주고 싶다. 실제 내가 필사하다 보니 인생을 필사로부터 배울 수 있는 점이 너무 감사하다.

일단 아이들에게 책에서 좋아하는 구절을 보거나 발견하면 노트에 적으라고 권하고 있다. 큰아이는 스스로 잘 적어가면서 공부한다. 그러나 둘째나 막내는 어느 정도의 강요가 필요하다. 그러면서 아이들이 책을 읽고 독후감 쓰는 것부터 시작하게 하고 있다. 둘째 아이가 학교에서 추천해 주는 책을 읽고 독후감을 써서 문화상품권을 얻었다. 많이 칭찬해 주고 필사의 유익함을 계속 알려주면서 책의 핵심들을 정리하는 습관을 기르게 가르치고 또 자기 생각과 감정을 적는 연습을 시키기를 가르친다. 아이들이 자신의 감정을 글로 표현함으로 이 세대에 자신의 감정을 조절하는 아이로 키우기를 위해서다. 또 아이들에게 독서의 중요성을 가르치고 아이들이 책의 핵심을 정리함으로 책을 읽는 방법을 배울 수 있다. 아직은 책 전체를 필사하라고 하면 부담을 느끼기에 하루 3구절 이상을 필사하도록 이끌어 간다. 매일 세 구절씩 적다 보면 아이들의 글 쓰고 표현하는 능력도 높아질 것이다. 필사하면 아이들이 자신의 좋아하는 구절들로 자신에게 동기부여 해 주고 자신의 삶을 힘차게 걸어갈 수 있다. 다른 사람들이 흔들릴 때 필사하는 자녀는 자신이 손으로 또박또박 적은 구절들로 인하여 마음이 단단하게 되고 쉽게 흔들리지 않는다. 최고 가성비를 따지는 아이들이 필사의 매력을 알게 되면 아이들은 마다하지 않고 필사를 잘 따라준다.

아이들이 어릴 때부터 학교에서 책을 읽고 독후감 쓰기는 아주 유용하다. 잠재된 아이들의 쓰기 능력을 키워서 아이들이 자기 내면을 외부에 표현하고 점점 받아들이는 기술이 늘어나고 아무거나 받아들이지 않고 자신을 성장시킬 수 있는 것을 받아들이고 그것을 또 더 높은 수준으로 표현해 나가면서 아이들이 더 큰 성장을 이룰 수 있다. 아이들에게 태도의 중요함을 가르쳐주고 남겨주기를 바라는 마음으로 필사를 가르친다. 필사하면서 자신의 감정을 조절하고 삶을 긍정적으로 대하는 태도를 배울 수 있고 인생을 살아가는데 인내함과 꾸준함을 가르친다.

태도가 모든 것을 결정한다. 사람 됨됨이에 따라 태도가 달라지고 삶을 살아가는 방법도 달라진다. 필사와 쓰기는 아웃풋의 태도이고 지혜임을 깨닫는 것이 중요하다. 아이들이 한창 성장하는 때인 만큼 정서적으로 정신적으로 안정되게 성장하는데 필사가 좋은 역할을 할 수 있다. 아이들의 정서 도움에 또한 독서만큼 중요한 것이 없다. 도서관에 데리고 다니며 아이들에게 책을 읽는 것만이 중요한 것이 아니라 책을 읽으면서 자신의 느낀 바를 표현하는 것이 더 중요함을 깨닫게 하는 것이 중요하다. 자꾸 자기 내면을 드러내다 보면 자신의 글쓰기를 할 수 있다.

아이들의 성격이 내성적이다. 아이들이 자신의 감정을 표현하지 않고 쌓아두기만 하면 언젠가 자기 내면에 억압당하는 어린아이 때문에 힘들어할 수도 있다. 그래서 아이들에게 항상 내면에 쌓아두지 않는 한 방법으로 필사를 권한다. 아이들이 항상 자신을 드러내도록 어릴 때부터 습관을 키워가는 것이 중요하다. 최근 들어서 둘째 아이가 하는 인터넷 강의 선생님께서 둘째 아이를 칭찬해 주신다. 자기 주도 학습 능력이 좀 생겨서 스스로 공부하고자 하는 마음이 있는 것 같다는 얘기다. 얼마 전까지만 해도 자기주도 학습을 잘하지 못하던 둘째지만 이번에 중간고사 준비할 때부터 아이가 스스로 공부하기 시작했다. 그리고 시험 성적도 전에보다 훨씬 더 높게 받았다. 아이는 언제나 필사하는 엄마를 바라보고 있다. 아이들에게 날마다 말뿐 아니라 실제 행동하는 모습을 보여주니 아이들도 스스로 공부하는 방법을 터득해 간다. 엄마 한 사람의 끈질긴 필사는 아이들의 삶에도 많은 도움을 준다. 필사는 나만 변하게 하는 것이 아니라 주변 사람들도 변화를 불러오게 한다. 필사는 참으로 나의 삶을 바꿀 수 있는 나에게 합당한 독서 방법이다.

내가 먹이를 주는 그놈이 이긴다고. 마음에 절망, 슬픔, 우울, 괴로움 대신 희망, 꿈, 행복함을 채워놓고 그 행복감으로 세상을 살아가는 사람은 이 세상이 함부로 하지 못한다. 우리가 살아가는 삶은 쉽게 되는 것이 아니다. 언제나 문제가 있고 그 문제들을 헤쳐나가는 것이다. 작은 습관 하나씩 쌓여서 나를 만들어가는 것이기에 필사하고 내 글을 쓰고 자신의 감정을 드러내는 습관으로 자신을 지켜가는 힘을 키워간다. 날마다 하는 평범함이 아무것도 아닌 것 같지만 비범함을 만들어낸다. 무심코 하는 작은 습관으로 '나'라는 인간이 만들어지기에 우리는 작은 습관이라도 좋은 습관을 지녀야 한다. 필사하는 것이 작은 습관이고 좋은 습관이기에 필사에 대한 애정이 남다르다.

아이들을 키우면서 아이들에게 좋은 습관, 이기는 습관을 물려주고자 하는 것이 부모의 마음이다. 부모가 아이들을 대신해서 평생 살아줄 수는 없다. 어릴 때 부모의 도움이 전적으로 필요하나 날마다 성장해가면서 아이들은 독립적인 삶을 살아갈 준비를 한다. 부모는 아이들에게 물고기가 아닌 낚시하는 법을 가르쳐주면서 점점 아이들이 스스로 세상에 대해 반응하고 도전해 보고 전진하도록 방법을 알려준다. 아이들에게 장착된 좋은 습관은 아이들에게 자신의 삶을 살아가는데 커다란 무기를 쥐여 주는 것이다. 강하고 굳세게 살아갈 힘이 바로 필사 독서에서 온다. 아이들에게 내가 가진 이 무기를 유산으로 남겨주고 아이들이 세상에서 이 무기를 쥐고 삶을 헤쳐나가기를 바라고 바란다.

부모는 아이들의 거울이다. 엄마가 새벽부터 일어나서 필사를 우선순위에 놓고 자신의 꿈을 하나씩 이뤄가는 모습을 아이들은 보고 자라고 있다. 아이들도 자신의 꿈을 이뤄가고자 그 마음에 새겨지는 힘은 매일 1%씩 무의식에 새겨지고 아이들이 저도 모르는 사이에 좋은 습관들을 가지고 세상을 향하여 준비하고 있다. 일단 마주쳐 보고 헤쳐 나가 보고 도전해 나가고 있다. 필사는 일단 있는 그대로 베껴 쓰므로 행동하고 어느 정도 필사가 몸에 습관이 되면 내 글을 쓰고 싶고 이는 나의 감정을 드러내며 필사로 책 한 권씩 끝내고 자기 글도 자주 쓰므로 자신의 책도 써낼 수 있다. 결과도 만들어내는 아웃풋의 삶, 이런 삶이야 우리가 바라는 삶이 아닌가? 어떤 결과든 만들어 내고자 하면 행동하고 습관이 되고 자기 것이 되는 법이 아닌가?

아이들이 한글 쓰기가 가능하면 한글 필사부터 시작하고 영어 공부를 위주로 하고자 하면 영어 필사를 하면 된다. 어릴 때일수록 필사하는 몸으로 습관 되어지면 아이들의 자기주도 학습을 이끌어 갈 수 있다. 죽을 듯이 무의미한 공부를 날마다 억지로 하는 것보다 더 좋은 습관을 키워가는 것이 중요하다. 최대한 재미있게 습관을 지니도록 이끌어가고 아이들의 것으로 만들어 주고자 오늘도 나는 아이들이 보는 데서도 보지 않는 데서도 필사한다. 결과 있는 삶. 가장 빠른 발전, 오늘도 내가 할 수 있는 것으로 시작하면서 좋은 습관을 쌓아가는 나는 참 행복하다. 새벽 시간에 자기 계발하고 자신에게 맡겨진 일을 또 열심히 할 수 있고 이렇게 날마다 조금씩 성장해간다. 아이들에게 무의식중에 성장하는 엄마를 보여주는 것이 아이들에게 성장 욕구를 자극한다.

「 필사는 내가 잘 살 수 있는 이유다 」

나는 필사를 시작한 지 4년 되어간다. 삶이 가장 힘들고 지칠 때 시작한 필사는 나에게 엄청난 변화와 활기를 주었다. 처음에 필사할 때 책을 읽지 않던 내가 책을 읽기 시작하면서 할 수 있는 것이 필사뿐이었다. 하루의 많은 시간을 필사하는데 들였다. 들에 가지 않는 날은 대부분 시간을 필사할 수 있었다. 필사하면서 나는 자신이 존재함을 느끼기 시작했다. 그 어려운 상황에서 나를 붙들어 준 필사는 나에게 성취감을 주었다. 날마다 필사하는 나는 살아감에 있어서 많은 힘을 얻었다. 내가 필사를 지금까지 놓지 않고 꾸준히 할 수 있는 것은 필사가 나를 변화시키기 때문이다. 나는 필사를 하면서 여러 가지 삶에 유익을 주는 변화를 불러오고 있다. 그 변화들로 삶이 조금씩 더 나아진 방향으로 바뀌어 가고 있다. 내 삶을 바꾼 몇 가지를 여러분과 공유하고 싶어서 이렇게 책에 적는다.

첫째. 필사는 나의 가야 할 인생길의 방향을 알려주고 있다. 인생길에 한 발자국씩 앞으로 내디딜 때 필사는 나의 가는 길을 단단히 해 주었다. 내면을 단단하고 자기 주체성이 명확해지며 어려운 세상살이에 어떻게 대처해야 하는지 지혜를 가르쳐 주고 있다. 필사하는 책을 선정할 때 나는 의식을 변화시킬 수 있는 책을 필사하기에 세상을 어렵게 보는 것보다 세상을 쉽게 볼 수 있는 견해를 가지게 된다. 필사는 내 마음을 바로잡기에 딱 좋은 수단이고 도구이다. 새벽 필사를 하면서 하루의 시작을 다른 사람의 뜻대로 아닌 나의 뜻대로 시작한다. 점점 자신의 주체성을 명확히 해가면서 내 인생의 주인이 되어간다.

둘째. 필사는 나에게 무한한 성취감을 안겨 준다. 나는 필사를 하면서 작가가 되었고 내면에 아름다움을 발견하게 되었고 나의 영혼 뿌리를 알아가게 되었다. 내가 무엇을 해야 하고 무엇을 귀하게 여겨야 하는지 가치관의 변화가 일어났다. 자신 앞에 있는 큰 문제를 전에는 문제가 크다고 도망치고 있었지만, 이제는 큰 문제를 헤쳐나갈 용기를 가지게 되었다. 문제가 큰가 작은가는 자신의 견해에 달렸다. 나의 바라보는 것이 넓고 커지면 내 앞의 문제는 아무것도 아닌 것으로 되었고 문제를 바라보는 마음이 바뀌면서 문제도 그렇게 어렵게 느껴지지 않았다.

셋째. 필사는 나에게 꾸준히 하는 마음을 주었다. 내 삶의 필사는 항상 우선순위에 놓였다. 하루의 시작이 필사이고 힘들고 지칠 때도 필사하며 기분 좋을 때도 필사한다. 필사에 대한 애정이 늘 자신을 돌아보게 된다. 필사하면서 마음에 드는 구절이나 문단은 필사를 통해 컴퓨터에 들어가고 그렇게 내가 좋아하는 영상으로 만들어진다. 영상으로 된 필사 내용은 자신을 돌아보는 데 많은 도움을 준다. 그때는 그렇게 생각했는데 지금은 그 영상을 보면서 조금 더 성장하도록 자신을 다그치고 스스로 자신에게 동기부여를 한다. 나는 필사를 하면서 너무나 많은 좋은 점들을 내 것으로 만들어간다. 책의 내용이 내 것이 되는 순간이 필사를 통하는 것이다.

넷째. 필사는 항상 마음을 고요하게 만들어준다. 내 마음에 항상 큰 파도가 일고 그 파도에 따라 나는 휘청인다. 그럴 때마다 필사는 내 마음을 고요하게 만들어준다. 마음이 고요한 상태에서 판단이나 결정하게 되면 나는 더 나은 판단과 결정을 내릴 수 있어서 좋다. 오래전부터 온유한 마음을 가지고 싶었다. 자신에게 온유한 마음이 없기에 늘 자신을 점점 더 힘들게 만들었다. 필사하면서 온유한 마음을 알아가고 점점 자신의 고삐 풀린 망아지 같은 생각을 정리할 수 있어서 좋다.

다섯. 필사가 나의 자존감을 세워준다. 자존감 없이 살아가는 삶을 살아 봤기에 자존감이 없는 삶이 얼마나 피폐한지 잘 알고 있다. 내가 왜 태어나서 죽을 때까지 무엇을 하면서 살아야 하는지 잘 몰라서 힘들고 지친 삶에서 도망가고 싶었다. 그러나 삶에서 도망갈 수 있는 곳은 없고 한 가지 문제가 힘들어서 도망가면 더 큰 문제가 겹겹이 이루어진다는 것을 알게 되었다. 삶에서 용기를 내고 문제를 마주 보면서 당당히 문제를 향해 걸어 나갈 힘도 필사에서 시작되는 것이다. 이제는 삶의 문제를 도망치기보다는 당당히 맞서 싸워서 이겨나가는 삶이 점점 재미있어진다. 내면의 이겨나가는 힘도 역시 필사에서 시작되어 간다. 진리를 알아가고 사랑을 알아가고 자신을 존중하고 사랑하는 마음을 알아가는 것도 필사의 덕분이다. 필사는 책을 읽을 시간을 확보하고 자신의 것으로 만든다.

여섯. 필사는 나에게 새로운 꿈을 꾸게 한다. 요즘은 교회에 다니는 성도들이 은혜받는 시기다. 세계 16000 이상의 교회가 초교단, 초교파적으로 해마다 11월 1일부터 〈다니엘 기도회 21일〉을 하기에 교회에 다니는 하나님 은혜를 사모하는 많은 성도가 온라인으로 오프라인으로 참여하는 큰 행사이다. 시간적인 문제로 나는 유튜브에 올라온 녹화 영상을 본다. 그럼에도 매일 하나님을 간증하시는 하나님의 역사를 들으면서 많은 은혜를 받고 내 생각을 바꾸기 시작한다. 그 간증들을 귀중히 여기면서 한 번만으로 끝내는 것이 아니라 반복적으로 듣고 간증에서 들은 마음을 감동을 주는 내용들을 기록한다. 들은 것을 기록하는 것도 필사이다. 완전히 한 글자도 빠짐없이 다 기록할 수는 없지만, 그 당시 감정들을 기록하면서 나의 믿음을 키워가고 간증하시는 강사님들에게 나타나신 하나님을 함께 느끼고 감동하고 나의 하나님을 체험하고자 한다. 넘치는 감동에 그들과 함께 울고 웃고 하는 요즘이 행복하다. 나도 〈다니엘 기도회〉에 나가서 수많은 교인 앞에서 내가 만난 하나님의 사랑을 간증하고 싶은 꿈을 꾸게 되었다.

일곱. 필사는 나를 행복하게 만드는 아주 강한 힘을 가지고 있다. 요즘은 필사를 줄여줄 많은 앱들도 있다. 음성녹음을 글로 해

주는 편리한 앱들도 많이 개발되어 있어서 편리한 앱을 사용하면 필사를 하는데 걸리는 시간을 단축시켜 준다. 최근에 영상편집에 관심을 가지면서 이런 편리한 앱들로 영상의 내용을 자막으로 받아 그것을 다시 영상으로 편집할 수 있다. 이런 기능으로 영상 복제가 가능하다. 편리한 앱을 사용하여 영상 편집할 때 글을 쓰는 시간을 줄일 수 있지만, 영상편집이 아닌 자기 성장의 관점에서 필사가 중요하다. 때에 따라 편리한 기능을 사용할 수 있지만 필사하는 것과 다른 점이 많다. 내가 원하는 글을 직접 쓰므로 작가의 습관을 계속 몸에 익히는 것이다. 작가와 영상편집은 자신을 발전시키는 길이 다르다. 나에게 있어서 영상편집은 아직은 취미이고 작가는 내가 평생 가고자 하는 길이다. 두 가지를 겸하면서 서로 보완하고 서로 도움이 되어간다. 아직 취미로 하는 영상편집으로는 숏츠정도는 만들 수 있지만 3분 이상의 긴 영상을 만들고자 노력하고 있다. 3분 이상의 영상을 만들고자 하는데 매일 하는 필사로 수많은 콘텐츠의 자료가 컴퓨터로 들어가서 수시로 원하는 글감을 골라서 사용할 수 있다.

필사의 또 하나의 매력이다. 다른 사람들은 어떤 콘텐츠를 만드느라 고민이지만 필사나 기록을 매일 하는 사람은 수많은 자료를 가지고 있다. 언제든지 원하는 구절들을 끄집어내 원하는 영상들을 만들어 낼 수 있다. 필사로 이렇게 꿈이 진보되어 간다. 처음에 필사하면서 남의 글을 베껴 씀으로 내 글을 쓰고 싶어지고 또 내 글을 쓰다 보니 영상편집도 하고 싶어지고 꿈이 점점 자신을 성장시켜 나가는 것이다. 요즘은 글보다 영상에 많은 사람이 관심이 있다. 그냥 따분한 글보다 영상을 보고 듣고 하면서 동기부여받을 수 있다.

여덟. 필사는 내가 내 감정을 통제하도록 이끌어간다. 자신의 감정을 통제하고 생각을 통제하고 행동을 통제할 때 우리는 더이상 다른 사람의 말에 휘청거리지 않는다. 외부의 어떤 것도 나에게 상처를 입힐 수 없다. 감정과 생각과 말과 행동을 통제하면 세상의 모든 것을 덤덤하고 물이 흐르듯이 순조롭게 바라볼 수 있다. 항상 감정에 치우쳐 자기 일을 망칠 때가 많았는데 스스로 감정 조절이 가능하니 마음에 더 많은 것을 받아들일 수 있다. 마음이 바다같이 넓어지고 많은 것을 용납할 수 있어서 작은 오염이 더 이상 전체 오염이 될 수 없다. 한 동이 오염된 바닷물이 전체의 바닷물을 오염시킬 수 없다.

아홉. 필사하면서 인간관계도 좋아진다. 필사하는데 어떻게 인간관계가 좋아질 수 있느냐까지 얘기할 수 있지만 필사하는 모임에 가입하고 같은 목표와 같은 마음을 가진 사람들과의 모임에서 그들과 함께 성장하고 그들과 더 돈독해지는 관계를 맺을 수 있다. 수많은 모임이 있지만 자신을 성장하게 하는 모임에는 더 마음을 열 수 있고 그들과의 관계가 더 끈끈해질 수 있다. 또 자신의 감정과 생각과 마음 상태를 고요하게 통제할 수 있으므로 사람들과의 관계가 적대적이지 않다. 서로의 진실한 마음으로 서로의 발전을 응원하고 서로에게 힘이 되어줄 수 있는 같은 성향의 모임을 진심으로 좋아하고 즐기기에 인간관계가 좋아진다. 마음이 편해지니 자녀와 배우자에게도 마음을 더 열 수 있고 이렇게 삶의 질이 달라질 수 있다.

열. 필사하니 독서 습관이 더 단단해진다. 독서를 해야 하는 것을 알고 있지만 필사하기 전에는 많은 독서를 해도 기억에 남는 것이 별로 없다. 그러나 필사하면서 책을 깊이 있게 독서하니 더 많은 것을 깨닫게 되고 독서하는 것이 쓰기 위한 독서가 되니 독서가 지루하지 않다. 필사하면서 새로운 영감을 받을 수 있어서 독서 습관이 잘되어지고 깨달아지는 것도 많아진다. 필사하면 이렇게 많은 좋은 점들이 있다. 믿고 싶지 않아도 된다. 사람을 변화시킬 수 있는 필사를 한번 해보기를 바란다.

필사하는 사람들은 많은 공감을 가지리라 믿는다. 삶이 어렵고 힘들 때일수록 자신을 세우는 힘을 꼭 가져야 한다. 그 힘이 필사이고 하루하루 필사를 하면서 살아가다 보면 자신이 많이 변화되어 있음을 알 수 있다. 필사는 아무것도 아닌 것 같지만 실제로는 단기간에 나를 변화시키고 성장시킨다. 필사의 매력에 빠져서 필사를 더 즐기면서 하루 새벽부터 시간을 지배하고 감정을 지배하고 점점 삶의 주연으로 되는 자신을 바라보면서 필사를 시도해보기를 바란다. 필사는 창조하는 삶의 기본이 된다.

PART. 4

단순하지만 위대한 필사의 힘

김경부

『 단순하지만 위대한 필사의 힘 』

　　노란 은행잎이 흩날리는 가을날, 또 한 번 지나가는 계절이 못
내 아쉽다. 충분히 즐기지 못한 채 찰라 같이 지나가는 것 같다.
몇 번씩 나무의 옷 갈아입는 광경을 보고 있으면, 매번 바뀌는 새
삼스러운 일상을 들여다본다. 어느 날부터 '글을 쓰는 캔디', '춤
을 추는 캔디', '노래하는 캔디' 이렇게 내가 살아가는 일상에서
핵심적인 동사의 삶을 정해보았다. 무엇이든 할 수 있으려면 시
간이 확보되어야 한다. 그런데 하고 싶은 것이 너무 많다. 배울 것
도 너무 많다. 유혹의 횟수를 줄이고 시간의 고른 안배를 위해 일
상이 단순할 필요가 있다. 비어있어야 아주 중요하고 급한 일들

을 끼워 넣을 수가 있게 된다. 모든 시간이 내 것 같지만 정작 빼앗기는 일정이 있다. 그렇게 이리저리 쓸려 다니다 보면 정작 남은 결과는 없다. 그렇게 살고 싶지 않아서인지 조금 다른 모습으로 성장하는 나를 만들기 위해선 목표가 필요했다. 결국, 내가 만들어갈 항목을 정해 놓고 행동하는 것이다. 그것이 동사로 사는 비법이다. 아주 단조로울 수 있다. 하지만 선택과 집중 면에선 탁월하다. 고민하지 않아도 선택이 편하다. 단순하다는 것은 더 큰 의미를 만들어 준다. 동사로 살겠다는 점 3개를 찍었을 뿐인데 파생된 선들이 생기기 때문이다. 점점 더 깊어지고 쫀쫀해진다. 그래서 더 전문적인 배움의 길을 갈 수 있게 되었다. 단순하고 뚜렷한 세 가지 동사의 삶 중, '글을 쓰는 캔디'의 삶을 조명해본다. 매일 매일 필사를 하면서 어떻게 변화되어 가는지 생각해본다. 매일 책상에 앉아서 정해진 책을 베껴 적는 것만으로 달라지고 있으니 말이다.

필사를 시작한 지 얼마나 되었을까? 헤아려봤다. 1년 5개월 20일, 538일이 되었다. 나에게 있는 변화는 무엇이었을까? 정해진 필사하는 공간에 매일 앉는다. 마치 생각 의자에 앉듯이 노트북과 정해진 책을 펴고 조용히 음악이 흘러나오면 필사가 진행된다. 베껴 쓰기, 한자씩 타이프를 치면서 내 머릿속은 소리와 함께 움직인다. 변함없이 눈은 책을 보고 다가오는 문장에 감탄하며 또 치기 시작한다. 그리고 한 꼭지가 다 완성한 후 감상문을 쓰기 시작한다. 이제 내 글을 쓰기 위해서 생각을 한다. 내가 지내왔던 어제와 오늘을 마주한다. 그럼 생각나는 키워드가 있다. 그것으로 내가 깨달았던 나만의 이야깃거리를 적어나가다 보면 가슴에 '감사'라는 단어가 떠오른다. 감상 글을 쓰지 않았다면 지나가 버릴 과거의 다양한 대화들을 기억하다 보면 의미가 더 생긴다. 이렇게 생각 주머니가 커지니까 나를 더 믿어준다. 필사하기 시작하면서 나를 응원하며 잘했다고 칭찬해주는 때가 점점 늘어난다. 자기반성과 앞으로의 각오들을 정리하는 시간이 늘어만 간다. 여행을 다녀온 행적을 기록할 때, 새로운 풍경에 신기하고 새로워지면서 떠오르는 느낌을 적게 된다. 매일 나와의 대화가 즐거워진다. 일상은 반복된 일들의 나열이지만 그 속에서 경험하고 깨달아지는 아주 조그마한 것들을 꺼내서 생각하면 새롭다. 필사하면서 변해버린 나의 일상이다.

어느 날, 교육을 들으며 다가온 질문이다. '좋은 사람과 위대한 사람 중 어떤 사람이 되고 싶은가요?' 여러 번 생각하게 되었다. 어렸을 때는 좋은 것이 좋았다. 평범하고 모든 사람이 가는 넓은 길이어서 괜찮을 것 같았다. 다수가 가는 길은 많은 경험이 있어

안전하게 갈 수 있다. 특별히 모험하지 않아도 된다. 누구나 할 수 있는 것을 선택하고 누구나 하는 일을 찾아서 정규코스대로 살면 된다고 여겼다. 그것이 사람이 사는 방법이라고 말이다. 하지만 '위대하다'라는 단어에 가슴이 뛰었다. 모두 아니라고 할 때 그 길이 바르다고 판단되면 갈 수 있는 용기가 있는가? 예스라고 답하고 있었다. 인내와 끈기를 가지고 자신의 열정과 최고의 자신이 되기 위해 긍정적인 마음을 가지고 끝까지 해내는 사람에게 위대한 이란 단어와 어울릴 것 같다. 예스라고 시원하게 대답하는 내 모습에 나도 놀랐다. 평범한 사람에서 위대한 사람이 되고 싶다고 생각하게 된 것은 필사의 힘이 아닐까?

필사하면서 삶을 탐구해가는 사람이 되었다. 필사하며 읽고 감상 글을 쓰고 또다시 내가 정리한 이야기들을 하게 된다. 나는 작가이다. 그리고 훌라댄스 강사이다. 강사로서의 삶은 스스로 길을 개척하고 실험하고 만들어가는 일들이 많다. 고정된 일정도 있지만, 잠깐의 기획이 대부분이다. 그래서 앞질러 내가 할 수 있는 일정들을 만들어야 한다. 그 과정에서 스스럼없이 도전하게 된다. 특별히 기억에 남는 것은 문화재단에서 주최하는 공모사업이었다. 문화공연의 기회를 주는 아주 근사한 행사였다. 회원이 알려준 소식에 나는 망설임 없이 신청했다. 다행히 공연단을 만들어 첫 거리공연을 하고 온 자료가 있었다. 신청서에 현장 사진 몇 장을 넣었다. 백 마디의 말보다 사진으로 보여주면 효과가 있을 것 같았다. 꼭 하고 싶고 준비된 사람에게 기회를 주면 좋겠다는 간절한 바람을 담아 적어 제출했다. 18팀 가운데 6팀에 선발되었고 3개월의 행복한 연습을 하고 21명이 공연을 성황리에 마쳤다. 하와이훌라클럽을 만들고 지도한 지 1년이 된 시점이라 기념하는 행사 같았다. 회원들은 난생처음 추어보는 춤을 배우고 전문 댄서들이 서는 조명이 아름다운 무대에서 춤을 추었다. 사랑하는 가족들을 초대해서 매일 보는 평범한 아내의 모습, 할머니 모습이 아니라 색다른 모습을 보여주었다. 아들 둘을 키우다 보니 뚝뚝해진 회원이 속눈썹을 붙이고 곱게 화장을 하며 세상에서 가장 부드러운 동작으로 춤을 추는 모습을 본 남편은 깜짝 놀랐다고 한다. 그리고 계속 배우라는 말을 했다고 쑥스러워한다. 가족을 만날 때 화장실에서 다 지우고 나타났다고 부끄러워하며 이야기하는 모습이 생생하다. 이제야 훌라댄스의 맛을 느낄 수 있다며 훌라댄스 수업에 눈빛이 달아진 모습을 볼 수 있었다. 글을 쓰면서 나의 일상에 포함된 모든 것들이 이야깃거리가 되고 자세히 들여다보며 생각하게 된다. 그럼 나도 모르는 미소가 지어진다. 이런 경험들이 한둘이 아니다. 도전이란 단어가 내가 꼭 필요한 목적과 맞으면 서슴없이 하게 된다. '네가 뭔데?' '그렇게 고생해서 얻어지는 것이 있어?' '나 혼자의 노력으로 많은 사람이 행복할 수 있다면 해보는 거지' 여러 마음이 교차할 때 주먹을 쥐어 본다. '누군가 해야 하는 일이라면 내가 하면 어때!' 나도 모르는 베짱이 생긴다. 물론 실패는 쓰다. 하지만 이번에 안 되면 다음에 더 보충해서 해보자 하는 오기가 생긴다.

필사는 생각을 바꾸고 행동을 변화시킨다. 이것이 바로 필사의 힘이다. 단순하게 하루하루 필사를 했을 뿐인데 나도 모르게 변화된다. 단조롭게 흘러가는 물에 돌을 던져 파문을 일으키는 것 같이 매일 매일 퐁당퐁당 던진다. 그 파문이 사라지려고 할 때 망설임 없이 다른 돌을 던질 힘이 생긴다. 수많은 아이디어가 만들어지며 운 좋게 기회가 생긴다. 나와 너를 위한 다양한 이벤트를 만들 수 있게 된다. 한 번도 해보지 않았던 일들을 평범한 사람이 위대한 일을 할 수 있게 해준다. 내가 필사를 시작하면서 만들어진 일들을 개인 저서로 쓸 정도로 넘친다. 나의 일상이 평범하지 않으니 색다른 즐거움으로 매일 새롭다. 도전하고 실패하고, 도전하고 성공하고 날마다 나 자신을 격려하고 응원하는 마음이 강해진다. 이것이 단순하지만 위대한 필사의 힘이다. 한번 해보지 않으면 이 경험은 느낄 수 없다. 나의 하루에 책임을 지고 단단하게 살아갈 힘을 원한다면 도전해 보기를 권한다. 단순하지만 위대한 필사의 힘을 느껴보길 바란다.

『 혼자만 알기엔 너무 아깝다 』

50대가 되었다. 지천명이라고 한다. 하늘의 뜻을 알아 순응한다는 나이다. 철없이 바쁘게 살아온 나이보다 무언가 조금 다른 나이는 분명하다. 누군가를 위해 앞만 보고 살아왔던 세월을 지나 나를 바라보고 싶은 나이가 되었다. 내가 이 땅에 태어나 나다운 것을 해보고 싶은 그것을 깨달은 나이가 되었다. 그래서 나를 위한 버킷리스트를 만들었다. 그중 하나가 작가가 되겠다는 것이었다. 내 이름이 적혀있는 책 하나를 갖고 싶었다. 글이 하루아침에 뚝딱 쓸 수 있는 것이 아니기에 다양한 책을 읽어보고 세미나를 찾아 방법도 익히면서 서서히 작가의 세계를 염탐하듯 동경해

왔다. 하지만 내가 직접 작가가 되기는 쉽지 않았다. 주위에 예쁜 돌을 하나 얹어 탑을 쌓듯 그리 간단하게 글을 쓸 수 있는 것은 아니었다. 엄두가 나지 않는 일이기에 '언젠가는 이루어지겠지'하며 기다리고 있었다. 그런데 나에게 기회가 생겼다.

지금은 진짜 작가가 되었다. 공저로 '내가 글을 쓰는 이유' 책을 출간했다. 꿈이냐 생시냐 믿을 수 없는 결과가 만들어졌다. 내 머릿속에 있었던 되고 싶었던 것을 이루게 한 것이 바로 행동이었다. 막연하게 무엇이 되겠다는 것은 수없이 큰 노력이 필요했다. 그것이 '필사'였다. 매일 2시간씩 글을 쓰기 위해 하루의 시간을 만들었다. 그 시간엔 반드시 필사를 하든, 내 글을 쓰든 행동했다. 새벽 조용한 시간, 스탠드 조명 아래 나만의 공간에 엉덩이를 붙이고 하얀 A4 종이 위에 글자를 한 줄 한 줄 써 내려가는 시간이 필요했다. 작가가 되는 것은 작가의 삶이 만들어지고 그 삶을 살았을 때 가능해진다. 의미 없는 행동 같지만 난 매일 글을 쓴다. 내 하루에 있었던 수많은 일 중 나에게 주려고 한 메시지 한 부분을 현미경 보듯 바라본다. 그럼 굉장한 의미가 숨겨져 있다. 무엇이 달라졌을까 생각하면 나의 생각 관점이 많이 달라져 있었다. 이미 많은 사람이 증명하듯 쓴 글을 보고 "작가는 다르네요"라는 말을 듣는다. 무엇이 다를까 똑같은 것을 보고 행동했음에도

필사 POWER

그 현상만 보는 것이 아니라 그 현상이 나에게 주는 메시지를 또 다시 재해석하면서 음미하는 눈이 생겼다. 분명 그 사건에서 주는 강렬한 의미를 반드시 글로 남기는 습관이 생겼다. 그래서 더 아름다운 세상을 살고 있다는 것을 피부로 느끼며 감사하게 되었다. 글을 쓰며 오감이 살아있는 느낌이 든다. 실제로 작가가 되기 위한 행동으로 필사를 했고 그 결과물로 이제 나의 이름이 적힌 책이 검색된다. 내 이름 석 자가 박혀있는 책이다. 멈출 수 없는 일상이 되어버린 작가의 삶이 매일 매일 나를 깨운다. 오래도록 작가가 꿈이었기에 그것을 이루기 위해 했던 행동을 사람들은 모른다. 막연하게 작가가 되기 위해 글을 써야 한다고 생각하지만, 이 방법을 모른다. 그래서 필사에 관한 책을 쓰고 싶은 이유가 생겼다. 나 혼자 알고 있기에는 너무 아깝다. 삶을 다르게 볼 수 있고 가치를 느낀다면 알려야 할 필요를 느꼈기 때문이다.

예전 회사 다닐 때 광고 의뢰를 했다. 2년을 계약했다. 그런데 광고 담당자가 하루에 한 번씩 블로그, 인스타그램에 아무 글이나 쓰라고 했다. 그래서 억지로 주5일 아침에 출근하자마자 글을 썼다. 인스타그램은 사진을 예쁘게 올리면 되는데 블로그는 성격이 달랐다. 글을 길게 써야 했다. 회사 일을 매일 매일 쓸 일이 그리 많지 않았다. 매번 반복되는 일이기에 특별한 것을 적어야 할 것 같았다. 한 일을 나열하듯 일기처럼 무엇을 먹었고 무엇을 했다. 그래서 재미있었다고 쓰는 뻔한 레퍼토리는 지겨워졌다. 그리고 쓸 이야기는 한계가 있었다. 그래도 써야 하기에 조금 시각을 달리해서 되짚어 보았다. 회사가 만들어진 배경, 안에 숨어 있는 정신, 프로그램 하나하나의 의미들과 직원, 강사의 활동 등에 대해 자세히 살피기 시작했다. 그랬더니 신기하게 쓸 이야기들이 너무 많았다. 그리고 새로운 아이디어와 좀 더 다양한 이해를 할 수 있는 계기가 되었다. 반강제적이었지만 매일 생각하고 무엇을 정리하며 글을 쓰는 습관이 나도 모르게 생겼다. 회사의 매출도 상승하고 창립 이래 최고의 전성기를 이루었던 때가 그때였다. 우리의 일상에서 글을 쓰는 도구들은 참 많다. 하지만 긴 글을 쓰기에는 역부족이다. 서론, 본론, 결론을 나누어 글을 쓸 방법을 몸으로 체득하기엔 필사만큼 효율적인 방법은 없다. 남의 글을 보고 저절로 몸에 익히게 된다. 글 근육이 나도 모르게 늘어간다. 그러면서 자신감이 생긴다. 내 글을 쓸 힘이 생긴다. 만약 그 당시 필사를 했다면 글 쓰는 것이 곤욕스럽지는 않았을 것이다. 짧은 글을 쓰면서도 이리저리 생각하면서 이야기를 적었으니까 말이다. 자연스럽게 글 쓰는 방법이 배워지는 필사 덕분에 지금은 글을 쓰는 구조가 보이고 글을 쓰는데 두려움은 많이 사라졌다.

필사를 시작하면서 본격적인 훌라댄스 강사가 되었다. 내가 좋아하는 것을 많은 사람이 알았으면 했다. 그래서 취미로 알고 있었던 훌라댄스를 직접 지도하는 전문인이 되었다. 처음엔 아무도 찾지 않는 이름만 강사였다. 누구나 처음은 있었겠지만, 그 처음에 이력서를 보내고 기다려야 하는 막막한 시간을 보냈다. 강사가 되면 척척 어디든 갈 수 있을 것만 같았다. 그런데 현실은 더욱 혹독했다. 새로운 분야에서 훌라댄스를 지도했던 경력이 필요했다. 그래서 결국 내가 경력을 만들어야겠다고 생각했다. 하와이 훌라클럽을 만들어 회원을 모집했다. 동네 커뮤니티를 이용해 홍보하고 재능기부활동을 하며 사람들을 만났다. 새로운 아이디어와 할 수 있다는 용기를 만들 수 있었던 것은 매일 반복해서 행동했던 필사의 시간이 있었기 때문이라고 자신 있게 이야기할 수 있다. 필사하며 꽉 찬 하루를 만들면서, 조급해하지 않으며 나를 신뢰하고 믿어주는 단단한 마음이 생겼다. 필사하고 행동하고 필사하면서 생각했다. 처음은 누구나 수동적인 상태이다. 누군가가 차려준 밥상에 숟가락을 들고 이것도 먹어보고 저것도 먹어보는 아주 쉬운 상태에서 시작한다. 다 먹고 뒤돌아서면 또 까맣게 잊어버리고 다시 찾아와서 반복된 행동을 하면서 행복한 시간을 보내면 그만이었다. 필사하면서 수동적인 행동이 능동적인 태도가 되었다. 배불리 먹을 수 있게 재료부터 잘 다듬어서 먹기 좋게 만들기 원했다. 무언가 달라지고 있었다. 글 실력이 늘기 시작했다.

더 정교해지고 글쓰기에 관한 정보를 찾아보게 된다. 더 알고 싶어 노력하게 된다. 무엇인가 할 수 있다는 힘이 필사하면서 점점 마음 근육, 몸 근육이 키워져 갔다. 내가 하는 일이 비록 아주 유명하고 많은 사람이 찾는 일은 아니지만 내가 행동하고 있는 일이 얼마나 가치 있는 일인지 알게 된다. 쓰고 행동하면서 하루를 단단하게 만들었다.

필사, 혼자만 알기엔 너무 아깝다. 매일 2시간 필사하면서 감상 글을 쓰고 생각하면서 내 일상이 얼마나 변화하고 있는지 알리고 싶었다. 꼭꼭 감추고 나만 알고 싶다고 혼자만 즐겼다면 즐거움은 한계가 있었을 것이다. 누군가가 좋아하는 것을 알렸기 때문에 나는 글을 쓰는 작가가 되었다. 먼저 배운 사람이 자신이 알고 있는 지식과 경험을 나누면 된다고 생각한다. 처음 글을 쓸 때 내 글을 누가 읽는다고 부끄러워했다. 아주 작아진 마음을 다시 생각하게 되었다. 하지만 어설프더라도 내 눈높이에 맞게 궁금해하는 사람에게 전달하면 된다고 생각했다. 높은 고지에서 알아듣기 쉽게 설명해주기는 어려울 듯하다. 하지만 비슷한 사람들이 설명하면 이해가 빨라지게 된다. 그럼 더 노력하면서 함께 성장해가는 것이 더 좋을 것 같다. 반복하면 반복할수록 실력은 반드시 늘어갈 것이다. 하루아침에 고수가 되는 것이 아니라 성장하는 방법은 이런 것이었다. 수없이 많은 반복행동 때문에 만들어진다는 것을 말이다. 하루하루가 달라지고 일상이 새로워지는 기분을 만드는 필사, 많은 사람이 경험하기를 권한다. 남의 글을 쓰면서 내 글을 쓰듯 몰입하며 알 수 없는 힘을 느껴보길 바란다.

『 누구든지 쉽게 할 수 있다.
자판 필사 』

누구나 기회는 주어진다. 그 기회를 내 것으로 만드는 사람이 있는가 하면 남의 것 구경하듯 넘기는 경우가 있다. 이상하게도 무언가 관심이 있는 쪽이 보인다. 임신하면 어느새 보이는 사람들 틈에 임산부만 보인다. 어린아이 용품에 솔깃하며 주섬주섬 장만하게 된다. 살아가면서 당연하다고 생각을 했다. 알면 보이고 나의 환경이 바뀌면 그대로 나도 변한다는 것을 말이다. 숙명같이 주어지는 환경도 있지만 내가 만드는 환경도 있다. 그만큼 관심을 가지고 꾸준하게 하면 내가 바라는 대로 생각하는 대로 된다. 관심이 있는 곳에 반드시 길이 있다. 고생스러워도 참고 인내하면 반드시 찾아진다. 내가 출간하자 글을 어떻게 쓰냐고 물어보는 사람들이 늘었다. 필사하면 된다고 이제는 자신 있게 이야기한다. 그럼 "필사가 뭐예요?" 물어본다. "손으로 쓰는 것이 아닌 자신이 작가가 된 것처럼 자판으로 필사를 하는 거예요"라고 이야기한다. 평범한 내가 책을 내고 작가로 일상을 바꾸며 살아가는 것이 신기한 모양이다. 생각을 현실로 만드는 결심은 누가 해주지 않는다. 결국, 자신의 선택이다.

훌라댄스 강사가 되고 싶었다. 그런데 좀처럼 기회가 오지 않았다. 우연히 알게 된 프로그램이 나에게 기회를 주었다. '누구나 배움 학교'라는 지역 평생교육관에서 주관하는 프로그램이었다. 직장생활을 그만두고 본격적인 훌라강사로 시작할 무렵, 아무도 나를 채용하지 않을 때 점점 초조하고 막막했다. 그때 우연히 포스터를 봤다. 그리고 이것을 해봐야겠다고 생각했다. 지역주민 7명을 모집해서 프로그램을 운영하면 강사료를 지원하는 프로그램이었다. 훌라댄스를 처음 하는 누구나를 찾는 것이 가장 큰 과제였다. 당시 지역주민을 알지 못했다. 그래서 동네 사람들이 많이 이용하는 앱인 당근마켓에 공지를 올려야겠다는 아이디어가 떠올랐다. 다행히 7명을 채울 수 있었다. 지금도 매년 두 번의 운영공고가 올라오면 신청을 한다. 서슴지 않고 도전하는 나의 과제가 되었다. 내가 사는 지역사회에 훌라댄스를 모르는 사람들이 참 많다는 생각을 가르치며 한다. 이런 춤이 있었느냐며 나에게 딱 맞는 춤이라고 좋아한다. 배움은 다양하다. 그리고 모든 사람에게 골고루 좋은 기회를 준다. 무엇이든 할 기회는 많이 생긴다. 그것을 할 수 있는 용기만 있으면 된다. 언제든 기회는 누구에게나 열려있다. 내가 원하는 것을 바란다면 그 기회를 내 것으로 만드느냐 아니냐가 판가름이 난다. 우연히 보았던 포스터를 그냥 넘겨 지나갈 수 있었다. 하지만 간절히 강사활동을 원했던 내 눈길이 포스터를 만나는 순간 마음에서 해야겠다는 생각이 꽉 차게 생겼다. 3번째 도전이다. 처음 분들이 마중물이 되어 회원을 모집하는데 처음처럼 어렵지 않았다. 계속 소개로 선순환되어 갔다. 기관에서 강사지원금을 받으니 무료로 훌라댄스를 배울 좋은 기회이기에 부담 없이 소개가 이어졌다. 누구나 할 기회이지만 그 기회를 내 것으로 만드는 과정은 다르다. 생각했던 것을 할 수 있도록 노력해야 한다. 누구나 알려진 기회이지만 보이는 사람에게만 그 기회가 길이 된다. 필사도 마찬가지다. 누구에게나 가능한 필사를 알고 그 시작을 했더니 글을 쓰는 가능성이 생겼다. 작가의식을 가지고 글을 쓰고 있기 때문이다. 남의 글을 쓰든, 내 글을 쓰든 상관없이 글을 적는다. 매일 루틴이 되어 쓰는 사람이 되었을 때 나만의 만족이 아니라 선한 영향력이 생긴다는 것을 알게 되었다.

필사한 후 감상 글을 SNS에 매일 인증한다. 글을 쓰는 습관을 기르기 위해 아주 좋은 방법이다. 한 문단 쓰기를 연습하는 데는 탁월한 효과가 있었다. 무엇인지 모르지만 내가 쓴 글에 '좋아요'를 눌러주던 친구가 이제는 본인이 필사를 시작했다. 내가 출간한 책을 선물했는데 그 책으로 내가 하는 방식을 그대로 따라 하고 있었다. 혼자서 하기에 힘들어서 얼마 못 가서 그만둘 것 같았는데 두 권째를 넘기면서 꾸준히 필사했다. 그리고 글을 써보겠다고 한다. 필사하는 시간이 때로는 위로가 되었고 몰입하면서 하루를 시작할 수 있어 좋았다고 한다. 자신하고 한 약속을 지키기 위해 필사를 하다 보면 책 속의 내용에 빠져들어 공감이 가고 저절로 긍정적인 마음이 생겼다고 한다. 필사에 왕도는 없는 것 같다. 자신이 가능한 시간을 정해 꾸준히 하는 것이 방법이다. 또한 친구는 해외에 있어 SNS로 연락을 하고 있었는데 출간 소식에 작가가 되는 방법을 알고 싶다고 했다. 그래서 필사를 해보라고 권유했다. 어떨 때는 매일 필사 약속을 지키기 위해 졸면서 3시간을 넘게 책상에 앉아있었던 적도 있었다고 한다. 하지만 100일을 넘겨 필사를 해보았더니 글을 쓰는 자신감이 생겼다고 좋아했다. 실제로 이번 공저 작가로 처음 참여를 하고 있다. 누구든지 필사를 하면 글을 쓰는 방법을 알게 된다. 나이와 상관없다. 어디에 살고 있든 상관없다. 정해진 책을 매일 매일 베껴 쓰기만 하면 자신도 모르게 글을 쓰는 힘이 생긴다. 매일 습관대로 자판을 두드리며 필사를 하면 된다. 나 같은 경우는 책 한 권과 노트북을 준비하고 조용한 음악을 틀어놓고 정해진 분량을 베껴 쓰기를 한다. 하루에 2시간 정도 여유 있는 시간을 선택한다. 보통 새벽 시간이 좋다. 여유를 가지고 집중하고 몰입할 수 있기 때문이다. 톡톡 들려지는 자판 두드리는 소리는 내가 걸어가야 할 하루하루를 명랑하게 해준다. 분명하게 해준다. 흰 백지가 글자로 채워질 때 뿌듯하다. 한자씩 옮겨적다 보면 문구가 확 와 닿아서 상상의 나래를 펼친다. 손이 가는 데로 내 생각은 멈추지 않고 다양한 생각들이 오고 간다. 빨리 베껴 적어야지 하는 조급한 마음이 들 때도 있지만 대부분 여유를 가진다. 그래야 충분히 즐길 수 있기 때문이다. 그리고 내가 가장 좋아하는 시간은 감상문 쓰기 시간이다. 글을 베껴 쓰다가 인상 깊은 문장이나 상상한 내용을 글로 옮겨적는 단계이다. 그럼 남의 글을 베껴 쓰다가 이제 나의 글을 쓰는 시간에 자판이 저절로 톡톡 쳐진다. 글을 길게 쓰는 연습은 하루아침에 늘어나진 않았을 것이다. 매일매일 필사를 할 때 저절로 얻는 결과물이 아닐까 생각이 든다. 자판을 두드리며 베껴 쓰기는 나이 들어서도 충분히 할 수 있을 것 같다. 한 권, 두 권 쌓인 나만의 도서를 바라보고 있는 내 모습을 상상만 해도 기분이 좋아진다.

자판 필사는 누구든 쉽게 할 수 있다. 손가락으로 키보드를 칠 수만 있으면 가능하다. 시간이 오래 걸리든 상관없다. 물론 시간은 점점 단축된다. 그럴 때마다 기분이 좋아진다. 매일 쌓이는 원고들이 생긴다. 그럼 내 글은 아니지만 남의 글이 점점 파일별로 차곡차곡 쌓일 때마다 든든해진다. 결과물이 생긴다는 것은 좋다. 내가 베껴 쓴 책이 늘어날수록 더욱 글을 쓸 수 있는 자신감이 늘어나는 것 같다. 감기몸살에 걸려 약 기운에 비몽사몽 할 때도 필사를 꾸준히 한다. 이상하게 그럼 힘이 생긴다. 아파도 하루 필사를 했다는 기분 좋은 감정은 또 다른 에너지를 선물한다. 하루를 시작하는 활기찬 기분을 필사하며 생겨난다. 기분이 좋든 나쁘든 상관없이 필사한다. 마음을 중화시키면서 중심을 중간으로 가져다주는 느낌이 든다. '괜찮아 다 그런 거야!' '잘했어. 토닥토닥!' 무언의 자판을 두드리며 눈 안에 들어오는 책 한 권의 내용이 내 마음 한구석에 자리 잡으며 신비로운 하루를 열어준다. 그 마음으로 바라보는 세상은 아름답다. 매일 내가 나를 객관적으로 과거, 현재, 미래를 바라보며 하루를 힘차게 열게 된다. 오늘 주어진 하루를 재해석하면서 용기와 소망이 생긴다. 이것이 아주 쉬운 내가 선택한 하루의 시작이다. 자판 필사를 권해본다. 쉬운 필사, 누구든 도전해 보시라! 달라진 매일 매일을 만나게 될 것이다.

「 6권 필사 후 변화된 것들 」

과거 나의 일상은 9시 출근 그리고 6시 퇴근이었다. 그야말로 직장 위주로 생활했었다. 그렇게 나 자신을 증명하며 불태웠던 직장생활이 코로나로 큰 위기가 다가왔다. 왠지 모를 어려움으로 영원할 것 같았던 나의 생활에 금이 가는 것을 느꼈다. 그런데도 앞을 결정하기엔 이른 것 같고 자신이 없었다. 매월 정해진 월급은 더욱 나를 옴짝달싹할 수 없는 아주 굵고 끊을 수 없는 밧줄이 되었다. 그러던 내가 결정했다. 새롭게 시작해보겠다고 다짐했다. 그런데 3개월이란 시간이 지나가는 동안, 밑바닥까지 가버린 나의 자존감은 흔들렸다. 프리랜서의 삶이 어색했다. 자유로운 시간에 무엇을 해야 할지, 허송세월 보내는 시간이 한심하기 시작했다. 아침에 일어나서 내가 해야 할 일이 딱히 없는 무미건조한 시간에 놓인 나 자신이 무능해 보였다. 그래서 내 시간이 어딘가에 메이기를 바라는 마음에 다시 여기저기 기웃거리며 이력서를 내기 시작했다.

그 무렵, 필사하는 모임에 가입했다. 무조건 책을 베끼는 작업을 하면 책을 낼 수 있다고 했다. 여러 글쓰기 클래스에 방문하고 수업을 들어도 필사를 권하는 곳은 처음이었다. 처음 필사를 하는 날 감상문을 쓰면서 작가가 될 수 있겠다고 생각했다. 그리고 매일매일 미션을 하기 시작했다. 새벽 시간, 몰입하기 좋고 방해가 적은 시간에 제일 먼저 하는 것이 필사였다. 한 권, 두 권, 그리고 6권을 필사하면서 1년이란 시간이 흘렀다.

'과연 어떤 변화가 생겼을까?'
'나의 일상은 어떻게 달라졌을까?'

나 자신을 믿는 마음으로부터 참 자유를 찾을 수 있었다. 내가 글을 쓰는 행위는 잔잔한 호숫가에 돌을 던져 잠자던 내 영혼을 깨우는 것과 같았다. 하루를 글로 시작한다. 멀리 가버린 아주 작아진 내가 점점 자라나는 날들을 보내게 되었다. 하루 주어진 시간은 일정하다. 누구에게나 공평하게 정해진 시간, 내가 선택한 시간은 시간의 의미를 뛰어넘는다. 과거, 현재, 미래를 넘나들며 내가 놓인다. 글을 쓰면서 과거의 기억에서 해석하지 못했던 아주 큰 일들이 넉넉한 마음으로 의미를 발견하게 된다. 그럼 그날이 주는 풍요로운 교훈에 다시 시간을 번 느낌이 든다. 그렇게 사라져버렸던 시간이 나의 일상에 덤처럼 포개어진다. 그리고 하루 시작해야 할 일들에 긍정적인 에너지가 생기면서 할 수 있다는 단단함이 생긴다. 내가 나의 매니저가 된다. 누구 하나 통제할 수 없는 사실에 내가 주인공이 된다. 누가 시켜서 누구에게 잘 보이기 위해 평가에 전전긍긍하지 않고 나 자신의 무한 신뢰를 주며 현재를 증명해 간다. 그것을 또 글로 써간다. 깊은 내면의 나에게 더욱 솔직하면서 말이다. 그럼 현재를 살아가는 내가 미래의 어떤 모습이 될지 확신이 든다. 실패하더라도 실수하더라도 상관없다. 내가 경험한 모든 것들이 글감이 되기 때문에 모든 것이 사랑스러워진다.

시간을 보내기 위한, 월급을 받기 위한 일을 할 때가 있었다. 무엇을 해야 인정을 받을까? 성과를 낼까? 일을 찾아 성과를 찾아 어쩔 수 없이 해야 할 때가 있었다. 책상에 놓인 내 모니터 속, 빽빽한 엑셀의 숫자와 씨름해야 했다. 감시 아닌 눈치를 주며 무언의 압박으로 상대방을 바라보아야 했다. 정해진 목표를 향해 달려가야 하는 동력을 만들기 위해 스트레스를 끌어올려야 했다. 어느 순간, 창문을 열지 않으면 답답해지고 엘리베이터에서 누군가 내 앞을 가로막으면 숨이 막혀왔다. 몸무게는 점점 불어났다. 운전할 때 가슴 통증으로 몇 번씩 병원에 간 적도 있었다. 아무 이상이 없다는 진단으로 나는 한숨을 쉬어야 했다. 마치 내가 어울리지 않는 옷을 입고 괜찮은 척하며 살았던 것 같다. 직함의 무게감, 무언가 책임을 져야 하고 완벽하게 해야 한다는 강박관념 때문에 몸과 마음은 점점 메말라버렸던 같다. 그렇게 달렸던 지난 오랜 세월과 글 쓰는 시간을 비교한다면 양의 총량을 비교할 수 없다. 글 쓰는 일은 진짜 노동을 하는 느낌이 든다. 월급을 주는 것도 아니다. 일에 있어 성과를 바라는 것도 없다. 하지만 매일 나는 글 쓰는 시간을 보낸다. 시간을 보내기 위한 작업이 아니다. 완전히 몰입하면서 나와 일체가 된다. 그 황금 같은 매일의 시간이 생겼다. 진짜 나를 위한 진짜 노동의 시간을 갖게 되었다.

글을 쓰는 새벽, 푸른 빛이었던 하늘빛이 환하게 밝아올 때 저 멀리 머리끝만 보이는 나무의 색이 지금은 노랗게 변해 있다. 10월의 마지막 날을 보내고 11월 첫날을 맞이하는 오늘은 왠지 더욱 노랗게 변한 것 같다. 아주 푸르렀던 나뭇잎이 어느새 변해가고 있었다. 마치 살아있는 감정들이 바라보는 시선들이 내게 이야기를 하는 것 같다. 새로운 만남을 만나듯 마음으로 전해지는 이야깃거리가 매일 생긴다. 나도 모르겠다. 점점 자라나는 부드러운 감성들을 느낀다. 누군가 이야기를 하게 되면 그냥 지나갈 수가 없다. 꼭 글을 쓰게 된다. 다시 그 장면을 생각하고 되새김질하듯 이야기의 세상에 빠져든다. 그럼 말랑말랑해지는 감성이 더욱 사랑스럽게 만들어주고 감동적인 날들이 더욱 많아진다. 의미와 가치가 있는 일상이 어찌나 사랑스러운지 느끼고 싶지 않아도 가슴팍으로 스며들어온다. 그럼 그것을 표현하게 된다. 말로도 하게 된다. 꽉 담아 넘쳐나 흘러내리는 셰이크처럼 부드럽고 달달한 감정이 유지된다. 원래 그랬던 것은 아니다. 예전엔 군더더기 있는 이야기는 질색했다. 요점정리만 하는 편이 좋았던 내가 주저리 말을 하는 것을 좋아한다. 일명 '수다'라고 하는데 사람들과 이야기하는 것이 즐겁다. 혼자서도 자연과 대화하며 즐길 뿐 아니라 풍요로워진 하루하루가 감동적이다. 되살아난 감성을 말로 표현하든, 글로 표현하든 드러내기를 좋아한다. 글은 말하듯이 쓰는 것이 자연스럽다고 한다. 상대방에게 말하듯 글을 쓰니까 말도 글을 쓰듯 일목요연하게 표현하게 된다. 짧은 시간에 글을 쓰듯 말이 정리된다. 그러니까 말하는데 두려움이 없게 되고 표현하는데 자유로워졌다. 어느 때는 글을 썼던 내용이 생각나서 그대로 말할 때도 있다.

    6권을 필사하면서 내가 변한 것들은 한도 끝도 없다. 나의 일상에서 글을 쓰는 시간은 아주 중요한 루틴이 되었다. 아침을 시작하는 든든한 기둥이 되었다. 내게 찾아온 자유를 만끽하면서 내가 다시금 서게 된다. 스스로 선택한 시간 안에 내가 할 수 있는 일들을 찾아서 정리한다. 그럼 할 수 있는 일들이 있기에 정성이 들어간다. 처음으로 하는 일들도 여러 번 반복해서 생각했기 때문에 이미 이루어진 일들처럼 친근하게 된다. 진짜 노동이 시작된다. 완전히 몰입해서 빠져버린 시간에서 오는 성취감은 경험하지 못하면 모를 것이다. 하루 나에게 오는 새로운 키워드에 답을 하듯 새로운 문장을 만들어가는 창조자가 된다. 누군가에게 검사를 받지 않아도 된다. 다만 SNS에 업로드는 한다. 누군가에게 공감을 받는 것은 또 다른 즐거움이기 때문이다. 이런 매일 매일의 행동에 찾아온 말랑말랑한 감성들은 선물 같다. 행복, 감사, 복합적인 감동들은 또 다른 누군가에게 흘러 들어간다. 인위적인 것이 아닌 우러난 일상의 즐거움을 매일 경험하고 있으니 말이다. 더 많은 것들이 생길 것 같다. 필사책 6권이 여러 권으로 늘어날 것이 분명하기 때문이다. 직간접적으로 배우는 작가의 삶의 지혜를 매일 쓰고 있기 때문이다.

『 작가가 되는 지름길이 필사였다 』

50대가 되었을 때 이루고 싶은 것, 4가지를 적어보았다. 집 사기, 대학원 가기, 체중 10㎏ 줄이기였다. 도저히 불가능할 것 같은 것들이 신기하게 하나하나 이루어졌다. 그리고 남은 한 가지는 '작가'였다. 평생에 한 번 내 이름이 있는 책을 내 보고 싶은 마음 때문에 적은 것 같다. 그래서 작가가 되기 위한 길을 찾기 시작했다. 유명한 작가의 세미나도 찾아가 상담해보고 책들도 읽었다. 다양한 강의도 들었다. 작가가 되기 위한 행진은 여전히 유효했었다. 하지만 좌절이 컸다. 내가 넘을 수 없는 한계가 분명히 있었다. 시간적인 것도 그렇고 비용적인 것도 그렇고 지금 당장은 할 수 없는 일이라고 생각하면서 내려놓았었다. '누구나 할 수 없는 일을 내가 하겠다고 도전장을 내밀었구나' 하고 묵혀두었다. 버킷리스트에 적힌 마지막 하고 싶은 나머지인 '작가'는 내 머릿속 잔상으로 오래 남았다.

몇 년이 흘렀을까 우연히 모임에서 필사 클래스가 생겼다. 별생각 없이 퇴직 후라 시간이 있을 것 같고 함께 하면 좋을 것 같아 신청했다. 책을 한 권 선정해 주고 타이프로 베껴 쓰기를 해보라고 했다. 그리고 단순하게 베껴 쓰는 것이 아니라 책을 내겠다는 작가의식을 가지고 필사를 해보라고 권유했다. 한 번도 해보지 않은 것이기에 어리둥절했다. '책을 타이프로 베낀다고 손으로 한자씩 적어가는 필사가 아닌 책을 베껴 쓰기를 한다고?' 그리고 가장 중요한 것은 내가 작가가 되었다는 생각으로 감상 글을 써보라고 했다. 한 꼭지를 베껴 쓰고 떠오르는 생각을 적어보라는 것이다. 첫날부터 이 방법을 직접 해보니 작가가 될 수 있겠다는 확신이 들었다. 정말 글이 써졌다. A4 2장을 다 쓴 것은 아닌데 긴 글을 쓸 수 있겠다는 자신감이 생겼다. 이 방법을 따라 해보기로 했다. 필사 클래스를 열었던 작가는 진짜 책을 냈다. 그래서 그 비법을 알려주기 위해 클래스를 열었던 것 같다. 한 권의 필사를 마치고 두 권째 들어설 무렵 〈책성원〉 책 쓰기 모임을 안내해주었다. '책 쓰고 성장하고 원하는 삶 살기' 이름부터 너무 좋았다.

물이 올랐다고 할까 매일 필사를 하면서 경험하는 새로움에 묻지도 따지지도 않았다. 계속하고 싶었다. 그러고 보니 기성 작가들의 모임이었다. 책을 쓰는 사람들의 이야기를 들으며 필사는 이어져갔다. 한편으론 단순히 필사만 했는데 내 환경은 자연스럽게 작가의 모임에 들어가 있는 나를 발견했다. 그리고 '작가'라고 불러주었다. 나에게 작가라는 호칭이 생겼다. 필사만 했을 뿐인데 말이다. 그래서인지 책을 써야겠다는 강한 의지와 자신감이 생겼다. 매일 필사를 하면서 느끼는 감정이 단단해졌다. '네가 무슨 작가야?' '너의 글을 누가 읽는다고?' 빈정대며 의기소침해졌던 마음의 소리가 점점 할 수 있다는 자신감으로 변했다. '그래 누구든 처음은 있어! 지금 하지 않으면 영원히 할 수 없을 거야!' '한사람이라도 좋아 내 글이 꼭 필요한 그 사람을 위해 글을 쓰자' 매일 토닥이며 글을 썼다. 어쩜 그 한 사람이 나였을지도 모른다. 필사하는 매일의 아침에 깨어서 작가가 되어 글을 쓰는 연습을 하고 있으니 글이 아주 먼 이웃 같은 생각보단 가까이서 내 편이 되어준 친구 같았다. 필사하면서 내가 지내 온 과거의 감정이 겹치면서 위로해줄 때가 있었다. 기분 좋은 기억이 떠오를 때면 키보드 소리가 아주 명쾌하게 들렸다. 나도 모르게 필사하면서 글을 쓸 수 있을 것 같았다. 아니 이미 작가가 된 듯 하루가 변화하기 시작했다.

이제, 내 글을 써보기로 했다. 필사하고 감상문 썼던 기억을 더듬어 A4 2장 쓰기를 도전하기로 했다. 책 한 권을 다 쓰겠다는 생각보다 우선 여러 작가와 함께 공저로 도전해 보기로 했다. 《내가 글을 쓰는 이유》라는 제목을 정하고 목차를 정하기 위해 아주 많은 문장연습을 했다. 내가 쓰고 싶은 글의 문장을 만들기 위해 다양한 책 제목을 검색하며 보고 또 생각했다. 내가 쓰고 싶은 글의 내용을 떠올리며 문장을 찾고 만들었다. 마침내 내가 써야 할 6개의 문장이 정해졌다. 얼마나 떨리던지 올 것이 왔구나! 설마 했던 그때가 드디어 온 것이다. 처음 글을 쓰려고 했을 때 막막했다. 노트북 하나 들고 몰입하기 좋은 장소를 물색했다. 카페였다. 그곳에는 많은 사람이 이야기를 나누었다. 하지만 자기의 일을 몰입해서 할 수 있는 공간이기도 하다. 글을 써야 하므로 커피 한 잔 시켜놓고 어떻게 해야 하는지 주어진 한 문장을 물끄러미 바라보고 있었다. 막막했다. 쳐다보고 또 쳐다보고 생각이 날 때까지 쳐다보았다. 마침내 서론, 본론, 결론의 핵심 키워드를 적고 드디어 한 꼭지를 완성했다. 날아갈 것같이 기쁜 날이었다. 잘 쓰고 못 쓰고가 문제가 아니었다. 내 글을 썼다는 가득 찬 뿌듯함은 또 다른 글을 쓸 수 있도록 용기를 주었다. 때론 집에서, 때론 카페에서, 노트북 하나만 있으면 글을 쓸 수 있었다. 필사하며 나도 모르게 배웠던 글 쓰는 방식으로 썼다. 그렇게 내가 썼던 글들이 쌓여갔다. 처음엔 내가 작가라는 의식을 넣어 글 쓰는 사람이 되려고 했었다. 하지만 내 글이 모이면서 나는 진짜 작가가 되었다는 생각이 서서히 차올랐다. '나는 작가가 되고 싶다.'에서 '나는 작가가 되었다.'로 변했다. 누가 알았겠는가? 책 한 권 쓰겠다던 내 바람이 매일 글을 쓰는 작가로 만들어 줄 줄이야 이제 누군가 작가라고 부르면 부끄럽거나 낯설지 않다. 내가 작가의 행동을 하는 동안은 당당하게 생각할 것 같다. 공저 쓰기, 개인저서 쓰기, 끝없이 펼쳐질 작가의 행보는 어쩜 내 인생의 한 부분이 되어줄 것이라 감히 생각해본다. 점점 나이 들어서도 글을 계속 쓸 수 있겠다는 기대감이 생긴다. 어떤 결과물을 만들기 위해서 노력하는 습관이 참 무섭다. 내가 선택한 필사, 이 방법으로 나는 진짜 작가가 되었다. '설마 베껴 쓰기만 하는데 어떻게 내 글을 쓸 수 있지?' 처음에 들었던 마음은 사라졌다. 내 이름이 박힌 책을 내 손으로 만지면서 '진짜 되는구나' 확신이 들었다. 결국, 필사했을 뿐인데 진짜 작가가 되었다.

작가가 되는 지름길이 필사였다. 작가가 될 방법은 여러 가지이다. 하지만 필사만큼 좋은 방법은 없다. 남의 글을 쓰면서 저절로 글을 쓰는 방식을 배운다. 남의 글을 쓰면서 매일 글을 쓰는 습관이 몸에 익히게 된다. 베껴 쓴 한 꼭지의 글이 쌓여가면서 남의 글이지만 내 글 같은 자신감이 든다. 글을 쓰는 사람이 되어 가도록 필사의 형식은 작가를 닮게 해 주었다. 글을 쓰는 것이 어렵고 막연한 것 같지만 결국 한 꼭지 싸움이라는 것을 피부로 느낀다. 조용한 새벽 어두운 책상 앞에 스탠드 불빛을 밝히며 나와 책 사이에서 흐르는 안정된 키보드 소리는 하루를 힘차게 살아갈 용기를 준다. 어제의 쓸쓸했던 후회도 글을 쓰면서 날려 보낸다. 마치 그것이 전부였던 가슴이 펑 뚫리면서 시원해진다. 그리고 하루를 살아갈 희망 앞에 내 마음이 겸손해진다. 글을 쓰면서 말이다. 내가 한 것은 필사할 수 있는 마음의 준비와 시간을 내어 글을 베껴 쓰기만 했을 뿐인데 진짜 작가가 되었다. 작가가 되어 글을 쓰는 하루하루가 이렇게 행복한지 몰랐다. 세월이 변해가는 계절 앞에 난 아주 풍요로운 감성으로 마음을 열고 글로 표현할 수 있다. 자연의 경이로움에 그저 예쁘다 하고 탄성 한 번만으로 끝내는 모습에서 글로 적는다. 작가가 되어 바라보는 세상은 다르다. 아주 달랐다. 자세히 보게 되고 생각에 머문다. 곱씹어서 내 것으로 만들어 글로 표현한다. 당연히 필사하며 길러진 힘이라고 믿는다. 진짜 작가가 되고 보니 더욱 필사가 글 쓰는 지름길이라고 느껴진다. 작가가 되겠다고 고민하고 있다면 필사부터 시작해보라고 권한다. 작가가 되는 지름길이 분명하다.

『 인생의 전환점은 필사를 시작할 때이다 』

'글을 쓰기에 늦은 나이는 없다.'

50대에 필사를 알게 되었다. 내가 만약 조금 더 일찍 필사를 알았다면 인생의 방향이 어떻게 되었을지 모르겠다. 방황하며 우울하게 지내야 했을 그 시절을 돌이켜보면 말이다. 뚜렷하게 정해지지 않는 미래가 그땐 어찌나 불안한지 내 주위 환경은 안 되는 것 투성이었다. 환경 탓으로 돌리며 자포자기하듯 하루하루를 살았다. 다람쥐 쳇바퀴 돌아가듯 그저 열심히 살았다. 하지만 가슴 한구석이 헛헛했고 의미 없이 살아가듯 무심한 세월만 흘렀다. 필사를 시작한 시점은 나의 환경은 더욱 불안하고 무엇하나 정해진 것이 없는 상태였다. 안정된 울타리에서 빠져나와 혼자 홀로

서기를 해야 하는 때였다. 그런데 필사를 하면서 잃어버렸던 나 자신을 찾게 되었다. 꼭꼭 숨어 있었던 내 마음을 보듬어 주고 이해해주기 시작했다. 내 속에 있었던 것을 찾아내어 내 일상에서 반짝반짝 빛나게 해주었다. 그것이 밑거름되어 나의 삶이 조금씩 조금씩 성장해가고 있었다.

필사하면서 점점 주도적인 삶으로 변한다. 필사하는 방식은 같지만, 필사를 마치는 시간은 다 다르다. 나 같은 경우는 넉넉잡아 50분 정도 걸린다. 빨리하는 사람들은 거의 20분 정도면 가능한 것 같다. 필사하는 시간이 무의미해 보일 것 같다. 아주 단순한 반복의 연속이니까 그냥 베껴 쓰기 때문이다. 책을 한 권 읽기가 힘든데 베껴 쓰기를 하면서 저절로 책을 읽을 수 있다. 어떨 때는 쭉 한번 읽어보고 밑줄 친 곳이 나오면 그것에 집중할 때도 있다. 반복해서 책을 보는 효과가 있다. 매일 똑같은 것을 반복한다. 할 때마다 흰 백지 화면에 들어찬 글자를 보며 그리고 무아지경으로 빠져있었던 그 몰입된 시간이 순식간에 지나간다. 집중해서 생각하고 집중해서 내가 무언가를 생각해내며 글을 쓰는 반복된 내 행동이 나 자신을 키우는 것 같다. 생각 근육을 단련하는 일을 매일 매일 하면서 생각들이 차분히 정리된다. 내가 살아온 일들을 하나하나 꺼내어 다른 관점으로 해석을 한다. 아주 건강하고 긍정적인 마음으로 나 자신을 보게 된다. 내 앞에 닥쳐진 문제들과 맞서서 해결하는 지혜를 이미 경험으로 생각 정리를 해 놓은 상태이기에 결정이 빠르게 된다. 할까 말까에 망설임 없이 나 자신의 신뢰가 커 가면서 도전하게 된다. 실패가 두려우면 결정할 수 없다. 하지만 실패조차 감당할 수 있는 그릇이 되었다면 무조건 해보고 해결하고 가급적 되게 한다. 해결방법도 스스로 찾아낸다.

필사하면서 원하는 삶으로 만든다. 아침에 일어나 어두운 창밖을 보며 또 하루의 선물에 감사한다. 조용한 책상에 앉아 노트북을 여는 순간 기대가 몰려온다. 오늘은 어떤 글이 내 가슴을 뛰게 할까? 내가 느끼고 내가 정리해야 할 이야기는 무엇이 있을까? 아무것도 알 수 없지만 먼 나라를 여행 가듯 설레고 기분이 좋아진다. 어김없이 이어지는 필사 시간 빼곡히 글을 쓴다. 글이 말을 하듯 빠져들어 가면서 내 생각이 된다. 공감되어 혼자 웃기도 하고 걱정스러운 마음으로 쓰다듬어 보다가 이내 활기찬 결말로 끝이 난다. 글이 주는 희로애락에 푹 빠져들어 책을 베끼면서 내가 주인공처럼 다양한 경험을 한 것 같은 기분이 든다. 이제 약속된 시간이 지나 현실의 내가 살아갈 시간이 된다. 내가 다짐하고 느꼈던 신비롭고 감사하는 마음으로 하루를 시작한다. 그 좋은 에너지가 내 마음에 흐르게 된다. 내 하루가 이렇게 소중한데 허투루 쓸 수가 없다. 아주 핵심적이고 내가 할 수 있는 일로 우선순위를 만들어 지켜나간다. 내가 원하는 것을 제외하고 그다지 깊이 있게 빠져들어 가지 않는다. 시간을 아주 효율적으로 쓸 수 있다. 한계가 있는 시간이 소중하니까 내가 할 수 있는 범위에서 일정을 잘 정리하고 하나하나 이루어나갈 때 칭찬과 격려를 나 스스로 아끼지 않는다. 뾰족한 선택 그것이 시간을 효율적으로 쓸 수 있는 강점이다. 체력과 집중력은 한계가 있다. 내가 매일 어디에 집중하느냐가 나의 미래를 결정한다고 생각한다.

필사하면서 선순환의 삶이 저절로 이루어진다. 좋은 에너지는 흘러간다. 내가 좋은 마음으로 상대를 대하면 좋은 마음이 된다. 하지만 의심하고 퉁명스럽게 대하면 상대방도 건성으로 대한다. 오고 가는 에너지를 어떻게 만드느냐가 중요하다. 원하는 것이 있는 사람이 먼저 행동하면 된다. 내 주위가 밝고 좋은 활력이 넘치면 좋겠다. 특별히 내가 만나는 다양한 사람들에게 그렇게 좋은 기운을 주고 싶다. 나에게 춤을 배우러 오는 사람들에게 그 시간 만큼은 최고의 행복한 기분을 선물하고 싶다. 그런데 필사를 하면서 매일 마음 청소를 하고 새로운 에너지를 공급받고 있으므로 저절로 만들어진다. 기분이 좋든 안 좋든 필사를 하고 나면 중립이 된다. '인생이 다 그렇지.' '뭐가 그리 중요한데?'하며 현실을 회피하는 것이 아니라 그 문제를 뛰어넘는 마음이 저절로 생긴다. 도를 닦는 사람처럼 말이다. 그래서 문제가 되지 않는다. 이해의 폭이 넓어져서 아주 큰 충격을 받아도 힘들지만 이겨나갈 정신이 생긴다. 생각을 단단하게 잡아주고 정의하고 또 다른 관점으로 해석하고 그러는 동안 저절로 풀어진다. 그것이 아주 오래 걸리지 않는다. 그것이 일상에 필사하면서 반복된다.

  필사하면서 보람된 삶이 찾아온다. 무엇하나 나를 통해 지나가지 않는 것은 없다. 내가 바라보는 하늘, 나무, 음식, 사람들 모두가 연관된 하나의 작품 같다. 그것이 주는 강렬한 메시지를 들으려 노력한다. 그렇게 기울이지 않아도 알게 되고 깨닫게 된다. 글을 쓰면서 변화되는 마음이다. 나무에 대롱대롱 매달려있는 감의 심정으로 돌아가 보기도 하고 무언가 다가오는 감정들을 깊이 있게 스스로 음미해 본다. 매 순간 그렇게 하는 것은 아니다. 그게 그렇게 될 때가 있다. 자세하게 들여다보고 생각하다 보면 미처 내가 깨닫지 못한 무언가를 발견할 때가 있다. 그럼 내가 밟고 있는 이 순간이 그토록 경이롭고 황홀할 수가 없다. 필사하면서 길러진 힘이라고 할까? 아주 작은 것에 감추어진 의미를 깨닫는 순간 금은보화가 부럽지 않은 세상을 다 가진 거대한 부자가 된 것 같다. 글을 쓰면서 알게 된 이 뿌듯함은 무엇과도 바꿀 수 없는 나의 비밀이 되었다.

인생의 전환점은 필사를 시작할 때이다. 여전히 글을 쓰고 있고 글을 쓸 것이다. 알게 된 즐거움을 놓치고 싶지 않다. 비싼 돈을 주고 살 수 없는 가치 있고 의미 있는 이 행동이 나를 얼마나 풍요롭게 하는지 알기 때문이다. 작가가 되어서 행복하다. 수없이 많이 글을 써도 지루하지 않다. 힘들어도 다 해내고 나면 뿌듯하다. 나 혼자만의 즐거움인 줄 알았다. 하지만 그 기쁨은 옆에 있는 사람이나 내가 만나는 사람들에게 선한 영향력을 준다. 내가 적어 놓은 글을 읽는 사람들에게 약간의 용기를 주고 삶을 다시 바라볼 시선을 줄 수 있다면 얼마나 값진 일인가? 그것이 필사를 통해 가능하게 되었다. 필사하면서 나는 진짜 작가가 되었다. 그리고 글을 여전히 쓰고 있다. 아주 평범한 사람이 특별한 생각을 할 수 있도록 필사를 하면서 점점 변해갔다. 만약 필사하지 않았다면 내 두 번째 인생은 아주 더디게 천천히 지나갔을 것 같다. 아주 주도적이지도, 원하는 삶을 만들어가지도, 성장도, 천천히 이루어졌을 것 같다. 하지만 지금은 매일의 삶이 역동적이고 위대하게 바뀌어 갔다. 실패를 주저하지 않고 해보자는 자신감으로 나를 믿어주고 나와 함께 일상을 만들어갔다. 그 힘은 필사에 있다는 것을 나는 확신 있게 이야기할 수 있다. 글쓰기에 늦은 나이는 없다. 지금 시작해도 결코 늦지 않는다. 일평생 살아갈 인생에 나의 삶의 흔적을 글로 남기는 것만큼 위대한 일은 없을 것이다. 매

PART. 5

내 나이가 어때서!
필사부터 하자

최정님

『 내 나이가 어때서! 필사부터 하자 』

1969년에 태어난 나, 이제, 나는 또 다른 도전을 하고 있다. 바로 남의 책을 베껴 쓰는 필사이다. 무슨 일이든지 다 때가 있다고 한다. 그런데, 필사만큼은 때와 상관없다. 하고자 하는 열의만 있으면 가능하다. 누구나 아무 때나 어디서든 할 수 있는 쉬운 활동이 바로 필사이다. 하지만 모든 활동에 있어서 나이가 한계를 짓게 만드는 것은 사실이다. 특히 노후라는 단어는 어떤가?, 뭔가 시작하면 안 될 것 같은 통념이 숨어 있다. 나이가 들었다는 단 하나의 이유는 아무것도 시도하지 않은 채 삶을 무의미하게 살아가게 만든다. 나이와 함께 오는 신체적인 정신적인 변화는 자존감을 떨어뜨린다. 희생만 했던 젊음을 뒤안길로 보낸 뒤에 텅 빈 나 자신만이 남는다는 걸 뼈저리게 느끼게 된다. 나이가 들었을 때를 위해 미리 준비해야 한다. 운 좋게 나는 필사와 글쓰기에 도전했고 꺼져가는 자존감을 되살리고 답답한 알에서 다시 깨어나듯 나 자신을 찾아가고 있다. '타닥...' 자판을 치며 필사하면서 성장했고 현재도 나는 성장 중이다. 진정한 행복을 위해 끊임없이 필사하고 있다. 꾸준한 필사로 나는 책까지 쓰고 있다. 나는 남의 글, 한 문장이 마중물이 되어 나 자신을 찾게 하였다. 그처럼 나의 경험과 삶에서 체득한 지혜를 마음에 와닿는 한 문장으로 녹여 누군가의 마중물이 되어주고 싶다. 지친 삶에서 힘을 얻고 위안을 필요로 하는 사람들에게 먼저 산 사람으로서 조금이라도 도움이 되고 싶다는 꿈을 꾸게 되었다. 단순히 베껴 쓰는 필사는 내 생각과 정신과 의식에 가치를 더해 주었다. 하늘의 주어진 몫을 안다는 '지천명'을 지나 이순을 향하는 나는 필사와 글쓰기로 나의 노년을 풍성하게 할 것이고 고개를 숙인 벼 이삭처럼 겸손하면서 당차게 살아갈 것을 기대한다.

나는 지금이라도 필사를 만난 것을 다행스럽게 생각한다. 수많은 인생의 난관을 경험하면서 단맛도 쓴맛도 매운맛도 보며 살아왔다. 인생은 공통적인 면이 많다. 누구나 행복한 시간도 가지고 시련도 겪고 극복하면서 살아간다. 지나고 보면 시련이라고 다 나쁜 것은 아니다. 경험해본 결과, 묵묵히 이겨낸 시련은 성장의 디딤돌이 된다는 것이다. 우리는 언제나 선택을 강요받는다. 어떤 선택을 하느냐에 따라 결과는 완전히 달라진다. 이때 잘 다듬어진 생각과 가치관의 발휘는 중요하게 작용한다. 그런데, 나의 생각은 기준이 있어도 약했고 자신감은 없었다. 삶에 대한 불안과 고민 속에서 나 자신은 없었다. 누구나 그렇듯 가족이 우선인 삶이었다. 가족과 가정을 잘 지켜나가야 한다는 의무감이었다. 그렇게 삶을 감당하기에 버겁고 책임감만이 나를 지탱해주었던 때가 있었다. 만약, 그때 '내가 필사를 했더라면' 하는 생각을 하게 된다. 40대 초반, 살림만 했던 내가 갑작스럽게 사업의 길로 접어들게 되었다. 생각보다 쉽지 않았다. 성정이 약한 내가 사업을 한다는 것은 누구도 상상하지 못했다. 긴 터널의 어두움 속을 헤매는 것 같았고, 시간이 빨리 흘러가기만을 바랬었다. 그렇지만 굴복하지 않았다. 우리 가족은 모두 힘을 냈고 결과는 좋았다. 다행인 것은 가족의 높은 자존감은 내가 원하는 삶의 방향에서 등대 역할을 해주었다. '지금' 이 순간이 더욱 감사한 이유이다. 어려운 시기에 필사했었다면 결과는 달라졌을 것이라고 확신한다. 선택의 갈림길에서 현명하고 당당한 선택을 했을 것이라고 장담한다. 지금 생각해도 많이 아쉽다. 빨리 시간이 지나기만을 바랐던 그때 필사를 했었다면, 내 인생은 많이 달라졌을 것이다. 불안과 두려움으로 놓쳐버린 나의 시간이 아깝다. 필사하다 보면 과거의 나는 현재의 나와 만나게 된다. 필사로 상처받았던 나의 자아는 위로받았고 나를 회복시켜 주었다. 그리고 현재의 나를 지탱해주는 강한 무기가 되어 나를 이끌고 있다. 늦은 나이에 시작한 필사로 나 자신을 찾았고 자신을 재정립하는 계기가 되었다. 나이가 들어도 상처는 치유하여야 한다. 필사해야 하는 이유이다. 자판으로 하는 필사는 강한 힘을 지녔다. 필사 덕분에 이제, 나는 시원하게 웃을 수 있게 되었고 삶의 소중한 가치를 깨닫게 되었다.

요즘 나는 글을 쓰고 있다. 이것은 꾸준히 필사하면서 얻게 된 결과물이다. 마음을 전하고 남기고 싶은 말이 많다. 글쓰기를 통해 꼭 감사하고 싶은 분들의 이야기를 쓰고 싶다. 나에겐 독서를 좋아하는 절친이 있다. 서로의 성향은 다르다. 친구는 자연과학 같은 어려운 내용의 서적에 박식하지만, 나는 철학 같은 사유와 통찰을 필요로 하는 인문 서적을 좋아한다. 열띤 토론에 시간 가는 줄도 모르게 이어지기도 한다. 시간이 흐르면서 우리는 서로의 다른 부분을 인정하게 됐고 좋은 영향을 주고받고 있다. 언제나 마무리는 세상의 모든 책의 끝엔 사람이 있었다. 우리의 결론이다. 철학도 과학도 경제 서적도 명작이나 고전도 모든 것은 사

람에 관한 이야기다. 필사가 바로 이런 것이다. 나와 내 친구의 이
야기를 쓸 수 있게 만들었다. 퇴직이 얼마 남지 않은 나이에 우리
가 자칫 길을 잃을 수도 있다. 그러나 나와 친구는 필사와 독서로
서로의 길에서 헤매지 않고 똑바로 나아가고 있다. 필사의 힘이
다. 늦은 나이라도 삶의 의미를 찾아야 하고 무엇이라도 도전해
야 한다. 활력을 찾아야 한다. '사랑인 줄 알았는데 부정맥이다.'
라는 어이없는 짧은 시가 괜히 생긴 것은 아닐 것이다. 머물러 있
기보다는 성장을 위한 가슴이 뛰어야 한다. 지금 이 소중한 시간
을 무의미하게 보낼 것인가?, 삶에 의미를 더하는 나만의 것을 찾
아야 한다. 나는 가슴 뛰는 일에 도전했고 글쓰기를 통해 내 생각
과 가치관을 나누고 있다. 필사하면서 지낸 지난 1년이 이전의 나
와는 완전히 다른 속사람으로 거듭났고 지금도 나는 발전 중이
다. 필사량의 기준은 A4 2장에서 2장 반의 분량이다. 매일 2장에
서 2장 반이라는 책을 읽었다고 생각해 보면 변화할 수밖에 없다
는 것은 사실이다. 속사람이 변하면 겉 사람은 당연히 변한다. 표
정이 변하고 자신감이 생기고 어떤 것에도 흔들림이 없는 나를
발견할 것이다. 예전의 흔들리는 나는 없어지고 당차고 내공이
강해진 나와 대면하게 된다. 긍정의 기운으로 가슴은 나를 위해
흔쾌히 기분이 좋게 보조를 맞추어 뜀박질할 준비를 해준다. 필
사의 매력에 빠져 나의 나이는 무색해졌다. 새로운 길을 개척하

고 있다. 나는 더 늦기전에 도전했다. 필사로 생각의 면적이 넓어지고 내공은 강해지고 합리적이고 평화로워졌다. 나의 꿈은 생각이 멋진 어른이다. 나다움을 가지고 필사와 함께라면 자신이 있다. 필사로 그 꿈도 이루고 글쓰기로 사회의 일원으로서의 작은 도움이 되고 싶다. 나이와 전혀 상관없다. 필사는 쉽고도 쉽다. 필사는 나도 살리고 남도 살릴 수 있는 필살기가 되어줄 것이다.

나의 50대 시작은 코로나 팬더믹으로 무력했다. 어렵고 힘든시간이었지만, 공백기 3년은 분명히 나에게 기회였다. 위기를 기회로 만드는 것은 내 선택이다. 이겨내기 위해 선택한 방법이 종교서적의 필사였다. 사람의 목숨과 직결된 전염병의 창궐은 어떤 것도 시도할 수 없었다. 시간을 어떻게 하면 잘 보낼 수 있을까? 하는 생각뿐 집중해야 할 일이 필요 했다. 필사와 독서는 소중한 시간을 의미있게 보내기에 탁월한 선택이었다. 나의 독서는 본격적으로 시작되었다. 필사와 독서로 예측할 수 없는 미래에 대한 혼란스러운 마음을 다스릴 수 있었고 삶의 방향을 잡을 수 있었다. 3년의 필사와 독서는 습관이 되었고, 삶의 일부가 되었다. 코로나로 인한 3년의 공백 기간이 인생의 변곡점이 된것이다. 아깝다고만 생각한 시간은 필사로 인해 보상받았고 필사만큼 좋은 것은 없었다. 그렇다면 필사는 나에게 어떤 영향을 끼쳤을까? 생각해본다.

첫째, 생각의 기준이 정립시켜준다.

필사하는 시간은 내면을 성찰하게 만든다. 필사 전과 후의 확실한 변화이다. 생각의 기준이 달라지면서 불편했던 감정들은 새털같은 가벼움으로 비워주며 좋은 생각으로 채워진다. 확신과 함께 흔들림없는 자신을 발견할 것이다. 필사하면서 자신의 가치를 찾게되고 내면은 자연스럽게 강화된다. 바로 나 자신이 기준이 되고 우선순위로 두게 된다.

둘째, 필사로 마음을 정확히 전달하는 법을 터득하게 된다.

내 생각과 마음을 정확하게 전달하기란 어렵다. 필사로 다져진 논리로 의사전달을 정확하게 할 수 있다. 자판필사는 책을 선택해서 한다. 책의 내용은 논리정연하므로 꾸준한 필사는 나를 정확한 의사 전달자로 만든다.

셋째, 필사는 나를 행동하게 한다.

필사책의 종류에 따라 행동 방식은 달라질 수 있다. 배우고 익힌 것은 나를 당당하게 한다. 꾸준한 필사를 통해 동기부여를 받고 행동하게 된다. 정확한 생각과 몸에 밴 습관은 나의 삶이 되고 가치를 담은 옳은 행동을 하게 한다.

나는 지금의 나이가 좋다. 내 나이가 어때서? 필사를 통해서 나는 풍성한 삶을 살고 있다. 필사는 확실한 노후 준비이다. 필사!! 꼭 하길 권한다. 나는 필사가 골격이 되고 삶이 재료가 되어 글쓰기로 글 집을 짓고 있다. 필사가 기폭제가 되어 나를 일깨워주었다. 앞으로 내가 원하는 삶을 어떻게 살 것인지에 대해 고민을 한다. 삶을 사랑하느냐는 질문에 '네'라고 답한다. 내 삶을 사랑하는 법, 그중에서 가장 손쉽고 보람 있고 나를 바로 세우는 필사를 하고 있다. 손끝 발끝에 힘이 빠져도 할 것이다. 필사하라고 권한다. 성숙한 어른의 언어로써 세상을 따뜻한 시선으로 바라보게 해주고 싶다. 내 나이에 맞는 어른의 글을 쓸 수 있다는 것이 얼마나 기쁜 일인가. 내 나이가 늦어서 못한다는 이유를 대기보다는 내 나이가 어때서라는 각오로 당당하게 말할 수 있다. 삶을 대하는 멋진 어른의 태도를 보여주고 싶다. 나이와 상관없이 지금 당장 필사를 시작해보라. 말로 표현할 수 없는 가치를 담고 있다. 내 나이에 자신감을 가지고 도전해 보길 강력히 권한다.

『 필사는 꺼져가는 기억력을 향상시킨다 』

"아! 가스레인지 불을 안 껐네."

갑자기 든 생각으로 다시 집으로 향했다. 집에 도착해 확인하니 중간 밸브까지 잘 잠겨있다. 이 과정으로 인해 아침부터 생활 리듬이 깨진다. 혼자만이 겪는 이야기가 아닐 것이다. 사소한 것을 잊어버리는 것은 때로는 큰 불상사로 이어질 가능성을 지니고 있다. 꺼져가는 기억력은 점점 우리의 삶을 불편하고 불안하게 만든다. 그렇다면 그 기억을 어떻게 붙잡을 수 있을까?. 나는 필사로 기억력이 향상되는 것을 경험했다. 내 의식에 집중하고 몰입하면서 자연스럽게 향상되었다, 필사는 오감을 사용해야 한다.

오감의 작동은 뇌를 활성화시켜 준다. 명확해진 의식은 기억력 향상에 도움이 되며 필사를 통한 기록은 의식을 확장하면서 나의 삶에 긍정적인 변화도 일으킨다. 그래서 필사의 힘은 막강하다. 필사를 통한 기억력의 향상으로 삶이 달라지는 것을 느껴보길 바란다.

기록은 우리가 느끼지 못하는 거대한 힘을 지녔다. 기록하는 순간의 감정과 사실을 기억한다. 나는 평상시 기록하는 것을 좋아한다. 매일 습관적으로 한다. 일기나 일정표에 기록함으로 나의 행적을 알 수 있다. 자신만의 역사와 삶을 대하는 태도에 어떤 가치관을 부여는지 누구와 동반했는지 자신에 대한 많은 정보를 알 수 있다. 나만의 역사이다. 잊어버린 기억이 생생하게 되살아난 과거를 확인하면서 현재에서 또 다른 멋진 미래를 꿈꾸는 장이 된다. 이렇듯 필사는 과거의 자신을 현재에서 재조명하게 만드는 도구역할을 한다. 필사를 하다보면 글쓰기의 필요성을 자연스럽게 느낀다. 연장선상에 두게 된다. 글감을 아이스크림에 비유한 문장을 읽었다. 나의 기억에서 사라지기 전에 메모하고 기록해야 한다는 뜻이다. 글감도 기록도 마찬가지이다. 일상의 기억이 아이스크림처럼 사라진다면 필사해야 한다. 말하면서 필사하고 느끼면서 필사하는 순간 우리의 기억은 되살아난다. 단기기억을 장기기억으로 저장하기에 필사 같은 기록만큼 좋은 것은 없다.

어느 날, 작가인 내 친구가 나에게 필사를 권했다. 무심하게 권했지만, 꼭 권하고 싶을 만큼 가치가 충분하다는 것을 친구는 알고 있었다. 직접 봐야 사실을 확인하듯이 필사도 직접 해봐야 그 가치를 느끼고 안다는 것을. 첫걸음 내딛기는 언제나 어렵다. 많이 미흡했다. '내가 할 수 있을까?' 고민도 많았다. 친구가 권하니까 믿음을 가지고 해보자 결심했다. 필사를 시작하고 익숙해지면서 나의 삶에 점차적인 변화를 주었다. 작은 변화들로 능동적이고 매사에 즐거움과 충만함으로 내 마음을 채우기 시작했다. 시간이 흐르는 것조차 아까웠다. 사실 필사와 독서는 새벽시간을 활용하는 것이 효과적이라고 한다. 여건상 나는 늦은 밤을 이용해서 필사했다. 모두가 잠든 조용한 시간이다. 하루 2시간을 온전히 나에게 주었다. 처음부터의 할애는 불가능했다. 필사는 20~30분이면 가능하지만, 글쓰기 연습의 방법으로 SNS상에 필사하면서 받은 동기부여 메시지를 감상 글로 표현해내는 일련의 훈련 과정과 독서에 몰입하는 시간이다. 확실한 삶의 변화다. 기록의 습관이 필사로 글쓰기가 삶의 가치 있는 변화로 연결되면서 기억력은 자연스럽게 향상될 수밖에 없다.

책 읽기를 좋아해도 늘 고민되는 것은 기억이 나지 않는다는 것이다. 분명 읽었는데 처음 본 듯하다. 깊은 감동을 주는 좋은 문장들을 외워 유창하게 낭독도 해 보고 싶다. 그런데 나의 기억력은 도무지 주인을 따르지 않는다. 왜 기억이 나지 않을까?, 머리가 나빠서 아니면 노력을 게을리 해서? 주의력 결핍인가? 모두 아니었다. 이유는 의식 자체가 기억에 주의를 기울이지 않았으며 뇌는 주인의 명령을 잘 따르듯 모든 생각의 지배를 받았다. 나이가 들어 기억력이 떨어지는 것은 고민이 된다. 그럴 때 매일 필사하면 의식의 확실한 변화를 온다는 것을 확신한다. 긍정적인 변화는 자신만이 느낄 수 있다. 필사로 활성화된 의식은 눈으로 들어오는 메시지를 뇌로 보내 감정의 길로 통하게 한다. 뇌에 각인된다. 이 좋은 것, 나에게 필사와 책 읽기는 인생의 동반자다. 누구보다도 훌륭한 친구로 남을 것이다. 하루라도 빨리 필사와 책 읽기를 권한다. 나는 필사하면서 꾸준한 독서를 하고 있다. 의식에 관한 책부터 경제, 인문, 고전, 철학까지 다양한 분야의 책을 읽으려한다. 기억력의 향상에 도움이 될 뿐만 아니라 필사의 효과를 만끽하고 싶어서이다. 아는 만큼 보인다. 많은 것을 알고 싶고, 배우고 싶은 동기부여가 된다. 필사가 준 가장 큰 변화이다. 기억력 저하로 호기심도 즐거움도 추구하지 않던 삶이 즐겁고 흥미롭고 기대된다. 기억은 활성화되었고 성장과 도전을 통해 뇌 속 깊은 곳까지 변화된 자신을 각인시켜 줄 것이다. 인생은 스스로 만든 길을 걷는 것이다. 자신에게 동기부여 하면서 삶을 잘 꾸려나가야 한다. 필사와 같은 모방을 통한 창조가 의식 저변에서 일어나고 있다. 글쓰기도 한다. 필사를 통한 기록은 뇌에 줄을 긋듯이 기억력의 증진은 덤이다. 필사로 노화가 진행되고 있는 뇌에는 활기를, 마음에는 감동을, 삶에는 강렬한 생존본능을 되살아나게 한다. 기억력 향상을 원한다면 필사를 권한다. 필사의 진정한 역할은 사람을 제대로 살게 만드는 것이다.

신체도 기억한다. 뇌의 지배를 받는 신체, 프로그램 중에 익히 아는 여자가수 4명이 나왔다. 60세가 넘었고 성공한 사람들이다. 그들은 당당했다. 네 명이 한팀이다. 노래와 안무를 얘기하던 중 생방송인데 한 명이 이탈하는 돌발 상황이 벌어졌다. 왜 그곳을 벗어났을까?, 궁금했다. 복귀한 가수는 "내가 이 나이에 이미 몸이 굳어져 있고 그렇게 해보지 않았는데 굳이 해야 할 필요가 있나?"라고 말했다. 그 사람은 60세까지 어떤 안무도 배운 적이 없었고, 갑자기 안무해야 한다고 했을 때, 누구나 당황할 수밖에 없다. 경험해 본 적이 없는 것은 두렵다. 신체도 정직하다. 시도조차 하지 않았기 때문에 어려운 것이다. 몸도 기억하는 것이다. 자전거나 자동차 운전을 배울 때도 마찬가지다. 원리를 몸이 익히면 탈 적마다 배울 필요가 없다. 자유자재로 운전할 수 있다. 똑같다. 우리의 육체도 뇌의 지배 속에 유지되는 것이다. 사소한 습관을 나의 몸이 기억하고 자동적인 행동으로 이끈다. 이렇듯이 나만의 자리에서 자판을 치다 보면 어느새 원하는 필사량을 완성한다. 내 몸이 기억하고 뇌가 기억하기 위해 집중한다. 필사로 작가의 의도를 파악하고 생각을 집중하면서 기억력을 향상하는 데 일조를 한다. A4 2장 1꼭지를 쓰고 있다. 감동 문구에 대한 메시지에 대한 의견도 낸다. 생각은 정리되고 정리하면 할수록 뇌에 각인시켜 나의 기억력은 자동적으로 향상된다. 성장하고 싶다면 꾸준한 행동을 해야 하고 몸도 뇌도 기억하게 만들어야 한다. 필사의 힘은 역시 강하다. 필사는 사소하지만 대단한 행동이다. 매일 하는 필사가 꺼져가는 불씨를 불꽃으로 발화시키듯이 자신을 불꽃처럼 강하게 만드는 역할을 할 것이다. 꺼져가는 기억력이 불씨라면 필사는 불꽃을 일으키는 강력한 도구가 되어준다. 불꽃처럼 활활 타오를 기억을 생각하면서 필사를 해보길 바란다. 기억력 향상은 오랫동안 좋은 기억을 간직할 수 있을 뿐만 아니라 삶의 질도 높아진다. 우리는 삶을 사랑하는 법을 배우며 살아간다. 나의 뇌를 사랑하고 내 삶을 사랑하면서 살아가려고 지금도 필사한다.

필사하면서 꺼져가는 기억력을 살려보자. '꺼져가는 기억력을 조금이라도 향상할 방법은 없을까?' 고민하는 사람들에게 필사

꼭 해보라고 권한다. 나는 필사를 통해 기억력이 좋아졌다. 필사는 손끝의 기억과 활자를 따라가는 눈과 입으로 나오는 소리와 모든 오감을 이용해서 글자 하나하나를 뇌와 몸에 더 깊이 각인시켜 준다. 필사가 가진 원리이다. 필사의 일련의 과정이 기억을 더욱 생생하게 만들어 기억력은 자동으로 향상된다. 필사를 권하는 이유이다. 긴 글 필사가 어려우면 짧은 글부터 베껴가면 된다. 한 그루의 나무를 심어야 숲을 만들고 산을 이룬다. 작은 행동의 지속적인 습관이 쌓여야만 원하는 결과를 기대할 수 있다. 한 문장 필사가 되면 두 문장의 필사도 가능하다. 작게 시작하고 꾸준하게 자극을 주면 나의 의식은 깨어나고 다듬어져 기억력은 당연히 향상된다. 바로 A4 2장의 자판 필사를 통해 나의 몸과 뇌의 가치를 올려주자. 꺼져가는 기억력을 필사로 향상해 주자. 자신을 아끼는 지름길이다. 필사!! 꼭 권해본다.

『 필사하면서 나를 더욱 사랑하게 되었다 』

"결정장애."

결정을 잘못하는 사람들에게 이런 표현을 쓰곤 한다. 어떤 문제에 봉착하면 결정을 내리지 못하고 갈팡질팡하며 고민하는 경우가 많다. 나도 그렇다. 결정장애를 겪는 불편은 많다. 언제나 결정하기 전에도 고민하지만 결정한 후에도 여전히 고민한다. 고민은 계속 이어진다. 우리의 삶은 언제나 선택의 연속이다. 빠른 결정은 여러 사람을 불편하지 않게 한다. 남편의 추진력은 독보적이다. 모든 결정은 빠르게 하고 후회가 없다. 사실, 결정을 잘하지 못하는 나로서는 부러움의 대상이다. 언제나 당당하다. 그런 모습이 없는 나는 '왜 나는 빠르게 결정하지 못할까?'자문한다. 바로 자존감의 차이였다. 나에게 깨달음을 준 건 남편이었다. 남편의 자신에 대한 사랑이 삶을 살아가는 데 있어서 가장 큰 힘이라는 것을 느끼게 했다. 나는 필사를 하면서 나 자신이 귀한 존재라는 것을 뒤늦게 깨달았다. 필사를 통해 나를 아끼고 사랑하게 되었고 삶에 대한 애착이 강해졌다. 생각은 당당해졌고 합리적이고 가치를 기본으로 하는 올바른 결정도 한다. 현재는 최선을 다했다면 어떤 결과에도 후회하지 않는다. 사고방식이 긍정적으로 변화하면서 삶이 변화를 추구하면서 주도적인 삶을 살고 있다. 필사, 삶이 다하는 날까지 같이할 만큼 가치 있다고 생각한다.

필사는 내 인생을 획기적으로 변화시켰다. 2020년은 코로나19로 인해 경제활동도 멈추고 외부활동이 불가능해지기 시작한 시기이다. 동트기 전이 제일 어둡듯이 어두운 시기에 나는 필사를 시작했다. 인생이 바뀌는 기회의 시간이었다. 변화의 시작은 책 읽기였다. 몇 년동안의 침체기의 대부분 시간을 독서에 빠져 살았다. 출발점에서 만난 책은 김서령 작가의 《외로운 사람끼리 배추적을 먹었다》 라는 제목의 책이었다. 그계기로 김서령 작가의 책을 읽으면서 보통 사람한테서 느낄 수 있는 인간적인 감동이 나를 본격적인 독서로 이끌었고 선물 같은 시간의 서막을 알렸다. 개인적인 독서 성향은 사유하고 통찰하고 깊이 있고 생각의 폭을 넓힐 수 있는 종류의 책이었고, 당연히 책 읽는 속도는 느렸다. 어렵지만 나름대로 삶 속에서 적용하며 중심을 잡기에 적당했다. 책을 통해서 어려운 시기에 참 스승을 만났고 위안을 받으면서 적당히 만족했다. 그러나 다독에 대한 갈증을 해소할 수는 없었다. 그때 만난 김서령 작가의 책을 필두로 독서에 박차를 가하게 되었다. 매일 꾸준히 한 독서는 혹한기에서도 기회를 엿보게 했다. 바로 책 쓰기다. 사실, 생각지도 못했던 일이다. 남의 책을 베끼는 필사가 시작이었다. 다독, 다작, 다상량이 책을 쓰는 3대 조건이라고 한다. 많이 읽고 많이 쓰고 많이 생각하는 3대조건이다. 4년이란 시간이 쌓이면서 다독과 다작은 남의 글이지만 베끼는 필사가 있었고 많이 생각하는 것은 독서와 필사의 양만큼 생각은 정돈되었고 깊어졌다. 책 쓰기의 기본을 다지고 있었던 셈이다. "독서 후 책 쓰기"라는 신기한 일이 나에게도 일어난 것이다. 평범하고 학창 시절 국어라면 치를 떨었던 내가 직접 글을 쓰고 공저를 출간하는 일에 참여하고 있다. 책을 읽으면서 필사는 자연스럽게 다가왔고 닭이 먼저냐 달걀이 먼저냐 할 것 없이 필사를 위해선 독서가 필요하고 깊은 사고를 요구하는 독서를 위해서는 필사가 필요했다. 필사와 책읽기를 통해 내가 동기부여받았듯이 다른 사람들에게 진정성 있는 동기부여의 메시지를 나

뉘주고 싶다. 그리고 도전과 성장을 권하고 싶다.

　어느 날, "너도 작가가 될 수 있어."라는 친구의 말 한마디에 나는 책 쓰기를 위한 필사를 시작했다. 책 쓰기를 목적으로 한 필사가 새롭게 태어나게 했다. 필사는 나를 확실히 변화시켰다. 무조건 필사했다. 친구가 권하니까 해보자는 마음밖엔 없었다. 어느 순간부터 나의 부족함이 채워져 가고 있다는 사실을 체험했다. 자신이 보이기 시작했다. 자신 있게 무엇이든지 할 수 있는 용기가 샘솟았다. 나를 시험해 보았다. 마음속에서 걸어오는 물음에 주의를 기울였고 생각하는 힘이 길러지면서 어려운 결정도 쉽게 했다. 필사의 진짜 모습이다. 필사하면서 변화된 나의 존재가 점점 좋아지기 시작했다. 우리 생활에서 필사와 유사한 것들은 얼마든지 있다. 대학 1학년 때, 당시는 민주화운동이 한창이었을 때였다. 휴강이 많아 대학 외의 다른 곳에서 배울 기회를 찾아야만 했다. 식품영양학과를 전공한 나는 취업을 위해선 한식 조리사 자격증이 있어야 유리했다. 자격증 취득을 위해 요리학원에 다녔다. 디지털시대를 사는 지금은 하고자 하는 요리를 검색만 하면 얼마든지 조리법을 찾아 요리할 수 있다. 쉽게 요리도 가능하고 부지런하면 얼마든지 혼자 배우고 익힐 수 있다. 하지만, 1987년 그 시절에는 그렇지 못했다. 영양사라는 직업은 독립적인 인사관리가 필요로 한다. 급식실의 리더로서 영양사가 기본적인 조리법 정도는 알고 있어야 했다. 고등학교 갓 졸업한 나로서는 아무것도 몰랐기 때문에 학원에서 가르쳐 주는 대로 조리법을 배웠다. 나박썰기, 채썰기, 둥글게 썰기 등등 요리에 들어가는 필요한 기본적인 지식과 노하우를 배우고 익혔다. 마름모 모양의 달걀흰자와 노른자 고명을 얹어 직접 빚은 만둣국이 자격시험의 주요리였다. 배운 것을 생각하면서 정성껏 만든 만둣국, 만두 속도 직접 만들고 만두피도 밀어서 만들어 고명 없은 만둣국은 합격했다. 생각해 보면 필사는 만둣국 요리하기에 비하면 어려운 것이 아니다. 자판을 두드리며 글자를 따라 쓰는 아주 쉬운 동작이다. 기본이다. 뭐든 처음은 어렵게 느껴진다. 시간이 지날수록 쌓이고 습관이 된 행동들은 점점 쉬워진다. 기본에 근거해서 일정 시간을 내어 꾸준히 계속하다 보면 습관이 되고 습관이 자연스럽게 필사하게 만든다. 만둣국이 따뜻한 한 끼의 식사가 되듯이 필사는 나의 내면을 채우고 의식을 깨워주는 한 끼 식사 이상의 역할을 톡톡히 했다. 한 끼의 식사가 신체를 건강하게 하듯이 필사는 정신을 건강하게 만든다. 건강한 정신은 감정을 유연하고 풍성하게 만들어 긍정에너지를 상승시켜준다. 진정한 자신으로 살게 되며 내가 나를 진심으로 좋아하게 된다. 자존감은 상승하며 무슨 일에서든지 지혜로운 결정을 하게 된다. 삶은 불안의 연속이라 하지 않는가, 그 불안 속에서 살 것인가 아니면 열정을 가지고 기쁨에 찬 인생을 살 것인가는 나 자신이 결정하는 것이다. 유한한 나의 인생이다. 실천은 빠를수록 좋다. 그래서 나는 매일 책을 읽고 필사를 한다. 생각의 그릇을 키우기 위해 집중하고 노력한다. 구체적으로 나는 어떤 이유로 필사를 계속하고 있는지 한번 생각해 보았다.

첫째, 필사는 의미 있는 시간과 나를 대면하게 한다.

매일의 필사는 일상에서 느꼈던 감정들을 녹여내어 가치 있는 의미를 부여하게 만든다. 필사로 인해 나의 의식은 확실히 확장되었다. 나의 생각을 진지하게 받아들이고 책 읽기를 통해 다듬어진 생각을 단단하게 만들어 주는 역할을 한다. 나만의 독서법을 찾았고 좋은 문장의 발견과 함께 자연스럽게 읽고 쓰게 된다. 읽은 내용을 쓰다 보면 깊은 내면으로 들어가 나의 자아와 만나게 한다. 읽고 쓰면서 사색과 통찰을 거친 문장들은 나 자신의 내면에 확실한 가치 있는 변화를 경험하게 된다.

둘째, 필사로 나는 매일 성장하고 있다.

나는 날마다 모든 면에서 점점 더 나아지고 있다. 누군가의 말이 나를 살리고 있듯이 필사는 나의 성장에 주춧돌 역할을 한다. 정확한 주장이 생기고 지혜로운 결정을 하면서 유한한 시간에 소중한 가치를 부여했다. 그리고 필사로 매일 조금씩 성장하는 나를 발견한다.

셋째, 필사를 통한 깨달음은 나를 사랑하는 계기가 되었다.

나 자신을 사랑한다는 말이 뭔지 모르면서 인생의 절반 이상을 살았다. 늘 후회와 고민이 많았던 나, "이럴걸. 저럴걸." 하면서 즐거운 가운데서도 즐겁지 않은 인생을 보냈다. 지나간 시간이 아까웠다. 그랬던 나를 변화시켜 준 것은 필사였다. 필사를 통한 변화 중에 가장 큰 변화라면 단연 나 자신을 알게 되었고 나를 사랑하면서 내 시간이 소중해졌다는 것이다. 지금도 진정한 나 자신의 가치가 무엇인지 찾아가고 있다.

넷째, 필사로 자신을 사랑하면서 매사에 즐거움을 부여받게 된다.

삶을 대하는 태도가 달라졌다. 적극적으로 살아보려는 나를 발견하면서 나를 사랑하면 남도 사랑할 수 있는 마음의 움직임을 알아차리게 된다. 삶은 많은 사람과 관계를 맺고 더불어 살아야 한다. 나 아닌 타인과 살아갈 때 관용과 이해가 필요로 한다. 항상 숙제와 같은 일은 연속이다. 필사를 통한 나 자신에 관한 생각의 변화로 속사람이 편안해지니 타인에 대한 시선도 편안해지며 매사가 즐겁다.

　다섯째, 필사로 나만의 꿈이 생겼다.

　필사는 나에게 꿈을 꾸게 했다. 필사는 글쓰기로 자연스럽게 이어졌고 의식의 흐름은 나를 작가로 꿈꾸게 했다. 그리고 도전했다. 도전, 꿈, 작가 이 모든 단어는 내가 나를 사랑하기 전에는 아주 생소한 단어에 불과했다. 그러나 지금은 생각만 해도 흥분이 된다. 구본형 작가는 나와 결이 비슷해서 좋아한다. 구본형 작가는 1년에 한 권씩 책을 쓰라고 권했다. 이것이 과연 가능한가? 라는 의문이 들었다. 지금, 공저를 쓰고 있는 나는 구본형 작가의 1년에 1권의 책을 쓰라는 말이 나에게도 가능한 일이라는 것을 안다. 필사는 자신을 사랑하며 작가라는 꿈도 이룰 수 있는 징검다리가 되어주고 있다.

　나 자신을 찾아야 한다. 필사의 과정을 통해 나 자신을 많이 아끼고 사랑하는 방법을 찾았다. 흔들리던 나는 사라지고 또렷한 정신을 가지고 삶을 바라보는 나로 바로 서 있다. 내가 소중해지면서 다른 사람을 바라보는 시선에도 많은 변화를 주었다. 필사의 힘을 느껴보길 권한다. 나의 관념은 변화되었다. 내면의 걱정과 불안보다는 긍정과 인정으로 나를 세워주었다. 위기가 기회의 발판이 되어준 필사다. 부정적인 감정들은 이해와 용서로 화해를 하게 했다. 필사 꼭 해보라고 강력히 권한다. 나 자신을 알고 싶고 나를 지키고 싶으면 필사해라. 나를 발견하고 나를 사랑하게 만드는 필사, 자신을 믿으면서 필사해보길 권한다. 타인으로 돌렸던 다정한 눈길을 나로 향하는 것을 느낄 것이다. 내 나이 50이 넘어서야 깨달았다. 나를 아끼는 최고의 방법이 바로 A4 2장의 필사와 독서라는 것을. 자존감이 떨어져 괴롭다면 필사를 강력히 권한다. 보이지 않는 마음의 강한 움직임을 꼭 맛보게 된다. 필사의 강력함이 나자신을 사랑할 수밖에 없게 만든다는 사실을 깨닫게 될 것이다.

「 베껴 써라. 그 속엔 긍정의 힘이 있다 」

"베껴 쓰라."

베껴 쓰라는 말을 듣고 왠지 거부감이 내 마음에 자리했다. 말도 안 되는 일이다. 어릴 적, 우리 집의 가훈은 정직이었다. 바를 正에 곧을 直, 바르고 곧은 길로만 가라는 가르침을 받으며 자랐던 나이다. 심지어 이름자에도 곧을 정(貞)이 들어있다. 그런 환경에서 자란 내가 베낀다는 것이 남의 것을 몰래 훔친다는 느낌이 들어서 불편했다. 필사란 바로 남의 책을 베끼는 것이다. 창조는 모방에서 나온다고 했다. 불편함과 어색함이 가득한 채로 필사를 띄엄띄엄 시작했다. 시간이 거듭할수록 필사 실력은 늘었고 많은 고정관념에 변화가 왔다. 베낀다는 불편한 맘으로 시작한 필사는 나에게 많은 긍정적인 의미를 부여하기 시작했다. 나의 필사는 그렇게 내 삶 속으로 들어왔고 흔들리지 않는 믿음을 주었다. 베껴 쓰기로 나는 완성되어 가고 있다.

　인과응보, 권선징악 같은 고정관념으로 살아온 나는 독창적인 삶과는 무관했다. 당연히 삶을 착하게 살아야 한다고 생각했다. 그건 지금도 나에겐 진리이고 이치다. 현실적이지 못한 성향은 움켜쥐기보다는 내어놓아야만 했다. 자격지심의 소유자였다. 늘 좋은 사람이었지만 내면이 허전한 성격의 소유자였다. 언젠가 지인이 나에게 말했다. "정님 씨, 당신은 자신을 당신의 네모 틀 속에서 가둬두고 살고 있어요. 조금만 빠져나오면 안 될까요?" 그 말은 한 줄기 빛이 되어 나를 돌아보게 했다. 언젠가 건넨 친구의 쪽지에도 "정님아, 네가 생각하는 것은 기우야."도 같은 맥락이다. 나는 나만의 틀을 만들어 가둬두었고 매사에 움츠리고 자신감 없이 살아왔다. 그 두 사람의 조언으로 인해 유교적인 고지식함에서 나는 변화하기 시작했고 유연한 사고를 하려 노력했다. 두 사람의 조언은 나에게 간절한 질문이 되어 진지하게 돌아보게 했고 나를 점점 변화시켰다. 나는 인생의 길에서 만난 많은 사람들이 있어 현재의 나라는 사람이 있다고 생각한다. 길을 잃고 시련을 겪을 때 나에게 건넨 진심 어린 조언과 물음에 자극받았고 변화되었다. 지금 나는 글을 쓴다. 글쓰기가 따뜻한 조언만큼이나 중요하다고 생각한다. 만약에, 그때 필사와 같은 방법을 알고 있었다면 어땠을까?. 내면이 약한 내가 진작 필사를 했다면 나의 자아는 더 튼실하고 정체성 자체가 많이 달라졌을 것이다. 시간이 소중하다는 것은 잘 알지만 나는 그렇지 못했다. 시간을 낭비하고 사는 순간에도 아깝다고 느끼지 못했다. 소중한 시간이 빠르게 흘러가기만을 기다렸다. 하지만 내 생각이 틀렸다는 것을 필사와 독서를 하면서 알게 되었다. 필사로 내 인생은 완전한 탈바꿈의 길로 접어들었다. 나의 의식이 좋은 것들로 채워지면서 외면보다는 내면으로 향했다. 삶에 대한 의미가 달라졌고 원하는 방향대로 가고 있다. 자신에 대한 믿음이 생기면서 당당하게 행동한다. 필사는 그 자체로 긍정적이다. 내면 깊이 자리를 잡은 생각들을 숙성시켜 밖으로 표출하는 것이 글이다. 단순히 베껴 쓰기만 해도 된다. 낙숫물에 바위가 뚫리듯이 서서히 변화한다. 그래서 필사라는 쉽고 단순하고 중독성 있는 행동에 나를 맡기게 된다. 와우, 인생에 혁신적인 것을 찾았다. 사막에서 오아시스를 만난 것처럼 나의 정신에 생명수를 충족시켜 주고 있다. 필사로 인해 겪은 가치 있는 긍정적인 변화는 바로 내면이 꽉 찬 내 삶을 사랑하게 했다.

2023년도 5월부터 본격적으로 책을 필사했다. 책을 베껴 쓰기 시작했다. 1권 필사를 마무리한 다음, 용기를 내어 친구가 중심이 되어 운영되고 있는 〈책성원〉이라는 커뮤니티에 가입했다. A4 2장 필사를 기본으로 글쓰기도 하고, 원하는 삶을 이루는 작가의 길을 걷게 만든다는 취지의 커뮤니티이다. 가치 있는 일이다. 친구는 열성을 다해 〈책성원〉을 이끌었다. 본격적인 필사로 긍정적인 변화는 계속되었다. 내공이 강한 친구가 강력하면서 꾸준히 나에게 권했던 이유였다. 사실, 필사하고 글을 쓰고 책을 쓴다는 것은 나에게 막연한 일이었다. 용기를 내서 필사를 시작했다. 〈책성원〉의 회원 간의 호칭은 '작가'이다. 매일 일정 시간을 꾸준히 필사한다, 서로 동기부여 하면서 독려하고 필사한 내용과 메시지를 SNS를 통해 글쓰기를 체화한다. 작가로서의 기초 훈련을 통해 작가가 가져야 할 기본적인 자세와 노하우를 익히고 있다. 필사하면서 글쓰기를 할 때 책 읽기는 필수다. 부족함을 채우는데, 한계를 느꼈고 내가 가진 생각을 글로 표현하기엔 매우 부족했다. 책을 읽어야 한다. 그래서 책을 필사했다. 습관이 저절로 행동하게 했다. 필사의 가장 긍정적인 힘은 독서의 끌림이다. 책 읽기가 쉽지 않다면 꼭 읽고 싶은 책을 필사책으로 정해서 시작해보면 쉽고 유익하다. 필사와 책 읽기는 친구다. 친구는 서로에게 없는 것을 보완시켜 주고 맘을 다독여 서로를 강한 힘으로 이끌어 준다. 필사와 책 읽기를 권하는 가치 있는 이유이다. 필사는 나에게 소중한 삶의 길을 찾게 하는 훌륭한 도구가 되었다. 그렇다면 베껴 쓰는 필사가 나에게 어떤 긍정적인 영향을 끼쳤는지 정리해보았다.

첫째, 일상을 웃음으로 마무리할 수 있는 여유가 생겼다.

인생은 불안의 연속이라고 했다. 동의하지 않는다. 환경과 상관없이 내 마음은 내가 선택할 수 있다. 나는 필사를 통해서 마음과 감정을 조절할 수 있기에 어떤 순간에도 웃을 수 있는 여유를 찾았다. 필사의 시간은 내 마음이 정리되고 회복하는 시간으로 우리에게 에너지 넘치는 웃음으로 화답한다.

둘째, 필사를 통해서 변화된 나 자신이 좋아졌다.

베껴 쓰고 있는 나를 볼 때 필사의 맛을 모르는 사람은 도무지 이해할 수 없다고 했다. 필사 초기에 나도 그런 생각을 했었다. 그런데 지금은 자신 있게 말할 수 있다. 필사를 통해서 자연스럽게 전해오는 변화를 나 자신만이 안다. 필사는 나의 일부이다. 나를 대하는 태도부터 달라졌다. 불평은 줄어들고 시선은 따뜻해지고 공정해졌다. 비로소 1%의 불편함도 없는 진실한 소통도 가능해졌다. 필사로 나는 거듭났으며 그런 나를 존중한다.

셋째, 필사로 우선순위를 정하는 삶을 살고 있다.

작은 습관이 행동에도 큰 변화를 주었다. 공저의 꼭지 글을 쓰고 있다. 필사와 책 읽기가 우선순위가 되면서 글도 쓴다. 뛰어들어 최선을 다하고 있다. 많이 쓸수록 좋다. 필사가 주는 이로움을 오감과 온 마음으로 느끼고 있다. 시간이 흐르는 대로만 살아간다면 의미가 없는 인생을 사는 것과 같다. 필사와 같이 쉽고 편하게 하는 꾸준한 행동은 고루 했던 내 생각과 행동에 큰 변화를 주었다. 필사해야 한다. 삶이 그대를 속이는 일이 부지기수다. 그럴 때, 운명을 탓하고 남을 탓하고 살 것인가. 시간이 없다. 삶의 우선순위를 정하고 싶으면 필사를 꼭 해보길 바란다. 남은 나의 인생은 하루하루가 소중하고 귀하고 귀하다.

긍정적으로 삶을 살고 싶다면 작은 실천이지만 위대한 변화인 필사를 하길 권한다. 작은 거인이다. 소소한 행동이지만 꾸준히 하면 정체성을 바꿀 만큼 대단한 일이다. 정체성의 정의하라면 나는 소심했던 사람이었다. 이젠 대범한 사람으로 살아간다. '부뚜막의 소금도 집어넣어야 짜다'라는 속담처럼 적은 노력이 중요한 결과를 가져온다는 것이다. 우연히 시작한 적은 노력으로 필사는 내 삶을 소중하게 만들었다. 하루 20분 필사 덕분에 글을 쓰게 되었고 책을 더욱 가까이하게 되었다. 무언의 격려가 나를 바로 세워주었고 나는 강직해졌다. 어디에도 흔들림 없이 중심을 잘 잡고 곧게 갈 준비가 되어 있다. 매일 책을 베끼고 앞으로도 계속 베낄 예정이다. 작가의 책을 통해서 생각도 가치관도 베낀다. 시행착오를 범하면서 나만의 방식을 터득하고, 즉각 행동하고 삶을 성장시킨다. 누군가의 생각을 베끼고 깨닫고 모방을 통한 성장을 한다. 필사, 빠를수록 좋다. 삶 속에서 나를 지키고 가치 있는 많은 변화를 겪어보길 바란다. 베껴 쓰는 필사에 보석 같은 긍정적인 힘이 자리하고 있다.

『 필사 후 나도 작가가 되는 상상을 한다 』

"나는 작가다."

글을 쓰고 책을 낸다는 것은 보통 사람인 나와는 전혀 상관없는 일이라고 생각했다. 우연한 기회로 접하게 된 필사는 필연이 되어 나는 글쓰기와 책 쓰기에 도전하는 사람으로 변화되었다. 필사하면서 생긴 자신감은 누구의 시선에 아랑곳하지 않으면서 나의 글을 쓰게 만들었다. 책 쓰기를 시도하여 현재 초고를 쓰고 퇴고를 하는 중이다. 글을 다듬어서 완성하고 있다. 무엇이 나를 변화하게 했을까? 남의 글을 쓰면서 변화했고 지금은 내가 이미 작가가 된 것처럼 쓰고 있다. 책 쓰기를 하기 전에 현재 작가로 활동 중인 친구는 자신의 신간에 자필로 사인을 해서 나에게 선물했다. 책의 앞쪽 여백 페이지에 "너와 공저 쓰는 그 날을 상상한다."라고 친구의 자필로 생생하게 쓰여 있었다. 필사로 나를 다지는 동안 작가가 되는 상상을 친구가 먼저 해주었다. 친구의 메시지는 나의 의식에 각인이 되었고 내가 작가 되는 모습을 무의식적으로 상상했다. 지금은 친구와 함께 공저를 쓰고 있다. 필사를 밑바탕으로 작가를 향해 나아가고 있다.

필사 후 나의 생활엔 많은 변화가 일어났다. 일상은 비슷하지만, 행복해졌다. 마음이 행복하니 걱정거리가 줄어들었고 그 자리엔 감사와 기쁨으로 채워지면서 하루의 소중한 가치를 깨닫게 되었다. 전반적인 나의 모든 삶에 영향을 미치면서 매일 처리해야 하는 업무 속에서도 타인과의 균형을 이루며 살아간다. 매일 아침 상상한다. 오늘은 어떤 멋진 일이 나에게 일어날지 기대된다. 내 마음속에 강력하게 생각하는 것들이 현실에서 이루어진다는 부의 황금률을 나는 믿는다. 나의 인생 목표는 멋진 사람으로 살아가는 것이다. 글을 쓰면서 공저를 통해 작가로 이름이 오른 지금 나는 가끔 "멋있다"라는 소리를 듣고 있다. 상상한 것이 현실에서 그대로 드러났다. 필사로 인한 변화는 가정에서도 사회에서도 유용했다. 서로에게 좋은 영향을 주고받으면서 긍정에너지를 전달하는 메신저의 역할을 한다. 소통의 원활함은 유대를 강화하기에 필요한 조건이 되어주었다. 필사로 생각의 한계는 허물어졌고 나의 내면은 견고해졌다. 필사가 나의 삶을 부추겼고 글을 쓰게 만들었다. 삶의 중반을 지나는 한때 엄청난 시련를 경험했다. 그리고 극복하며 이겨냈다. 그런 상황에서 벗어날 수 있었던 것은 초긍정적인 마인드 컨트롤과 상상력이 있어 가능했다. 잠재의식을 활용했고 간절히 원한다면 이루어진다는 값진 깨달음을 체험했다. 알게 된 사실은 경험에서 터득한 지혜는 나의 길이 되어 준다는 것이다. 필사 후의 나는 상상의 힘을 믿으며 온전한 작가를 꿈꾸고 내가 원하는 삶을 현재 진행 중이다.

소중한 삶을 글로 녹여내 보고 싶다. 나만의 시선으로 쓴 나의 삶에 대한 글이다. 나는 할아버지와 할머니를 좋아했다. 어릴 적 마음의 고향이다. 할아버지는 키가 180cm 이상에 깔끔한 수염이 명치까지 길러진 모습에 육중한 체격은 위엄, 그 자체 셨다. 할머니는 항상 곱게 빗어 넘긴 머리에 비녀가 꽂힌 언제나 깔끔한 어른이셨다. 금슬 좋은 두분이셨다. 할아버지네 과수원 꽃길. 두 분만큼 조화로운 과수원 길은 항상 단단했고 길 양쪽으로 풍성한 빨간 사루비아 꽃길이 펼쳐진 그곳은 어린 나에겐 평화로움과 행복이었고 지금은 아득한 그리움이다. 늘 반겨주셨던 할매. '할매' 하고 반가운 마음에 부르면 "오야, 왔나!" 그 목소리는 지금도 내

귀에서 살아있다. 그런 할아버지나 할머니에 대해서는 아는 것이 없다. 할아버지께서 일기장이라도 남기셨다면 그분을 좀 더 알아 갈 텐데, 어떤 생각을 가지고 사셨는지 궁금했다. 할머니, 할아버지의 삶을 이해해 드리고 과묵하신 할아버지의 마음을 위로해 드릴 수 있었을 텐데, 하는 아쉬움이 남았다. 나는 할아버지 할머니한테 멋진 손녀로 살고 싶다. 이런 이유들이 작가가 되고 싶은 이유이기도 하다. 나는 상상한다. 작가가 되어 나의 이야기를 담은 책을 출간하고 삶 속에서 얻은 지혜와 삶이 얼마나 가치 있는지를 나의 아이들과 그 아이의 아이들까지 볼 수 있게 하고 싶다. 필사했기 때문에 가능한 일이고 생각이다. 삶의 지혜와 혜안에 눈을 뜨고 눈에 보이는 것에만 매달려 소중한 것들을 놓치지 않게 해주고 싶다. 필사로 시작된 작은 행동은 후손에게 영향력 있는 할머니 작가로 남고 싶은 꿈을 꾸게 했다. 필사는 또다른 기회이고 행운이다. 필사는 현실과 상상의 세계를 넘나들며 적절하게 조화시켜 주는 역할을 해준다. 나의 에너지는 글쓰기에 동원되고 있다. 사람들에게 위안이 되고 긍정적인 에너지를 나눠주고 싶다. 나의 인생이 긍정적으로 변화하고 있다. 나만의 언어를 찾아 나만의 방식으로 살면서 받은 것들을 되돌려 주면서 살 것이다. 얼었던 마음을 녹여 회생의 기회를 만들어 사회의 한편에서 도움을 주고 싶다는 희망이 필사와 함께 작가로서의 삶으로 이끌어 주었다.

　누군가가 나의 글을 읽고 필사를 시도하고 글을 쓰는 계기가
되었으면 좋겠다. 그렇게 만들어 주고 싶다. 필사에 도전해보길
바란다. 가랑비에 옷이 젖듯이 어느 순간 글쓰기에 푹 빠진 자신
을 발견하게 될 것이다. 매 순간 순간이 귀해진다. 가치 있는 글쓰
기로 맘껏 펼칠 수 있는 글을 상상하며 매일을 살아가게 될 것이
다. 상상하면 현실이 된다고 한다. 내가 원하는 삶이라는 것은 무
엇이었을까? 필사하면서 내가 진정 원하는 삶이 무엇일까를 생
각하게 되었고 나에게도 구체적인 목표가 생겼다. 외국의 영화는
방영되기 전에 원어로 들어와서 우리의 정서에 맞게 번역되어 극
장에서 상영된다. 원어의 영화는 번역가의 해석 능력으로 인해
영화의 내용을 한층 빛나게 한다. 국내 영화계에 유명한 황모 번
역작가는 장르를 골라 해석하는 것을 상상했다고 한다. 신기하게
도 상상한 것들이 10년 뒤에 연속 두 번이 현실로 재현되는 기회
를 얻었다고 고백했다. 우연이 아닌 필연을 만든 것은 자신이었
다. 그 사람은 40세쯤 책을 출간할 것이라고도 다짐했다. 생각대
로 출간했다. 꿈을 꿨던 그 작가는 자신이 원하는 삶을 현실에서
이룬 것이다. 상상하면 이루어진다. 평범한 말 같지만 진리다. 되
뇌이던 말은 내가 인식하지 못하더라도 무의식 속에 자리를 잡

고 언젠가는 현현한다. 생각이 중요하고 말이 가지고 있는 힘은 더 중요하다. 사람의 생각과 사용언어에 따라 인생도 달라진다고 한다. 나는 매일 선포한다. "나는 날마다 모든 면에서 점점 더 나아지고 있다."라고 소리 내어 말한다. 상상의 힘을 빌려 매일 연습한다. 필사가 글쓰기로 글쓰기가 책 쓰기로 확장되면서 자신있게 선포하게 되었다. 이것은 나를 성장시키는 일종의 의식과 같다. 선포하는 순간 나에게 그 문구는 생명력을 가지게 되고 잠자던 나의 긍정적인 마음은 되살아난다. 책의 공저 쓰기에 참여하고 있다. 작가로서의 걸음마를 떼기 시작했다. 필사로 성장했고 목표를 가지고 도전하면서 상상을 했다. 필사는 상상한 것을 현실로 구현시켜 주는 촉매제 역할을 톡톡히 해주었다. 상상하고 원하는 것을 구체적으로 시각화하다 보면 실제로 이루어지는 사례들이 많다. 나도 꿈꾸었던 것들을 이루며 살고 있다. 필사를 통해 원하는 삶을 찾아가고 있다. 더불어 작가가 되어 나만의 색깔을 가진 개인 저서를 집필하는 상상도 해본다.

필사가 나를 작가로 만들어가고 있다. 상상이 현실이 된 것이다. 상상력은 생활 전반에 자리하고 있다. 식물이 자랄 때 뿌리에서 수분과 영양분을 공급받는다. 우리는 상상력을 발휘해 보이지 않는 뿌리의 활동에서 성장한 나무를 그린다. 그럼 내 삶에도 적용할 수 있다. 글을 읽고 쓰면서 성장했고 목표가 정해지면 목표를 향해서 나아간다. 확신하고 작가가 되는 것을 상상하면서 필사를 한다. 상상하려면 의식의 확장은 필수이다. 필사하면서 나의 명확해진 의식은 저절로 확장되고 나의 날개가 되어준다. 필사 꼭 하길 권한다. 어떤 삶을 살고 싶은지 명확하면 더 좋다. 한 발 딛는 순간 시작이다. 글쓰기를 통해 일상으로부터 메시지를 얻고 영감을 받아 반복적으로 글을 쓰게 한다. 동등하게 주어진 우리의 시간은 유한하다. 사라지는 시간, 우리가 원하는 것들을 미루지 말고 바로 시작해야 한다. 필사를 통해 작가의 꿈을 꾸듯이, 다른 꿈을 향해 도전해보길 바란다. 나의 의식이 잠재의식을 길들여 주인의 말을 잘 듣는 충견처럼 길들이는 데 필사만큼 좋은 방법은 없다고 생각한다. 하루하루가 귀하고 귀하다. 바쁜 삶 속에서도 오롯이 걸어갈 나의 길이 분명히 있어야 한다. 나를 지켜주는 도구 하나쯤은 있어야 흔들리지 않고 나의 길을 제대로 갈 수 있다. 내 인생의 나침반이 된 필사 덕분에 흔들림이 줄어들었다. 그 상태에서 나는 글을 쓰고 있다. 상상하던 작가로 새로운 인생의 서막이 올랐다. 이 좋은 필사, 꼭 해보라고 권한다. 내 이름 석 자 박힌 책의 출간을 상상하면서.

『 어제와 다른 오늘, 답은 필사다 』

"삶을 사랑하고 싶은가?"

필사하기 전과 필사한 후의 나는 확실히 달라졌다. 필사 전의 나는 시간의 소중함을 잘 몰랐다. 어리석었다. 책에서 늘 알려주는 그 시간의 소중함은 나에겐 그냥 글자였을 뿐이었다. 맘에 닿지 않았다. 아마 삶에 대한 진정한 애착을 몰랐던 것일지도 모른다. 그런데 지금은 필사를 통해서 시간의 진정한 소중함을 알게 되었고 귀함을 알기에 필사를 적극적으로 알리고 싶다. 이 책을 통해 누구에게나 소리치고 싶다. 단순히 자판을 치고 남의 것을 베껴 쓰는 행동이지만 그 시간이 쌓이면서 나는 변화했다. 필사하기 전 나는 나의 주장이라는 것이 없었다. 생각이 없는 사람처럼 살았다. 그래서 늘 참고, 또 참고 매사에 좋은 것이 좋다는 생각으로 살았다. 내면이 받아들이기 싫은 상황에서도 참았다. 그런데 참는 것만이 능사가 아니라는 것을 깨달았다. 정확한 의사를 전달하는 것이 부족했기에 어딜 가든 자신 있게 말하는 것이 항상 어려웠다. 그런 나에게 행운이 찾아왔다. 친구가 권한 필사, 조심스럽지만 확신에 찬 목소리는 나를 움직이기에 충분했다. 글쓰기에 젬병인 나에게 오랜 시간 동안 필사를 권했다. 그렇게 시작한 필사로 나는 지금 확실하게 말할 수 있다. 필사 후의 나는 분명히 달라졌다는 것이다.

초고가 뭔지, 퇴고가 무슨 말인지도 몰랐던 내가 책을 쓰고 있다. 정말 신기한 일이지 않은가! 자격도 안 되는 내가 책을 쓰다니. 중학교 시절 단상에서 글쓰기 상을 받는 친구가 있었다. 그 친구의 집에는 시골에서 보기 힘든 세계 명작전집과 유명한 문학책이 책꽂이로 가득했었다. 어렸어도 다른 건 부럽지 않았다. 그때 그 책들이 난 부러웠다. 사실 아직도 기억나는 건 《벤허》를 읽는다고 빌렸었다. 그리고 그 책을 돌려주지 못했다. 아니다. 돌려주지 않았다. 그 어린 나의 맘은 왜 그랬을까?. 책을 가지고 싶었다. 글쓰기를 잘하는 것이 부럽지만 어떤 것도 할 수 없었다. 만약 그 어린 시절, 그 친구처럼 책을 읽고 글쓰기를 했었더라면 나의 현재는 어떨까? 하는 생각을 종종 했었다. 아마 좀 더 지혜롭게 자신감 있게 살았을 것이다. 내 생각을 말하기는커녕, 그냥 말 잘 듣는 착한 사람이라는 틀에 나를 맞춰서 살았다. 내 주장이 없는 착한 사람, 내 맘하고 상관없이 타인에 의해 삶이 흘러가게 내 버려뒀던 것 같다. 내 삶은 주도적이기보다는 흘러가는 물살에 동참하듯 그렇게 시간을 흘려보냈다. 사실 스스로 충만하지 않았던 나는 고민과 후회가 많은 시간을 보냈다. 항상 변화하고 싶었다. 늦은 출발이지만 필사가 기회가 되어 도전할 수 있게 되었다. 필사는 점차적인 의식의 변화로 나의 관념 자체를 변화시켰고 확고한 자신감을 가질 수 있었기 때문이다. 필사하기 전과 필사하고 난 뒤의 나는 달라졌다. 끊임없는 변화를 거듭하고 있다. 목표가 생겼고 꿈을 가지고 실현하고 있다. 필사는 감히 생각하지 못했던 나에게 작가로 살아갈 기회까지 주었다.

필사를 하면서 나의 인생은 달라지고 있다. 고등학교 절친은 작가이다. 작가인 친구가 중심이 된 모임인 〈책성원〉에 참여하면서 지체되었던 삶이 성장하는 삶으로 변화가 시작되었다. "책성원"은 "책 쓰고 성장하고 원하는 삶 살기"의 줄임말이다. 처음엔 필사가 뭔지 엿보는 거로 시작했다. 단체 카톡방에서 몰래 들어가 다른 분들의 열성적인 활동을 살폈다. 내가 과연 할 수 있을까? 자신이 없었다. 그런데 하루, 이틀, 시간이 지날수록 마음에서 동요가 일어나기 시작했다. 작가들의 필사 인증과 더불어 공저 책의 탄생은 보통 사람인 나에게 동기 부여하기에 충분한 이유가 되었다. 혼자가 아니라 함께라서 가능한 일이었다. 그리고 나만의 상상을 하기 시작했다. 내가 만약 책을 쓴다면 어떤 내용의 책을 쓸 것인지, 어떤 것이 하고 싶은지, 어떤 메시지를 남겨주고 싶은지, 오만가지의 가정들이 맴돌기 시작했다. 결심하고 필사를 시작했고 습관이 자발적인 행동을 하게 했다. 현재는 공저를 출간하기 위해 글을 쓰고 있다. 실행이 동반된 상상은 현현하는 순간을 맞게 만들었다. 한 발짝 들여놓은 것이 나를 공저 프로젝트에 합류하게 만든 것이다. 그렇게 시작한 A4 2장 1꼭지 쓰기, 매일 일정 시간을 필사했다. 사실, 생활하면서 필사를 하기는 쉽지 않다. 연필이나 볼펜을 잡고 메모하는 것을 좋아하지만 오래 하기엔 힘든 일이다. 그래서 자판 필사를 시작했다. 처음엔 1시간 이상의 시간이 소요됐다. 뭐든 하면 는다. 시간을 투자하면서 자판 필사의 속도는 빨라졌고, 기호로만 보이던 필사책의 문장들이 어느 순간부터 귀한 메시지를 주었으며, 서서히 필사의 즐거움에 빠져들었다. 동시에 책 읽는 것 또한 즐거움이 되었다. 다양한 책을 읽으려 했다. 매일같이 하는 반복되는 일들이 지루할 때도 있다. 필사와 삶도 많이 닮아있다. 우리가 살다 보면 힘든 날도 있다. 버티며 하다보면 이루어진다는 사실 또한 잘 안다. 바로 어디나 적용되는 임계점까지는 참고 견뎌야 한다는 것이다. 진리다. 물이 100도에서 끓듯 임계점을 넘는 시점이 지나야 급성장함을 스스로 느끼게 된다. 성장을 위한 노력은 지속되어야 이유이기 때문이다.

필사는 자신의 혁신적인 변화 뿐 아니라 직업적인 일에도 많은 긍정적인 영향을 끼쳤다. 나는 급식에 관련된 일을 하고 있다. 입찰이라는 관문을 통해서 낙찰 받은 곳에 납품을 할 수 있는 자격이 주어진다. 필사를 하지 않은 입장에서는 현실적인 삶을 무시하고 필사에 전념한다는 것이 이해가 되지 않을 수도 있다. 하지만 필사로 다져진 나의 명확해진 의식과 확신은 원하든 결과로 이어졌고 만족했다. 필사에 몰입하면서 생긴 자신감과 긍정적인 결과는 필사를 계속하게 만드는 원동력이 되기도 했다. 꿈꾸는 대로 이루어진 삶을 살고 있다!! 무슨 어불성설이냐고 할 수도 있다. 100%가 아니어도 생각한 대로 산다고 믿어야 잘 살 것이라는 확신이 있었기 때문이다. 팥 심은 데 팥 나듯이 좋은 생각이 좋은 긍정적인 결과를 주기 때문이다. 생각이 삶을 이끈다고 믿었다. 사업 초기에 어려움이 물밀듯 밀려올 때 초긍정적인 상상력을 가지려고 노력했다. 위기 속에서는 항상 기회가 숨겨져 있다는 확신을 얻었고 현재도 변함이 없다. 그리고 평상시에도 스스로 훈련하면서 생각하고 상상한 대로 이루고 있다. 노력과 함께 한 상상은 현실이 된다는 믿음이 생긴 것이다. 시련이라고 생각한 순간부터 한 종교서적의 필사는 자연스럽게 자판필사와 글쓰기로 이어주었다. 우연이 필연이 된다고 한다. 우연히 만난 필사로 글쓰기를 체화하고 있다. 필사는 생활 전반에 긍정적인 영향을 끼쳤으며 일외의 다른 것에의 도전도 흔쾌히 받아들이게 했다. 잘 만들어진 그 길을 나는 걷기만 하면 된다. 바로 필사로 어제와 완전히 다른 삶을 꿈꾸고 있다. 어제 분명 같은 일을 했지만, 필사 속의 오늘은 어제보다 더 발전된 나로 살아가고 있다. 감동과 세포 하나하나에 전율이 흐르는 날들이 구슬처럼 꿰어져 나의 멋진 삶을 장식하고 있다. 나는 자동적으로 필사한다. 어제의 나는 변하고 싶어 했다. 오늘을 사는 나는 성장했다. 달라진 자신을 좋아하며 살아가고 있다. 그런 이유로 가족에게, 친구에게 강제성을 가지고 필사하게 하고 싶다. 보이지 않는 무의식까지도 건드려 깨워주고 싶다. 나는 필사의 힘을 믿는다. 매일같이 나의 깊은 내면과 마주하며 통찰하고 자신만의 길을 닦아 갈 때 느끼는 희열을 나누고 싶다. 내면은 깊어지고 만족스러워지면서. 세상을 바라보는 시선 또한 많이 달라졌다. 나의 삶 자체가 동전의 양면처럼 완전히 변모했다. 진한 감동이 흐르고 불안이 흐르더라도 그 불안이 발 디딜 틈이 없어졌다. 상처입은 감정의 회복 속도도 빨라졌다. 우리의 삶은 유한하다. 유한하기 때문에 아까운 감정을 좀 더 맑게 나만의 향기로 다듬고 만들어 우리의 주변을 좀 더 밝게 하는 데 사용한다면, 현재의 메마른 사고 속에서 감동이 짧고 쉼 없는 삶을 변화시키는 데 일조를 할 거라는 믿음을 전한다. 그래서 나는 필사를 통해 삶의 긍정적인 변화로 순간의 시간을 살뜰히 엮어가면서 매일 매일을 기대하는 행복한 나로 살아갈 것이다. 뭐가 정답이겠는가.

맞다. 나에게 어제와 다른 오늘의 답은 필사였다. 작은 변화부터 아주 큰 변화까지 나의 삶에 영향을 끼쳤다. 내 생활의 일부 시간을 떼어서 시작했던 작은 행동이 습관이 되어 나의 삶 속 깊이 파고들어 삶의 판도를 바꾸어 놓았다. 필사를 거듭할수록 그 시간만큼 이루고자 하는 목표에 도달하려고 하고 있다. 현재도 진행 중이다. 새로 생긴 목표 덕분에 나는 또 분발하고 분발했다. 사람이 의식적으로 생각하는 것은 무의식의 5%밖에 안 된다고 한다. 나의 의식적인 행동이 무의식에 잠재되어 있는 능력의 최대치를 끌어내려고 계속 필사할 것이다. 그 끝에 있는 나의 멋진 모습이 궁금하고 기대되기 때문이다. 분명하게 달라진 나의 필사 후의 모습은 나 자신의 긍정적인 행동에 대한 보상이다. 필사!!!

꼭 해보라고 권한다. 나의 정신을 깨워준 덕분에 나는 아주 사소한 것에서도 행복을 찾을 수 있다. 필사하다 보면 글쓰기가 궁금해지고 글 쓰는 방법을 터득하기 위해 필사를 또 한다. 그렇게 글 쓰는 삶을 살아진다. 글을 쓰면서 우리 주변과 내 삶에 늘려있는 이야깃거리를 놓치지 않고 관찰하게 되고 그 속에 있는 가치와 메시지를 찾게 된다. 호기심은 나를 지루하지 않게 만든다. 다양한 필사의 효과로 삶이 전에 없이 소중해진다. 그리고 가슴에 품은 진정성 있는 생각으로 자유롭게 여백을 채울 수 있을 것이라 확신한다. 나는 나 자신을 지켜볼 것이다. 필사가 지금의 나를 얼마나 더 나은 나로 발전시킬 것인지 기대된다. 오늘도 어제보다 나은 나를 위해 도전 중이다. 어제와 다른 오늘을 살고 싶은가? 주저할 시간이 없다. 필사를 통한 변화를 꼭 경험해보길 강력히 권한다.

PART. 6

캐나다의 풍경만큼
필사는 감동이다

곽리즈

「 캐나다의 풍경만큼 필사는 감동이다 」

'**감동이란** 사람의 마음을 움직이는 느낌을 말한다.'

감동은 우리 생활 가운데 잔잔하게, 때로는 강렬하게 찾아오기도 한다. 감동에는 여러 종류가 있다. 사람을 통해서 받는 감동, 자연이 주는 감동, 예술적인 감동, 삶의 전환점에서 받은 감동들이 있다. 감동은 사람마다 그 느끼는 크기나 정도가 다르다. 감동은 우리에게 여러 가지 유익함을 제공해 준다. 감동은 건강에 유익할 뿐 아니라, 창의력과 학습능력에도 영향을 미친다. 감동을 자주 받는 사람들은 그렇지 못한 사람들보다 더 건강하고, 스트레스를 덜 받고, 친절하다는 특징이 있다고 한다. 보통 감동이란 것은 처음 접하는 경험에서 강하게 느낄 수 있다. 어떤 일을 시작했을 때 느낌이 좋았다면 흔히들 우리는 '감동하였다'라고 말한다. 특히, 엄마들이라면 공감할 수 있는 '첫아이의 출산'은 잊을 수 없는 예시가 될 것 같다. 그런가 하면 사물을 통해서도 감동은 우리 뇌를 끝없이 자극한다. 처음 받은 인상 깊은 것, 그 느낌이 바로 감동이다.

처음 필사라는 것을 알게 되었다. 글을 쓰기 위해서는 필사를 해야 한다고 했다. 막연하게 알고 있었지만, 필사에 대해 아는 것이 없었다. 주위에서 들어본 적도 없었다. 신기한 것은 필사하고 부터 나의 생활에는 변화가 일어나고 있다. 나는 나 자신의 내적 변화를 보면서 감동하였다. 처음 필사책으로 N 작가의 저서인 《내 인생 첫 책 쓰기 비법은 필사이다》를 선정했다. 나는 그 책을 필사하면서 많은 동기부여를 받았다. 그리고 포기하지 않고, 꾸준히 필사한다면, 글을 쓸 수 있겠다는 확신이 생겼다. 필사로 인해 감동한 마음은, 날마다 빠지지 않고 필사를 하게 했으며, 스스로 만든 루틴을 지켰다. 필사는 내 삶의 잔잔하면서도 강력한 것들로 채워 주었다. 필사는 내적으로 나를 성장 시키며 많은 감동을 안겨 주었다.

캐나다의 혹독한 추운 겨울이 지나고 봄이 오는 소리가 들린다. 내가 사는 토론토에는 민들레꽃이 봄소식을 알린다. 5월에 들어서면서 민들레가 꽃을 피우기 시작해서 5월 중순에서 하순이 되면 민들레꽃은 절정에 이른다. 이맘때가 되면. 토론토 천지가 민들레 꽃밭을 연상케 한다. 캐나다의 겨울잠에서 깨어난 민들레는 공원 가득, 꽃을 피운다. 꼭 한국의 유채밭을 보는 것 같다. 사람들은 민들레꽃에 매료되어 사진을 찍는다. 온 세상을 노란 정원으로 수놓은 민들레는 해마다 내 마음을 설레게 하고도 남는다. 나는 민들레의 아름다움에 감동한다. 매서운 추위를 이기고 얼굴 내민 민들레가 사랑스럽고 대견하기도 하다. 자연이 주는 오묘한 경이로움으로 감탄이 저절로 나온다. 나는 지천에 민들레 꽃이 만개하기 전에 텃밭에서 민들레를 캔다. 잎이랑 꽃봉오리를 상관하지 않고 모두 캔다. 그리고 새콤달콤 매콤한 겉절이를 담는다. 그 쌉싸름한 맛은 일품이다. 입맛 없는 봄날에 입맛 돋우는 데는 최고이다. 보약이 따로 없다. 봄날에 자연이 주는 최고의 건강선물인 유기농 자연식품이다. 민들레는 봄철에 자연이 주는 감동의 먹거리이다. 민들레는 《동의보감》이 인정한 해독제이다. 《동의보감》에는 민들레에 관해 '성질은 평하고 맛은 달며 독이 없다. 부인의 유 옹과 유종을 낫게 한다. 열독을 풀고 악창을 삭히며 멍울을 해치고 식 독을 풀며 체기를 없애는데 아주 좋은 효과를 나타낸다'라고 기록돼 있다. 추운 겨울을 이기고 봄에 만난 민들레 겉절이는 우리 건강에 한몫을 톡톡히 한다. 겨울 동안 움직임이 둔하여 쌓아 놓았던 우리 몸속의 독소와 염증을 청소하는 천연 해독제이다. 이번 봄에도 민들레 겉절이 한 접시로 봄 보약을 먹었다.

공원과 지천에 피어난 민들레 꽃을 보면, 감동이 저절로 온몸을 감싼다. 민들레 겉절이는 풋풋하고 새콤달콤 매콤한 맛이 손이 저절로 가게 한다. 필사도 그렇다. 처음 시작한 필사를 통해 작지만 큰 울림이 있는 반응을 보며 감동했다. 아침기상부터 감동이다. 생각지도 못했는데, 나는 일찍 일어나려고 노력한다. 일어나서 필사를 미룰 수 없다. 자연스럽게 누가 깨우지 않아도 일어난다. 해야 할 일을 집중하게 한다. 오늘 할 일을 내일로 미루지 않고 스스로 한다. 생각한 것은 반드시 행동으로 옮긴다. 필사는 몸속에 필요 없는 잡생각, 부정적인 생각들을 떠나보낸다. 꼭 민들레의 효능처럼, 삶의 찌든 찌꺼기들도 떨어져 나간다. 정신이 맑아진다. 민들레가 우리 몸속의 독소를 빼내고 염증을 청소하듯, 필사도 나의 삶의 잔잔한 감동과 함께, 정신을 정리하고 내면을 깨끗이 청소를 해준다. 필사하면서 생각이 깊어지게 된다. 사사로운 것으로 다투고 싶지 않다. 작은 신경전으로 에너지를 낭비하고 싶지도 않다. 남의 글을 읽고 쓰지만, 필사를 통해서 내 삶을 되새김질을 하게 된다. 필사는 정신적인 건강을 선물해 준다. 필사는 곧 나를 발견하게 한다. 단시간의 이런 변화에 감사하며 감동하며, 나는 필사를 멈출 수 없다.

단풍의 나라 캐나다!

　캐나다는 가을이 되면 도시 전체가 아름답다. 그 아름다움을 글로 다 표현하기 어렵다. 화가의 화폭에 담기에 힘들 정도로 그 색채의 섬세하고 화려함과 아름다움은 감동 그 자체이다. 오크, 단풍, 자작나무들의 변화는 다양한 볼거리를 제공한다. 캐나다는 가을 풍경을 감상할 멋진 명소로 여러 곳이 있다. 명소가 아니더라도 가을에는 어디를 가더라도 도시 전체의 풍경은 아름답고 멋진 모습이다. 단풍의 아름다움을 볼 수 있는 곳은 많이 있다. 무스 코카, 아가와 캐년, 수생 마리, 천 섬, 북미의 알프스라고도 불리는 몽트랑블랑, 이곳들은 내가 다녀온 곳들인데, 가을을 감상하기에 좋은 대표적인 곳으로 유명하다. 특히 단풍 구경으로 아름답기로 유명한 곳, 숨 막히는 아름다움을 주는 알곤 퀸 주립공원(Algonquin Park)은 올해(2023년) 북미 최고의 단풍여행지로 선정됐다. 전 세계 건축과 풍경이 잘 어우러진, 단풍여행지 21곳 중에서 최고의 장소로 캐나다에 있는 알곤 퀸 주립공원이 차지하게 됐다. 이토록 캐나다의 가을은 감동을 넘치게 준다. 나는 점심시간이 되면 산책을 하러 나가곤 한다. 특히, 가을 산책을 즐긴다. 점심시간 1시간 내내 산책한다. 형형색색 아름다움을 뿜어낸 나무들 사이사이를 걷는다. 숲길을 걸으면서 나도 모르게 상쾌한 기분과 함께 행복해진다. 마음도 맑고 밝아진다. 기분도 좋아진다. 감사도 절로 나온다. 가을 산책은 내 삶의 새 힘을 불어 넣어 준다. 가을을 통해 받은 좋은 감동의 에너지는 몸을 힐링시킨다. 해마다 느끼는 감동은 다르지만, 좋은 기운은 같은 것 같다. 가을은 나를 황홀함에 빠지게도 한다. 점심시간 혼자 보는 가을이 참 아깝다. 캐나다의 가을은 내 마음을 울리는 감동을 한 아름 선물해 준다.

가을을 만나러 떠나는 산책처럼, 나는 필사를 날마다 꾸준히 한다. 이 좋은 필사를 혼자 하는 것이 아섭다. 나는 필사하는 아침이 기다려진다. 빨리 글을 읽고 쓰고 싶어진다. 필사하지 않으면 주어진 숙제를 안 한 것 같다. 허전해진다. 필사하면서 좋은 문장을 만나면 마음에 새긴다. 하루를 살아가면서 그 좋은 문장은 나와 함께 하며 감동을 준다. 생각 없이 무턱대고 살아왔던 날들에 비하면 필사를 통해 내 삶이 정리되고 앞으로의 삶도 설계해 보게 된다. 그리고 필사하면서 마음에 새겨진 문장들은 내 삶에 적용하려고 노력한다. 그러다 보니 필사는 내 삶을 변화시킨다. 문득 이런 생각도 든다. '이 좋은 것을 미리 알았더라면 지금쯤 더 나은 삶을 살지 않았을까?' 그러나 지금이라도 필사를 알게 되어 감사하다. 필사는 하면 할수록 감동을 풍성히 준다. 내가 느낀 이런 잔잔한 감동들을 필사를 모르는 사람들에게 알려주고 싶다. 필사하면 풍성한 감동들이, 남은 삶을 더욱 의미 있고 만족스러운 삶으로 다듬어 줄 것이라고 확신한다.

'캐나다의 풍경만큼 필사도 감동이다.!' 필사는 우리 삶에 큰 매력을 주는 감동 덩어리이다. 나는 자연을 통해 받은 감동으로 건강을 챙기고, 필사를 통해 받은 감동으로 내적, 외적 성장을 경험한다. 감동은 개개인이 어떻게 받느냐에 따라, 어떻게 느끼느냐에 따라서 다르다. 나는 잔잔한 삶 속에서 느껴지는 감동들이 좋다. 자연을 통한 감동이 일시적이라면, 필사를 통한 감동은 지속성이 있다. 가을 산책을 통해서 황홀감에 빠지고 가슴이 두근두근하는 감정은 한순간이다. 그러나 필사를 통해 변화된 삶은 내 삶의 작은 변화들로 나의 미래의 긍정적인 삶에 이바지한다. 필사를 통해 정해진 루틴은 빠지지 않고 지금도 지켜지고 있다. 내 안에 있는 내면 아이와 무언의 약속이기 때문이다. 기특하다. 아침 일찍 일어나자마자 우선순위로 필사를 한다. 혹, 아침에 못했을 경우는 잠자기 전에 마무리하고 잔다. 이렇게 척척 알아서 해내는 나의 모습이 잔잔한 감동을 준다. 나는 필사하면서 작가의 관점에서 글을 써 보기도 하고 독자로서 또 다른 아이디어를 찾아보기도 한다. 필사는 내 일상 가운데 넉넉한 감동으로 채워 준다. 캐나다의 풍경도 아름답지만, 필사 또한 내적 성장에 풍성함으로 채워 주는, 나다움이 어떤 것인지 깨닫고 느끼게 한 감동의 선물이다.

『 필사가 부른 긍정적 사고! 』

'당신은 긍정의 힘을 믿나요?'

　나는 긍정의 힘을 믿는다. 그리고 긍정적인 사람을 좋아한다. 대부분 긍정적인 사람은 부정적인 사람들 보다 일의 능률이 높다. 늘 명랑하며 진취적인 성격을 가진 사람들이 많다. 보통 긍정적인 사람들은 스트레스가 적고 삶의 질도 높다. 어려운 상황 가운데서도 긍정적인 생각으로 문제해결 능력이 뛰어나고 좌절하지 않는다. 본인이 힘든 시기에도 상대방을 위로할 줄 아는 넉넉한 마음의 소유자이기도 하다. 긍정적인 사고는 대부분 건강에도 영향을 끼친다고 생각한다. 고질병에 노출되었다 하더라도 긍정의 힘을 믿고, 병이 나을 것을 믿는다면 그 병은 깨끗해질 것이다. 자! 긍정의 힘을 믿고, 웃음을 잃지 않고 살아가 보자. 그 기운은 다른 사람에게도 영향을 주어서, 좀 더 따뜻하고 밝은 사회가 되지 않을까? 생각한다. 긍정적인 사고는 지금 우리 사회 전반에 무엇보다도 우선 적으로 필요하다고 생각한다. 갈수록 우리 사회는 개인주의 발달로 메말라가고 있다. 스스로 긍정적인 사고를 한다는 것이 쉽지 않겠지만, 노력해 보도록 하자. 여기에 필사라는 대안을 제시하고자 한다.

나는 책을 읽고 필사하면서 날마다 성장하고 있다는 사실을 발견한다. 나는 필사하기 전에, 아침에 일어나자마자 습관처럼 주식과 코인 정보를 확인하는 것으로 하루가 시작되었다. 그리고 하루 중 조금이라도 시간이 생길 때마다 그것들의 정보가 궁금해서 견딜 수 없었다. 당연히 퇴근 후, 잠자기 전까지 도표를 보고 뉴스와 세계정세를 보고, 주식과 코인 정보를 확인하는 것이 내 삶의 루틴으로 자리 잡혀 있었다. 그동안 주식과 코인 투자는 나의 본업과 같은 부업이었다. 적어도 주식과 코인은 수년간 내 삶의 많은 부분을 차지하고 있었다. 그런데 필사를 하면서부터 내 오랜 습관은 말끔히 사라졌다. 내가 생각해도 고질적인 병처럼 여겨졌던, 나의 습관이 사라진 것은 신기했다. 지금은 아침에 일어나자마자 필사를 한다. 이제는 필사가 내 삶의 일부분이 되었다. 주식이나 코인 정보를 볼 때는 피곤하고 어깨며 손가락이 아팠었다. 온몸이 늘 찌뿌둥했었다. 그런데 타자 필사 이후, 그때보다 더 많은 시간을 필사하고 책 보는 것에 시간을 투자하는데, 몸은 피곤하지 않다. 오히려 목표가 있는 필사이기 때문에, 감사하고 행복하다.

큰아이 민우가(David) 3살이 되었을 때, 나는 민우에게 장기를 가르쳤다. 내가 어렸을 때 익힌 실력으로 민우에게 가르쳤다. 나는 어릴 때 남동생과 종종 장기를 두었던 기억이 난다. 지금 생각해보니, 장기는 내 유년시절에 남동생과 함께할 수 있었던, 소중한 추억이 되었다. 장기의 짝은, 궁(宮), 차(車), 포(包), 마(馬), 상(象), 사(士), 졸(卒), 병(兵)이 있다. 장기는 초(楚)와 한(漢)으로 나눈다. 보통 초는 녹색이나 청색이고 한은 빨간색으로 되어있다. 캐나다에서 태어난 민우에게 우리 것을 가르치되 집중력을 키워주고 싶은 마음에서 장기를 선택했다. 민우는 장기를 잘 따라했고, 장기사랑은 특별했다. 나중에 커서 장기를 가르치는 선생이 되고 싶다고 말했다. 민우는 늘 싱글벙글 잘 웃는 해피 보이였다. 그런 민우가 초등학교에 들어갔다. 학교 공부를 마치고, 오후 프로그램에 체스클래스(Chess Class)에 등록했다. "엄마, 체스가 장기랑 비슷한데, 장기보다 더 쉬워요." 민우는 눈을 반짝이며 너무 즐거워했다. 초등학교 5학년 때 학교대표로 킹스턴으로 (Kingston) 개인전 대회를 갔다. 그곳에서 4승 1패로 최우수상을 차지했다. 좋은 성적을 거둔 민우는 체스에 대해 자신감과 용기를 얻었다. 안타깝게도 체스 토너먼트는 주일날이 많았다. 나는 주일날에 토너먼트를 못가니, 체스를 그만두라고 했다. 민우의 장기 사랑은 식을 줄 몰랐고, 인터넷을 통해 혼자서 체스 연습을 꾸준히 하였다. 결국, 민우는 꿈을 이루었다. 토론토 체스 협회에 가입된 체스 선생이 되었다. 현재 대학생인데, 학교에 다니면서 주중에 협회가 지정해준 학교에 가서 아이들을 가르친다.

이처럼, 장기와 체스는 큰아이 민우에게 긍정적 사고와 행동을 하게 했다. 그리고 멋진 꿈도 이루었다. 그것처럼 필사도 그렇다. 혹, 나태하고 무기력한 삶을 좀 더 의미 있는 삶으로 바꾸고 싶지 않은가? 그렇다면 필사를 해 보길 권한다. 혹, 매사가 짜증스럽고 부정적인 생각에 사로잡혀 있지 않은가? 필사는 우리의 사고를 긍정적으로 살아가도록 도와준다. 긍정적 사고가 열린 마음을 갖게 한다. 열린 마음은 여러 사람에게 긍정의 에너지를 전달한다. 필사는 정신건강에도 도움이 된다. 우리의 삶의 질을 한층 높여준다. 필사가 부른 긍정적 사고는 결국 본인을 통해 긍정적인 행동을 하게 한다. 그리하여 건강한 정신에 건강한 육체를 깃들게 한다. 필사는 당신을 기뻐하고 행복해하며 감사가 절로 생기게 할 것이다. 우울한 사람들과 함께하면 우울해지기 쉽다. 필사하는 사람들과 함께하고, 긍정에너지를 갖고 원하는 삶을 필사에서 찾아보자. 필사가 답이다. 필사가 부른 긍정적 사고는, 올해 나에게도 성경 일독을 하는 데 도움을 주었다.

　나는 죽기 전에 《성경》을 내 나이만큼 읽어 보고 싶었다. 그런데 《성경》은 읽어도 그때그때 받는 감동과 깨달음은 다르다. 그리고 《성경》은 어려워서 이해가 잘 안 되는 부분도 많다. 늘 그랬듯이, 《성경》은 분량도 많아서 처음부터 끝까지 읽기가 쉽지 않았다. 나는 《성경》을 읽으면서 늘 궁금증이 있었다. 어떻게 하면 《성경》을 다른 역사책처럼 쉽게 읽고 술술 전할 수 있을까? 그러던 중 《어! 성경이 읽어지네》 강의를 등록하게 되었다. '아 하자'(아름다운 하나님의 자녀)를 외치며 구약 강의를 봄학기에 마쳤다. 필사를 시작할 9월에 신약 강의를 들어야 했다. 퇴근 후 듣는 수업은 쉽지 않았다. 그것은 많은 양의 《성경》 범위를 읽어야 했다. 부교재 범위도 읽고, 진주 나눔(그날 수업에서 배운, 느낀 점, 새롭게 깨달은 점, 생활에 적용하고 싶은 점)도 글로 써서 단체 카톡에 남겨야 했다. 힘들 것 같아 가을학기를 잠시 내려놓으려 했었는데, 필사하면서 얻은 긍정의 힘을 믿고, 등록하고 말았다.

　《어! 성경이 읽어지네》 시대순으로 차근차근 배울 수 있어서 좋았다. 지도를 보면서 배우는 것도 새로웠다. 여러 명이 함께 배우니까 혼자 하는 것보다 수월했다. 강사들의 열정이, 열심히 강의에 집중하게 했다. 그러나, 퇴근 후 수업은 쉽지 않았다. 나는 너무 졸려 레몬차를 벌컥벌컥 마신 적도 여러 번 있었지만, 필사하면서 생긴 긍정적인 사고는 《어! 성경이 읽어지네》 전체 과정을 마칠 수 있게 도와주었다. 여러 차례 어려운 고비가 있었지만, 수업을 빠지지 않고 자리를 지킬 수 있게 도왔다. 필사는 내가 시작한 일에 대한 기대를 늦추지 않게 했다. '믿음은 바라는 것들의 실상이요. 보지 못하는 것들의 증거니'《성경》 히브리서 11장 말씀처럼, 필사로 얻은 긍정적인 사고는 나에게 앞날에 대한 긍정적인 안목을 갖게 했다. 어려운 고비를 넘기면 반드시 좋은 날도 있을 것이라고 확신하며《어! 성경이 읽어지네》를 마칠 수 있게 되었다. 덕분에 나는 올해《성경》일독을 성공하게 됐다. 이렇듯 필사는 나에게 유익을 주었다. 긍정적인 사고는 내 삶을 바꾼다. 그리고 보람도 느끼게 한다. 필사를 통해, 어렵게만 느껴졌던《성경》읽기를 완주했다. 긍정적인 사고는《어! 성경이 읽어지네》 강사 코스를 도전 하고 싶은 마음을 갖게 했다. 필사는 도전을 두려워하지 않고, 기회로 여길 줄 아는 마음 자세를 갖게 했다.

필사가 부른 긍정적 사고는 우리 삶의 전반적인 부분에서 필요하다. 그래서 나는 많은 사람에게 필사하라고 권하고 싶다. 내가 만난 필사는 잔잔한 기쁨과 행복을 선물한다. 고단한 삶의 생수와 같은 기적이 있다. 요술 램프 지니처럼 바라고 원하는 삶을 살 수 있도록 우리의 내면을 단단하게 키워준다. 필사하기 위해서는 덤으로 책도 읽게 된다. 읽게 되는 책을 통해서 여러 가지 배움을 갖게 된다. 나는 그동안 책에 대한 편식도 많았었다. 아니, 부끄러울 정도로 거의 책을 가까이하지 못하고 살았었다. 그런데 필사를 하고부터는 어떤 책을 선정해서 읽을까? 즐겁고 행복한 고민을 한다. 책을 읽고 필사하고 싶은 책들이 많다는 것이다. 필사는 나에게 단시간에 놀랍도록 많은 변화를 가져다주었다. 물론 필사하는 자체는 힘들지 않고 쉬울 수 있다. 그러나 반드시 인내와 성실함은 필요하다. 필사를 진행하다 보면, 언젠가 당신도 글을 쓰고 싶은 마음이 생길 것이다. '천 리 길도 한 걸음부터'라는 말이 있듯이 한 걸음 한 걸음 천천히 해 보길 바란다. 필사는 분명 당신의 앞날의 나침반과 같은 길잡이가 되어줄 것이다. 필사가 부른 긍정적 사고! 는 당신을 통해서 꿈을 이루는데 일조할 것이다. 꿈이 있는 당신!!! 필사에 도전해보길 바란다.

『 필사는 자기 돌봄이다 』

'**호사유피** 인사 유명 (虎死留皮 人死留名)'

"호랑이는 죽어 가죽을 남기고 사람은 죽어 이름을 남긴다."라는 뜻이다. 이 고사성어는 내 나이 또래라면 아마도 모르는 사람이 없을 정도로 많이 들어 왔을 것이다. 나는 어릴 때부터 이 고사성어를 자주 들었다. '호랑이는 죽어 가죽을 남긴다', 그럼 나는 어떻게 해야 이름을 남길 수 있을까? 에 대한 질문을 스스로 던지곤 했었다. 그러나 나에게는 특별한 달란트가 없었다. 언제부터인지 기억이 나지 않지만, 나는 소소한 일상을 짧은 글을 쓰고, 사진을 찍어서 카카오스토리에 올리기 시작했다. 그리고 우리 아이들에게 "있잖아, 나중에 엄마가 없어져서, 엄마가 보고 싶으면, 카카오스토리를 열어봐 거기에 우리들의 추억과 엄마의 삶이 있어"라고 말해 준 적이 있다. 나는 글을 쓰고 싶었다. 죽기 전에 내 이름으로 된 책을 남기고 싶었다. 그러나 방법을 몰랐다.

어느 날, 우연한 기회에 필사를 알게 됐다. 내 이름을 남기기 위한 작은 몸부림이 필사를 통해 시작되었다. 필사를 해보니, 좋은 것들이 많다. 필사하기 전에는 몰랐었는데 내 삶의 소중함을 새록새록 깨닫고 나 자신을 돌보는, 나를 발견하게 되었다. 그리고 나를 사랑하기 시작했다. 나는 내 삶이 소중한 만큼 남의 삶도 소중하다는 것도 깨닫게 되었다. 내 삶이든 남의 삶이든 함부로 대하고 싶지 않았다. 세상이 따뜻하고 아름다워 보였다. 나는 '걸작품'이다. 세상에 하나밖에 없는 멋진 나이다. 모든 것들이 나를 위해 존재하는 것처럼 보였다. 그냥 남의 글을 베껴 쓸 뿐이었는데, 필사는 나에게 좋은 에너지로 가득 채웠다. 나의 남은 삶은 지금보다 더 의미 있고 값비싼 인생을 살아 내야겠다고 다짐을 하게 되었다. 필사는 나를 스스로 사랑하며, 자신을 돌볼 수 있게 만들었다.

나는 1997년 7월 초에 캐나다에 처음 오게 되었다. 그때 나의 몸무게는 45kg으로 제법 날씬했다. 그런데, 결혼하고 나서 20kg

정도 불어난 몸무게는 20여 년을 살면서 좀처럼 줄어들지 않았다. 출산 후 아이의 몸무게만 빠지고 나머지는 그대로 내 몸에 붙어 있었다. 나는 살을 빼기 위해 여러 가지 노력을 해 보았다. 음식조절, 만 보 걷기, 식욕조절, 다이어트약을 복용, 헬스장, 금식. 이 모든 것들은 체계적으로 실천하지 않으면 소용이 없었다. 그런데 나는 큰아이 민우랑 함께 한국을 방문하기로 했다. 1년이란 기간을 두고 몸을 관리 하기로 계획했고 그것을 실천에 옮겼다. 나는 18:6 간헐적 다이어트를 시작했다. 살을 빼기 위해서 간절한 마음으로 간헐적 다이어트를 시작했고, 만 보 걷기, 훌라후프도 틈틈이 했다. 음식은 아침은 공복 상태를 유지, 점심은 서리태를 갈아서 2컵 정도를 마셨다. 저녁은 고기랑 채소, 과일 식을 먹되 3달 정도는 탄수화물은 거의 먹지 않았던 것 같다. 처음에는 모든 것이 쉽지 않았다. 그러나 나는 날씬해진 내 모습을 상상하며 했다. 결혼 전의 입었던 옷들을 옷장에서 꺼내 입어 보면서 다이어트를 정성껏 했다. 1년 동안 다이어트를 한 결과, 나는 20파운드를 빼는 데 성공을 했다. 20파운드는 거의 10kg 정도를 줄인 셈이다. 나의 옷들은 L 치수에서 S 치수로 모두 바꾸어야 했다. 직장에서 동료 선생님들이 "Liz became a completely different person."이라고 부러움을 샀다.

필사는 외모뿐만 아니라 나 자신을 스스로 돌보도록 자극한다.

나를 포함해서, 많은 사람은 외모를 가꾸기 위해서 노력을 하며 시간을 투자한다. 나도 그랬다. 사람들은 필라테스, 요가, 라인댄스, 줌 바, 에어로빅과 같은 곳에 돈을 들여서라도 기를 쓰고 외모를 가꾼다. 그리고 외면의 아름다움을 유지하기 위해 파마, 염색, 얼굴 맛 사지, 문신, 새 옷도 사 입고 고급 화장품도 마다하지 않고, 명품으로 치장을 하기도 한다. 그러나 정작 사람들은 내면을 돌보는 일에는 반응이 둔한 것 같다. 아니, 내면을 돌보는 것에는 신경을 쓰지 않거나, 아이디어가 없거나, 소홀히 대한다. 어떤 이들은 자신의 삶은 없고, 엄마 또는 아내로 사는 삶을 훌륭히 살고 있다. 자식이나 남편 또는 아내를 위해 평생을 희생만 하고 자신은 아예 돌보지 않는다. 그것이 미덕이고 최선이고 정상이라 생각한다. 그러던 어느 날, 세월은 흘러 나이가 많아졌을 때, 아차! 하고 본인의 정체성을 되찾기 위해 노력한다. 안타까운 일이다. 뒤늦게 후회한들 소용없다. 그러나 혹시, 지금이라도 내면의 아름다움을 추구하고 자신을 스스로 돌보고 싶다면, 필사를 추천하고 싶다. 필사는 공허한 당신의 마음을 새로운 것들로 채워 주는데, 큰 힘이 되어 줄 것이다. 필사만큼 자신을 돌보기에 좋은 일이 없다고 본다. 삶에 지쳐서 당신의 자존감이 바닥을 쳤다면, 필사가 자존감을 높여줄 것이다. 당신은 없고 남편 또는 아내와 아이들의 삶으로 가득했던 삶을, 당신을 알아차리고 돌볼 수 있는, 당신의 소중한 삶을 되찾아 줄 것이다. 필사는 단순한 것 같지만 그 안에 무한한 에너지들이 작용하고 있다. 지금이라도 늦지 않았다. 필사하면서 소중한 당신의 삶을 돌보길 바란다.

'필사는 소중한 당신의 삶을 돌보기 위해 내면의 소리에 귀를 기울이게 한다. '내면이 아름다운 사람!', 작년부터 내 카톡 대문 사진에 내가 올려놓은 내 마음의 소리이다. 왜 그런 문장을 올렸는지 그동안은 몰랐었다. 그냥 그렇게 되고 싶은 내 마음을 살짝 엿볼 수는 있었다. '내면이 아름다운 사람!' 내가 생각해서 써 놓은 글귀이지만, 마음에 들었다. 내면이 아름다운 사람으로 감사가 넘치고 풍성하길 내 마음은 원했던 것이다. 필사하면서 나는 내 마음의 소리를 듣고, 알아차리게 되었다. 필사는 올해 가을에 시작했는데 내 마음은 작년 겨울부터 외치고 있었다. 나는 그동안 내 마음의 소리에 귀 기울이지 못했고, 내가 무엇을 하고 싶은지, 무엇을 원하는지, 무엇을 말하고 싶은지, 무엇으로 나를 채우고 싶은지, 그동안은 몰랐다. 적어도 필사를 하기 전까지는 몰랐다. 필사하고부터 내가 조금씩 나 자신을 돌보기 시작했는데, 나는 나의 간절함이 무엇인지 하나씩 알아차리게 된 것이다. '내면이 아름다운 사람!'이 되려면 어떻게 해야 할지 그동안은 고민해 본 적이 없었다.

나는 필사를 하면서 나를 되찾고, 알아차려 간다. 세상을 바라보고 느끼는 관점들이 달라지는 것을 실감한다. 나는 말과 생각과 행동이 나를 나타낸다는 것을 알아차리게 되었다. 왜냐하면, 필사가 글쓰기의 시작이기 때문이다. 글은 내 삶이 고스란히 묻어나기 때문이다. 내 삶은 정직하게 써야 한다. 나를 가까이에서부터 멀리서 바라보는 여러 사람이 읽을 수 있기 때문이다. 나를 가장 잘 아는 가족이나 친구들이 읽을 수 있기 때문이다. 필사는 나의 내면을 들여다보는 큰 힘이 있다. 그러면 혹자는 필사가 만병통치약이냐고 물어볼 수 있다. 궁금하다면 한번 필사를 해보길 권하고 싶다. 혼자만 알기에 너무 아까운 필사이기에, 해본 사람들만이 서로 느끼고 공감되는 부분이다. 감히 필사가 요술 램프라고 말하고 싶다. 필사는 사람마다 다르게 내적치유나 문제들을 해결해주기 때문이다. 특별히 나는 필사를 통해서 성찰하는 습관이 생겼고, 나 자신을 살뜰히 챙기는 것을 볼 수 있다.

분명 필사는 자기 자신을 돌본다. 내 인생의 가을이 시작된 지금, 나는 아직 좋은 열매를 맺었다고 말하기에는 이르다. 스스로 열심히 살았다고는 생각하는데, 특별하게 대단한 일을 한 결과물은 없기 때문이다. 그런데 필사를 하면서부터 나의 앞으로의 삶에 대해서 깊이 생각해보게 되었다. '호랑이는 죽어서 가죽을 남기고, 사람은 죽어서 이름을 남긴다.'라고 했다. 나는 과연 무엇을 남길 수 있을까? 그렇다. 나도 내 이름 석 자를 남겨 보자고 다짐을 했다. 글을 쓰며 사는 삶이 외롭지 않을 것 같았다. 글이 나의 친구가 되고, 내 삶이 글이 되어주면 되니까. 나는 오늘도 필사를 미루지 않고 하고 있다. 내 인생에 가을이 더 깊어지기 전까지 필사는 계속 진행될 것이다. 누군가가 나에게, 내 인생에 어떤 열매를 맺고 싶은지 묻는다면, 나는 주저하지 않고 대답하고 싶다. 생각과 말이 글이 되고, 글이 삶이 되는 그런 삶을 살고 있다고 말하고 싶다. 글을 쓰는 삶으로 독자들에게 진심으로 다가가며 위로와 감동을 주는 작가가 되고 싶다. 인생의 마지막 날, 아름다운 소풍이었다고, 후회 없이 잘 살았다고, 많이 행복했었다고, 말할 수 있도록 나 자신을 잘 돌보고 싶다. 나를 사랑하며 글을 쓰면서 사람들에게 좋은 에너지를 전해주는 나로 살아가고 싶다. 이런 모든 마음을 갖게 한 것은 바로 필사이다. 나는 필사를 하면서 변화되어 가는 나의 모습 가운데 내면의 채워짐을 바라보며 뿌듯한 하루를 시작하게 된다. 나는 날마다 필사를 하며 하루하루를 기대한다. 내가 하는 말과 생각과 행동이 내 인생을 만들어간다. 나는 나를 더욱 소중하게 생각하고 사랑하며, 아름답게 가꾸고 돌봐야겠다. 필사는 나의 외면과 내면을 아름다운 사람으로 가꾸어주는 통로가 되었다.

「 긴 글쓰기에 자신감이 붙는다 」

필사에 불이 붙기 시작했다. 그것은 긴 글쓰기에 자신감을 가지게 했다. 그 자신감은 긍정의 힘과 함께 더 강한 자신감이 생기게 되었다. 그것으로 인해, 나는 결국 내 글을 아니, 책을 쓰게 됐다. 그동안 나는 기존 작가들에 비하면 필사 속도가 매우 느렸다. 타자를 빨리 쳐도 오타만 늘어날 뿐, 속도는 늘지 않았다. 그래도 나는 포기하지 않고 '할 수 있다.'라는 신념으로 필사를 이어나갔다. 필사 30일 차, 나도 기적을 맛보게 되었다. 꿈만 같았던, 나의 필사 시간이 단축되었다. 1꼭지 필사가 기존 작가들은 30분 정도면 된다는데, 그동안 나는 1시간 이상이 걸렸다. 필사 30일쯤 되었을 때 40분으로 시간이 단축되었다. 이것은 30일 만에 이루어 낸 엄청난 큰 성과이다. 그때 생각을 하면 지금도 기분이 좋아진다. 이것은 단지 속도만의 성과가 아니다. 심리적으로도 글쓰기에 대한 자신감을 가지게 했으니, 두 마리 토끼를 잡은 것이다.

타자 속도에 자신감이 붙자 나는 욕심을 내어 보았다. 날마다 1꼭지(A4 2장~2장 반) 필사를, 2꼭지 필사를 하기로 했다. 기존에 투자했던, 필사 시간을 생각하면 할 만했다. '많이 읽고, 많이 쓰고, 많이 생각하자'라는 마음으로 목표를 정하고 진행했다. 스스로 나를 믿고 나와의 약속을 지켰다. 그리고 필사 2달째 2권을, 3달째 3권의 통 필사를 하게 됐다. 결과물이 있으니 당연히 자신감이 더 생겼다. 2달째부터 공저 쓰기가 시작되었다. 잘 할 수 있을 것 같았다. 그런데 막상 시작해보니, 글을 어떻게 써야 할지 막막했다. 강의를 들어도 그것을 100% 이해를 했던 것이 아니었다. 그냥 글을 막 써 보았다. 그리고 피드백을 받았다. 그때 당시에는 그 피드백도 이해가 100% 되는 것이 아니었다. '시간이 약이다.' 라는 말이 있다. 시간이 지나고 나니 이제는 좀 알 것 같다. 처음 시작은 누구나 어려울 수 있다. 그러나 포기하지 않으면 좋은 결과를 기대해도 된다. 처음에는 자신 없지만, 그것을 반복적으로 지속 했을 때 반드시 결과물을 만들 수 있다. 그 결과물과 함께 자신감도 생긴다.

추수감사절이(Thanksgiving Day) 되면 캐나다 사람들은 추수감사절 대표 음식인 터키를 굽는다. 나도 아이들이 어렸을 때부터 터키를 굽기 시작했다. 터키 굽기는 정성도 정성이지만, 시간이 많이 들어간다. 공을 들여야 작품이 예쁘고 맛이 부드럽게 만들어진다. 처음 터키 굽기의 의도는 '민우(David)와 어진(Joseph)이가 학교에서 기죽지 말고 잘 적응 했으면 좋겠다.' 싶어서 시작하게 되었다. 학교에서는 매년 추수감사절이 다가오기 전부터 선생은 아이들과 이야기 나누기를 한다. 아마도 모든 교사들의 기본 질문들일 것이다.

"What special day is coming?"

"What are some Thanksgiving foods?"

"What will you eat?"

추수감사절 연휴가 지나고 학교에 가면, 친구들도 교사도 또, 터키 이야기를 하게 된다.

"Did you eat turkey?"

"How did it taste?"

나는 코리언 캐네디언으로 살아가는 우리 아이들의 (민우, 어진) 자존감을 살려 주고 싶었다. 멋도 모르고 시작했던 첫 터키 구이, 온종일 부엌에서 보내게 될 줄은 몰랐었다. 준비된 터키 요리 과정을 보고 또 보고를 여러 번 했다. 쉽지 않았다. 일주일 전부터 9kg이나 되는 터키를 사서 해동해서 염장하고, 마사지하고, 굽는 과정에서 어려움이 많았다. 그러나 결국 터키를 다 구워서 아이들에게 (민우, 어진) 맛을 보여주었다. 나는 마음이 뿌듯했다. 이제는 달라졌다. 나는 해마다 터키를 굽는다. 지금은 누가 뭐래도 터키 굽는 것은 자신이 있다. 어떻게 하면 속까지 촉촉하게 부드럽게 먹을 수 있게 구울 수 있는지 터키 굽기는 자신감이 있다.

글쓰기도 마찬가지로, 터키 굽기와 같은 이치라고 생각하면 된다. 누구든 처음은 쉬운 것이 없다. 자신 있게 시작하기란 쉽지 않다. 그러나 결과물을 바라보고 시작한다면 다를 수 있다. 목표가 있다면 용기를 내어 보길 바란다. 자신감은 위기를 극복하는 데 힘이 된다. 이번 크리스마스를 맞아 나는 1주일 전부터 터키를 사서 준비했다. 이젠 터키 굽기에 자신감이 생겨서, 추수감사절만 굽는 것이 아니라 부활절도 굽고 크리스마스 때도 굽는다. 자신감은 일을 편안한 마음으로 수월하게 할 수 있게 한다. 글쓰기도 그렇다. 시작이 있으면 반드시 끝이 있다. 포기하지 않는다면 긴 글쓰기도 거뜬히 잘 할 수 있다. 나는 긴 글쓰기는 공저를 쓰면서 나아지고 있다. 긴 글쓰기도 처음이라 어려웠지만, 지금은 할만

하다. 긴 글쓰기도, 작가라는 분명한 목표가 있으니 자신감이 붙는다. 나는 나에게 주어진 6꼭지를 1꼭지씩 완성해 가면서 큰 성취감을 맛보았다. 그 성취감으로 인해 긴 글쓰기의 자신감은 덤으로 붙었다.

긴 글쓰기는 공저 쓰기를 하면서 시작됐다. 그동안은 SNS를 통해서 짧은 글은 수없이 많이 써 보았다. 그러나 긴 글쓰기는 처음이다. 생각과 달리 A4 2장 이상 써야 하는 양의, 긴 글쓰기가 쉬울 리 없었다. 특히, 나는 외국에서 오래 살아서 글을 쓰다 보니 영어식 문법으로 글을 쓰고 있었다. 뭐가 뭔지 글이 뒤엉켜 있었다. 썼던 글을 지우고 다시 주어를 앞으로 넣어 쓰기를 여러 번 했다. 글이 안 써질 때도 있었다. 여러 생각들로 마음을 어지럽게 했다. 글쓰기 진도가 진행되지 않고, 멈춰버리길 여러 차례 있었다. 그럴 때, 나 자신에게 질문했다.

'왜 내가 이렇게 불편하게 살지?'

'그냥 이전처럼 편하게 내가 하고 싶은 것을 하고 살까?'

'E-book을 오래 사용하니 눈이 망가질 것 같아서 싫어.'

'넌 눈을 원해? 작가 타이틀을 원해?'

'글쓰기를 그만둘까?'

'아냐, 내 이름으로 된 책을 내고 싶어.'

'그럼, 잠잠히 멈추지 말고 성실히 글을 쓰도록 하자.'

나는 필사도 긴 글쓰기도 나와의 싸움이란 것을 깨달았다. 나는 내면 아이를 달래며 꾸준하게 필사를 할 것을 당부했다. 누구나 처음 하는 일들은 시행착오가 있기 마련이다. 나는 차츰 글쓰기가 적응되었고, 점점 긴 글쓰기에 자신감이 생기게 되었다.

아침이 되면 내 루틴은 여전히 글쓰기로 시작된다. 긍정의 마인드셋이 되어있기 때문이다. 누구나 어려운 고비들이 다 있었을 거라고 마음은 나를 다독거린다. 그리고, 내면 아이는 '느리지만, 천천히, 끝까지 지치지 말고 하자'라고 나를 격려해 준다. 처음에는 나도 글을 쓴다는 자부심이 대단했다. 사람들에게 글을 쓴다고 이야기도 하게 되었다. 그런데 첫 꼭지 제목을 대하자 가슴이 답답해졌다. 내 마음속에 있던 글들이 다 어디론가 사라져 버렸다. 머리가 하얗게 되었다. 어디서부터 어떻게 글을 이어나가야 할지 답이 나오지 않았다. 이제는 글쓰기를 취소할 수도 없는 상태이다. 내가 맡은 6꼭지를 끝까지 마무리해야만 한다. 그런데 서론-본론-결론의 형태도 만들 수가 없었다. 이론상으로 아는 것과 실전은 아주 달랐다. 동료 작가들과 소통도 해 보았다. 각자 가진 고민이 있었다. 나는 그냥 무작정 써 보기로 했다. 그러던 과정 중 드디어 공저 초고를 마쳤다. 1꼭지, 2꼭지 3꼭지를 마무리하면서 나는 자신감이 생겼다. 그 자신감이 마지막 꼭지를 쓸 수 있도록 나를 지탱해 주었다. 자신감은 내가 긴 글쓰기를 쓸 수 있도록 단단하게 잡아 주었다. 자신감은 성취감이라는 또 다른 기쁨을 맛보게 했다.

　긴 글쓰기에 자신감은 꾸준함에서 생긴다. 누구나 처음은 서툴다. 처음은 어려울 수 있다. 그러나 과정을 반복하다 보면, 어렵게 느껴지지 않는다. 내가 긴 글쓰기를 시작했을 때, 처음은 갈 길이 멀었다. 앞이 캄캄했었다. 그런데 포기하지 않고 꾸준히 했더니 주어진 내 몫을 마무리하게 되었다. 나는 긴 글쓰기의 자신감을 얻고 생각난 것이 있다. 자기 자신을 믿고 칭찬을 하자. '나는 할 수 있다.'라고 자기 자신을 격려해 보아라 내 안에 있는 아이는 나를 믿고 힘을 얻어, 자신 있게 긴 글쓰기를 도전할 것이다. 긴 글쓰기의 자신감은 어린아이가 언어를 배울 때와 같다고 본다. 처음 아이가 '옹알이'를 할 때 그 '옹알이'를 잘 받아주면 아이는 언어의 자신감을 느끼고 더 열심히 '옹알이'를 하고 말문이 트인다. '옹알이'는 아이의 미래 언어 능력을 나타내는 신호이기 때문이다. 이제 자신감을 느끼고 긴 글쓰기에 서슴지 말고 도전해보길 바란다. 멈추지 말고 꾸준히 그리고 반복의 효과를 기대하면서 긴 글쓰기를 시작해보길 바란다. 긴 글쓰기를 하다 보면 자신감이 생기고, 글을 쓰며 작가로의 삶을 살아가는 당신을 만날 수 있게 될 것이다.

『 무조건 필사!!! 권한다 』

날마다 필사하는 나!

나는 캐나다에 살고 있다. 해외에서 필사하는 나는, 국내에서 필사하는 작가들에 비해, 여러 가지 불편한 점들이 많다. 처음 필사를 하기 위해 해외에서 책 주문과 배송방법에 대하여 알아보았다. 배송비는 책값보다 비싸서 감당이 안 되었다. 한 권당 배송비가 책값보다 비쌌다. 배송기간은 비행기로는 10일, 배편으로는 2~3달 정도의 기간이 필요했다. 배송비가 비싸고 배송기간이 길어서 나는 E-book을 필사책으로 사용하기로 했다. E-book을 선택한 것은, 결제된 후 바로 필사할 수 있다는 신속함과 편리함 때문이다. 그러나 책을 주문하기 위해 결재를 하는데 해외카드 결제가 원활하게 진행되지 않아서 곤욕을 치르곤 했다. 하루는 책한 권 주문을 위해 퇴근 후 잠자기 전까지 결재 버튼을 누르고, 취소하고, 다시 누르고를 여러 번 반복했다. 정말 피곤했다. 결국은 잠자기 전에 결재가 되어 다행이었고 기쁨은 컸다. 나는 필사를 할 때 컴퓨터 2대를 한꺼번에 사용한다. Notebook에는 E-book을 펴놓고, Desktop으로는 타자 필사를 한다. 책상 공간도 많이 차지하고 모니터 화면을 통해서 눈도 많이 피로하다. 하지만 나는 오늘도 필사를 쉬지 않고 하고 있다.

아침에 일어나서 제일 먼저 필사를 시작한다. 하루 중 가장 먼저 손이 가고, 마음이 가는 것이 필사이다. 나는 필사를 최우선순위로 정해 놓았다. 하루 루틴 중 가장 먼저 필사로 아침을 맞는다. 나는 필사를 시작한 후부터 버릇이 하나 생겼다. 하루라도 필사를 쉬면 허전한 마음이 든다. 꼭 애인을 안 보면 보고 싶은 것처럼 필사를 안 하면 그렇다. 사랑하는 사람을 만나러 가는 것처럼 설레는 마음으로 필사하는 시간이 기다려진다. 어떻게 보면, 필사는 애인보다 더 좋다는 생각이 들 때도 있다. 애인은 한 번씩 의견대립이 생겨서 다툴 때도 있지만, 필사는 오히려 깊은 사고와 긍정적인 마음과 자신감을 주기 때문이다. 필사는 글을 쓰기 위해 메시지를 찾아야 하는 번거로움도, 글을 어떻게 쓸까? 고민하며 아이디어를 찾아야 하는 수고도 필요하지 않다. 그냥 남의 글을 베껴 쓰면 된다. 쓰다 보면 그 글 안에서 나만의 메시지를 찾게 된다. 남의 글을 베끼기만 하면 되니까 필사는 쉽다. 나는 현재 날마다 1꼭지를 필사하는데, 한 꼭지는, A4 2장 정도 분량이다. 놀랍게도 현재 나는 A4 2장 쓰기도 가능하게 되었다. 처음 필사는 글을 쓰기 위해 시작했다. 나는 필사를 하면서 내 생각들이 많이 정리되는 것을 보았다. 평상시에 생각하지 못했던 내 마음의 생각들을 더 깊이 생각하고 행동하게 되었다. 나는 필사를 하면서 삶의 여러 가지 변화들이 찾아왔다. 그래서 내가 필사를 날마다 하는 이유이다. 필사로 인한 나의 변화들을 정리해보자면 다음과 같다.

첫째, 의식이 변화된다.

필사하면서 가장 먼저 의식의 변화가 시작된다. 보통 새로운 것에 도전하기를 망설이는 경우가 종종 있다. 필사하기 전에는 '나도 나중에 책을 쓰고 싶다.'라고 생각에만 그쳤다. 책을 쓰기 위해 자료를 찾아볼 용기도, 노력도 없었다. 책을 쓰기 위해 무엇이 필요한지 어떻게 쓰는 것인지 어떻게 하면 책을 쓸 수 있는 건지, 어떤 방법으로 해야 하는지, 생각만 했었지 알아보지 않았다. 하지만 필사를 하면서 생각은 완전히 달라졌다. 필사하면 할수록 자신감이 넘친다. '나도 내 이름으로 된 책을 써야지. 나는 할 수 있어!'라며 나를 스스로 응원한다. 필사는 우리 눈에는 보이지 않지만 분명, 정신을 지지해 주고 있다.

둘째, 깊은 사고를 한다.

일상을 글감으로 바라보는 힘이 생긴다. 소소한 일상을 글감으로 글을 쓰게 된다. 일상을 통해 Why? 라는 질문을 자주 하게 된다. 좋은 일이든 나쁜 일이든 상관없다. 모두 글감의 소재가 될 수 있다고 생각하고 생각의 늪으로 종종 빠지게 된다. 일상을 통해서 내면의 세계에서 글을 끄집어내 메시지를 전달할 힘을 키우게 된다. 필사하다 보니 사물을 바라보는 관점과 시각이 달라졌다. 내 주위 모든 일과 환경을 바라보며 글의 소제와 아이디어를 찾게 된다. 필사는 좀 더 깊이 생각하고 바르게 행동하는 나침판과 같은 역할을 한다. 그래서 보다 나은 나를 만들어 준다. 깊이 사고함으로 영혼이 살찌는, 삶의 질이 한층 좋아지고 평온해진다.

셋째, 긍정적인 마음을 갖는다

세상이 나를 중심으로 만들어진 듯, 아주 긍정적인 마음을 갖게 된다. 필사가 주는 최고의 효과인 듯하다. 그럴 수밖에 없는 것이 필사하다 보면 본인의 글을 쓰고 싶게 된다. 글을 쓰다 보면 글 자체가 본인의 삶이기 때문에 사고의 변화가 주어진다. 삶이 아름답고 좋아야 글도 멋지고 감동이 되는 글이 나올 것이다. 나를 사랑해야 남도 사랑할 줄 알고, 남의 글을 써보아야 나의 글도 쓸 수 있다. 필사는 나를 '걸작품'으로 인정하게 된다. 필사를 통해 사라졌던 자존감이 솟아난다. 긍정적인 마음은 다른 사람에게 긍정적인 에너지를 전달해 주는 역할을 한다.

넷째, A4 2장 쓰기에 도전한다.

필사는 손 근육, 마음 근육을 단련해준다. 날마다 A4 2장을 꾸준히 베껴 쓴 결과, 나는 책을 통 필사를 했다. 지금은 5권째 책을 필사 중이다. 나 자신도 놀란다. 책을 읽는 것에 그치지 않고 읽고 쓰는 것을 동시에 하고 있다. 한꺼번에 두 마리 토끼를 잡은 셈이다. 나는 2권의 책을 필사한 후, A4 2장 쓰기를 시작했다. 글을 전혀 써 보지 않았던 나로서는 손도 못될 쓰기를 지금은 하고 있다. 필사하다 보니 A4 2장 쓰는 감을 잡았다. 가랑비에 옷이 젖듯이 필사를 하니 자연스럽게 글 쓰는 감을 잡고 글쓰기가 익혀진다. 글을 쓰기 원하는 당신이라면 글쓰기 연습용으로 필사를 하길 권해본다. 글쓰기의 비법이 1꼭지 필사이다.

다섯째, 긴 글쓰기가 가능해진다.

나는 날마다 1꼭지 글을 필사한다. 처음 한 꼭지 필사할 때, 1시간 이상이 걸렸다면, 지금은 40분 정도 걸린다. 다른 작가들보다 느린 편이었다. 나는 영문 표기된 키보드를 사용한다. 옛날에 내가 익힌 한글 자판을 생각하며, 타자하고 있다. 한 번씩 틀린 글을 수정하려면 여러 번 키보드를 눌러 보는 수고도 해야 한다. 1꼭지 필사를 하면서 2달 정도 시간이 지나니, 처음에는 보이지 않던 것들이 보이기 시작한다. 글의 짜임새가 서서히 눈에 들어온다. 글은 서론-본론- 결론으로 이루어진다. 이 글쓰기의 짜임새가 서서히 익혀지기 시작한다. 필사는 남의 글을 따라 쓰는 것이지만 필사를 통해서 나의 글쓰기에 힘이 붙는다. 글쓰기의 기본은 날마다 1꼭지 필사를 하는 것이다. 하다 보면 자연스럽게 긴 글쓰기를 하는 자신을 발견하게 될 것이다.

무조건 필사해라! 필사는 다른 사람의 글을 베껴 쓰는 것이지만 여러 가지 우리에게 유익한 점들을 가져다준다. 특히, 필사를 통해서 A4 2장 쓰기의 감을 배우고, 필사하는 동안 생긴 손 근육과 몸 근육을 통해서 자연스럽게 내 글도 쓸 수 있게 된다. 나는 감히 말하고 싶다. 내 글을 쓰기 위한 최고의 스승은 다름 아닌 필사이다. 무조건 필사부터 하라고 권하고 싶다. 필사하게 되면 내 글은 자연스럽게 쓸 수 있으니 글쓰기 염려는 안 해도 된다. 혹, 자존감 회복을 원한다면? 삶의 질을 높이고 싶다면? 의식의 변화를 경험하고 싶다면? 깊은 사고, 긍정적인 마인드 셋이 필요하다면? 내 이름으로 된 책을 쓰고 싶다면? 필사의 좋은 경험을 체험하고 싶다면? 주저 말고 시도해 보길 바란다. 처음 필사를 시작하는 당신을 위해 나는 몇 가지 당부하고 싶다. 날마다 필사를 하길 권한다. 꾸준함을 이길 무기는 없다. 날마다 하다 보면 언젠가 내 글을 쓸 기회가 주어진다. 시간을 정해 놓고 해라. 하루 루틴 중에 가장 먼저 하는 것도 나쁘지 않다. 일어나자마자 필사를 하면 나중에 일이 생겨 못하는 경우가 없이 날마다 할 수 있기 때문이다. 처음 필사를 할 때 책 선정이 가장 중요하다. 앞으로 어떤 글을 쓰고자 계획하는지 그 주제에 맞추어서 작가들의 인생 첫 책을 필사책으로 선정하길 바란다. 작가들의 인생 첫 책이야말로 쉬운 책이다. 인생 첫 책은 처음 필사하기에 좋은 책이다. 초보 글쓰기에 부담 없이, 많은 도움이 될 것이다. 필사! 정말 필요하다. 무조건 권한다. 나이 상관 말고 한 살이라도 젊었을 때 시작하는 것이 인생을 더욱 값있는 삶으로 인도해 줄 것이다.

『 베끼고, 쓰고, 공유하자 』

내가 〈책성원〉을 알게 된 계기는, 올해 봄에 거의 26년 만의 한국방문을 계기로, 친구랑 연락하게 되었다. 친구는 글을 쓰고 있다고 넌지시 얘기했다. 나도 친구처럼 글을 쓰고 싶었다. 그래서 친구에게 "나도 글을 쓰고 싶어."라고 말했다. 친구는 흔쾌히 "너도 할 수 있어" 하면서 〈책성원〉을 소개해 주었다. 내 초등학교 꿈 중 하나가 작가가 되는 것이었다. 그 꿈은 내가 살아가면서 한 번씩 생각났고, 어렴풋이 글을 쓰고 싶다는 막연한 생각도 들 때가 있었다. 나는 친구랑 연락한 후, 스멀스멀 책을 쓰고 싶은 마음이 더욱 강해지는 것을 느꼈다. 친구를 통해서 N 작가를 소개 받았다.N 작가를 통해 〈책성원〉 오픈 톡 에 합류하며 예비작가로서 해야 할 기초 작업을 시작하게 되었다.

〈책성원〉에서 필사를 시작하기 전, 먼저 공지사항을 여러 번 읽어 보았다. 이해 안 가는 부분이 있어서, 복사해서 또 여러 번 읽어 보았다. 작가들이 사용하는 전문 용어들이 여럿 있었다. 처음에는 못 알아듣는 단어도 있었다. 나는 작가들과 함께 같은 공간에 있다는 것만으로도 내가 작가가 된 듯이 마냥 행복했다. 나는 N 작가가 일러준 대로 끈기, 노력, 열정, 이 삼박자를 잘 기억하고, 꾸준히 유지해 보자고 다짐했다. 〈책성원〉 작가라면 날마다 해야 하는 미션이 3가지 있다는 것을 알게 되었다. 그리고 나는 그 미션을 날마다 준수해야 한다는 것을 알았다. 나는 오늘도 〈책성원〉의 미션을 수행하기 위해 주말이지만 일찍 일어나서 타자를 두드리고 있다. 〈책성원〉의 3가지 미션은 다음과 같다.

첫 번째, 필사해라.

필사는 남의 책을 베끼는 행위이다. 필사에는 손 필사와 타자 필사 2가지가 있다. 나는 처음에 필사는 꼭 손으로만 해야 하는 줄 만 알았다. 그러나 타자로 할 수 있는 필사도 있었다. 〈책성원〉에서는 타자 필사를 하고 있다. 타자 필사는 필사할 책을 펴 놓고 컴퓨터에서 자판을 두드리며 글을 베끼는 것이다. 〈책성원〉에서는 하루 한 꼭지 필사를 권하고 있다. 나는 날마다 일어나자마자 필사로 하루를 시작한다. 필사는 작가가 되기 위한 기초 학습과 같은 것이다. 나는 글쓰기에 대한 아이디어를 전혀 갖고 있지 않았다. 그러나 필사를 통해서 글을 어떻게 쓰는 것인지 차근차근 알아가게 되면서, 글쓰기에 대한 매력을 알게 되었고 자신감도 얻게 되었다. 처음 한 달을 빠지지 않고 꾸준히 필사했다. 그동안 궁금했던 책 쓰기에 대한 비법과 같은 해답도 필사하는 책을 통해서 알게 되었다. 내가 처음으로 선정한 필사책은《내 인생 첫 책 쓰기 비법은 필사이다》멘토 N 작가의 저서이다. 그 책 속에 책을 어떻게 써야 하는지 자세하게 책 쓰기에 대한 부분이 나와 있다. 나는 날마다 필사를 하면서, 서서히 글쓰기를 배우면서, 성취감도 느끼게 되었다.《내 인생 첫 책 쓰기 비법은 필사이다》이 책은 나에게 책 쓰기를 위한 교과서와 같은 책이었다. 내가 글을 쓰기 위해 존재했던 스승과 같은 책인 것이다. 필사는 남의 책을 그냥 베낀다고 생각했지만, 글을 쓰기 위한 기초 작업이라는 것을 절실히 느낀다. 책 쓰기를 시도하고 싶다면, 먼저 남의 책을 베껴보길 권한다. 필사하면서 해답을 찾을 수 있을 것이다. 부담스러워 말고 날마다 정해진 시간에 편안한 마음으로 필사해보자. 남의 글을 베끼다 보면, 어느새 나도 모르게 1꼭지 글을 쓰고 있는 자신을 발견하게 될 것이다.

두 번째, 감상문을 써라.

〈책성원〉작가들은 하루 1쪽지 필사를 목표로 한다. 그리고 그것에 대한 감상 글을 쓰는 것이다. 감상 글은 필사한 책의 내용에서 내가 그날 감동한 메시지나 마음의 큰 울림이 있어서 삶에 적용하고 싶은 것이 있다면 그것을 내 생각과 함께 잘 버무려서 쓰면 된다. 또는, 본인에게 주어진 소소한 일상들을 소재로, 자연스럽게 글을 쓴다. 형식은 없다. 글은 많이 써보아야 글쓰기에 대한 거부반응이 줄어든다. 〈책성원〉에서는 날마다 꾸준히 글을 쓰는 것을 독려한다. 나도 필사를 한 후에는 가능한 글을 쓰려고 노력하고 있다. 글 속에는 내 삶이 고스란히 들어있기 때문에, 글을 쓸 때만큼은 정직해진다. 글을 쓸 때 거짓말을 할 수 없는 것은 글은 실제로 보이지는 않지만, 나의 모습이 거울에 비친 실제의 모습과 같기 때문이다. 처음에 글을 쓴다는 것이 쉬운 것은 아니었다. 필사 후, 글의 짜임새를 알고부터는 더 쉽지 않았다. 그것은 내 속에 엉클려져 있는 생각들을 정리해서 조리 있고 설득력 있게 글로 표현해야 하기 때문이었다. 누군가가 내 글을 읽었을 때, 글의 포인트가 무엇인지 알기 쉽게 전달해야 하는데 잘 안 되었다. 그러나 이젠 걱정하지 않는다. 형식 없는 글이라도 자꾸 써 보기로 했다. 부담 없이 자꾸 써 보는 과정에서 한 줄 쓰던 글이 두 줄이 되고 두 줄이 열 줄이 되면서 지금은 1쪽지 글을 쓰는 내가 되었기 때문이다. 자꾸 쓰면 쓸수록 쓰기에 둔감해 있던 신경들이 변해서 글쓰기 실력은 늘어난다. 요즘 나는 깊은 내면의 세계에서 글을 끄집어내서 정리하고 쓰게 되는, 글쓰기 매력에 조금씩 빠져들고 있다. 만약 당신도 글쓰기를 원한다면, 먼저는 필사 후 감상문을 써보길 바란다. 당신도 멀지 않아 글쓰기 매력에 푹 빠질 것이다.

세 번째, 공유해라

〈책성원〉 작가들은 필사하고, 감상 글 쓰고, 공유하는 시스템을 날마다 준수해야 한다. 나는 인스타그램은 몇 년 전에 가입해 놓고 사용은 하지 않고 있었다. 나는 보통 카카오스토리나 페이스북이 편했기 때문에 더는 새로운 SNS를 만들고 싶지 않았다. 그동안 경험에 의하면 SNS상에는 사기꾼들이 많이 있었다. 실지 피해 보신 분들도 만났었다. 그래서 나는 외국인은 거의 차단하고 개인 정보는 안 올린 지 오래되었다. 그동안 나는 SNS상에서 남의 사진과 이름을 도용하는 악의적인 일을 하는 사람들을 봐왔고 그 사람들을 직접 추적해서 이야기도 나누어 보았다. 그 사람들을 어떻게 할 방법이 없다는 것을 알고, 나는 개인 정보는 안 올리고 있다. 그런데 〈책성원〉을 통해 다시 새로운 활동을 시작한다. 요즘 인스타그램에 필사 후 그날그날 쓴 글을 사진을 찍어서 올리고 있다. 그리고 감상 글도 쓰고 공유하면서 SNS상에 나를 브랜딩하고 있는 중이다.

세상은 많이 변해서 자기 홍보 시대가 되었다. 이력서를 쓸 때나, 면접 볼 때도 본인의 장점에 관해서 쓴다. 면접관 앞에서 당당하게 자기의 장점을 설득력 있게 잘 얘기해야 한다. 요즘 출판사에서도 온라인 인맥을 중요시하며 인스타그램과 블로그가 있는지 먼저 물어본다고 한다. 그것은 책을 출판할 작가가 얼마만큼 온라인 브랜딩이 되어있는지 확인하는 것이다. 출판사에서도 '온라인 인맥이 좋은 작가'를 원하고 있다. 〈책성원〉 작가들은 인스타그램이나 블로그를 통해서 필사한 후, 글을 쓰고 공유하는 일을 날마다 잊지 않고 하고 있다. 작가 개인의 브랜딩을 책을 출판하기 전에 미리 준비해 두는 것이다. 그리고 〈책성원〉 작가들은 오픈 채팅방에 이와 똑같이 글을 공유한다. 그 결과 작가들끼리 서로 도전이 되고 격려가 되며 힘이 되어 준다.

베끼고, 쓰고, 공유하는 것은 결국 나를 작가로 당당히 설 수 있게 한다. 그것은 나를 퍼서 널 브랜딩을 하는 활동이다. 시대에 뒤처지지 말고 시대에 맞게 발맞추어 살아남는 자가 되자. 필사하고. 글 쓰고. 공유하는 일은 나를 사람들 앞으로 한 발짝 가까이 나아가게 하는 것이다. 원하고 바라고 기대하는 삶을 살아보고 싶지 않은가? 내 삶을 보다 업그레이드시키고 싶지 않은가? 미지근한 내 삶을 생기 넘치는 삶으로 만들고 싶지 않은가? 변화를 재창조해 보자. 먼저 소소한 일상이라도 글로 내 맘을 표현해 보자. 시간을 내어서라도 글쓰기 삶에 도전해보길 바란다. 만약, 당신이 쓴 글이 있다면, 당당히 사람들에게 공유하자. 어쩌면 내가 공유한 글을 통해 누군가에게는 힘이 되고 위안이 될 수도 있다. 베끼고. 쓰고, 공유하는 것, 작은 일인 것 같지만, 결단코 그렇지 않다. 작가의 길을 가고자 원한다면, 베끼고, 쓰고, 공유하기를 생활화해라. 그리고 열정을 갖고 해 보길 바란다. 누군가에게는 이 작은 행동이 큰 변화와 기적으로 나타날 것이다. 누군가에게는 위로와 삶의 새로운 전환점을 맞이하게 될 것이다.

PART. 7

필사로 단단한 삶,
원하는 삶을 살아라

나애정

「여러 권을 출간했지만, 나는 지금도 필사한다」

인생 첫 책을 쓴 것이 어제께 같은데, 벌써 5년이란 세월이 흘렀다. 나는 지금도 여전히 책을 쓰고 있다. 혼자서도 쓰고 함께도 쓴다. 다행스러운 것은 함께 쓰는 시스템을 만들어 그 시스템도 2년째 유지하고 있다. 작게 시작한 온라인 모임에서 글을 쓰고 책을 쓰고 싶은 사람들을 나는 도와준다. 간절한 마음으로 책을 쓰고 싶지만, 그 구체적인 방법을 몰랐던 사람들에게 나의 책 쓴 경험과 노하우를 전달하고 공저도 함께 쓴다. 이런 시스템을 구축함으로 인해 사람들이 인생에 한 번 있을까 말까 한 책 쓰기를 시도할 수 있게끔 한다. 그리고 나 자신도 계속 공저를 쓴다. 10월인 지금, 벌써 3권을 출간했고, 앞으로도 이 해가 다 가기 전까지 2권이 더 출간될 예정이다. 한해 총 5권 출간한다. 내가 쓰는 책은 주로 나의 실제 삶을 사례로 해서 한다. 아마도 모든 작가가 자기계발서를 쓸 때는 그런 방식으로 쓸 것이다. 자신의 경험이 책이 되는 것이다. 소중한 경험과 노하우를 올 한해만 해도 5권에 수록했다는 것에 나는 큰 의의를 둔다. 나의 일상적인 경험이 그 누군가에게 소중한 정보가 될 수 있다. 또한 생각지도 못한 아이디어를 얻게 하는 계기도 된다. 특히, 책 쓰기를 주제로 한 책은 책을 쓰고자 하는 사람들에게는 소소한 것일지라도 가치 있는 꿀팁이 될 것으로 생각한다. 이렇게 한 해 5권의 책을 쓰는 내가 게을리하지 않고 하는 일이 있는데 그것이 바로 필사이다. 필사를 통해서 나는 많은 영감을 얻는다.

2018년부터 지금까지 15권 이상의 책을 출간한 내가 필사를 꾸준히 하는 이유가 무엇일까? 스스로 생각해보았다. 필사는 내가 첫 책을 쓸 때, 잘 써지지 않아서 궁여지책으로 생각해낸 방법이었다. 자기계발서를 쓰기 위해 가장 기본이 되는 분량인 A4 2장을 쓰기 위해 고민을 했다. A4 2장은 그 당시, 나에게 넓은 지면이었다. 그전에 한 번도 써보지 않은 분량이었다. A4 2장만 써낸다면 이것을 36번 이상 써서 책 1권 분량을 써낼 수 있다고 하는데,

나에겐 A4 2장 쓰기도 버거웠다. 머리로는 어떻게 쓰는지 다 안다. 서론, 본론, 결론으로 나누어서 쓰면 된다고 했다. 서론은 본론 글을 암시하면서 가볍게 시작하면 되고 본론은 내가 가장 하고 싶은 메시지를 담으면 되고 결론은 전체적으로 재강조하면서 마무리하면 된다. 말이 쉽지 막상, 쓰려고 하면 쉽지 않다. 그야말로, 감흥이 없는 이론일 뿐이었다. 오로지 몸으로 쓰면서 익혀야 하는데 그 과정이 생략되었기에 A4 2장을 써내는 것은 처음부터 쉽지 않다. 그래서 생각했던 것은 필사였다. 모방은 위대한 창조의 어머니라고 했는데, 수영하듯이 자전거 배우듯이 A4 2장 쓰는 것도 누군가가 써놓은 글을 베껴 쓰다 보면 나도 쓸 수 있겠지 하는 단순한 마음으로 시작했었다. 이 아이디어는 신의 한 수였다. 깊은 잠재의식 속 위대한 자아가 나에게 해결법을 알려주었다고 지금도 생각한다. 그렇게 자판으로 필사를 시작해서 결국, 나는 A4 2장을 써냈고 지금까지 필사에 대한 가치를 깊이 느끼고 있다. 기성작가가 되었지만 그래도 필사를 꾸준히 하는 이유는 다음과 같다.

첫째, 필사는 매일 글을 쓰게 한다.

처음 글을 쓰려면 막막하다. 무엇을 어떻게 써야 할지 난감하다. 하지만 필사는 그대로 베껴 쓰면 되기 때문에 그 막막하고 난감한 마음이 사라진다. 세상 쉬운 것이 필사라는 생각을 하게 된다. 그런데 처음부터 필사를 생각하는 사람은 많지 않다. 요즘은 필사를 강조하는 글쓰기 교실도 많지만 내가 책을 쓸 때 만해도 필사로 글 쓰는 연습, 책 쓰는 연습을 하는 곳은 없었다. 필사는 그저, 감동이 있고 울림이 있는 문구를 내 마음속에 새기기 위한 하나의 수단으로만 여겼다. 그래서 마음에 깊이 새기기 위해 가벼운 자판 치기가 아니라 손 필사만을 강조했다. 하지만 내 글을 쓸 때는 자판으로 연습해야 한다. 글을 쓰는 방법이 어려우면 안 된다. 힘들게 글을 쓰고 책을 쓰면 작가의 힘든 마음 상태가 고스란히 글에 남는다. 쉽게 술술 읽히는 글을 쓰려면 방법도 쉬워야 한다. 그래서 요즘은 쉬운 자판 치기로 작가들은 책을 쓰고 있다. 필사할 때도 가볍게 자판으로 치면서 글쓰기를 몸에 익히면 된다. 필사는 매일 글을 쓸 수 있게끔 하는 최고의 방법이다.

둘째, 긴 글도 쉽게 매일 쓸 수 있다.

긴 글쓰기는 더 어렵게 느껴진다. 하지만 자판 필사로 남의 글을 베껴 쓰면 긴 글 쓰는 것을 쉽게 할 수 있다. 자판으로 치기 때문에 긴 글도 길게 느껴지지 않는다. 매일 긴 글을 쓴다면 어떤 현상이 일어날까? 상상해보자. 상상하는 것만으로도 재미있을 것이다. 내 글이 달라질 수밖에 없다. 매일 하는데 매일 하는 긴 글쓰기는 점점 좋아지는 것이다. 내 글이 아니지만, 결국 내 글쓰기에 변화가 일어난다.

셋째, 긴 글쓰기를 매일 연습한다.

긴 글 쓰는 최고의 연습 방법은 필사이다. 필사에 대한 가치를 낮게 평가하는 사람이 많다. 베껴 쓰는 것에 대한 무가치함 때문일 것이다. 하지만, 이것은 착각이다. 모방하지 않고 내가 습득할 수 있는 기능은 세상에 없다. 글쓰기도 모방이 필요하다. 모방에서부터 내 글의 성장은 시작되는 것이다. 처음부터 내 글을 쓴다는 생각 자체를 버려야 한다. 처음부터 내 글을 써야 한다는 고정관념을 없애야 필사도 시작하고 내가 쓰는 긴 글쓰기도 좋아진다.

넷째, 긴 글, A4 2장을 연습하면 책도 쓴다.

A4 2장 쓰기 연습은 필사를 통해서 가능하다. 우리가 책을 못 쓰는 이유로 자주 언급하는 것이 시간이다. 시간이 없어서 책을 못 쓴다고 생각한다. 하지만, 사실은 시간이 문제가 되진 않는다. 지금은 시간이 없고 상황도 안 돼서 나는 5년 뒤 책을 쓸 것이라고 말하는 사람이 많다. 5년의 세월로 스스로 책 쓰기를 유보한다. 하지만 5년 뒤의 그 날이 되어도 또 5년 뒤 나는 책을 쓸 것이라고 말한다. 책 쓰기는 항상 5년 뒤가 되어서 그날은 영원히 나

에게 오지 않는다. 이렇게 미루기만 하는 가장 큰 이유는 다름 아닌, 긴 글, A4 2장 쓰기가 막막하고 자신 없기 때문이다. 그 막막하고 어려운 것을 극복하기 위해 필사를 하면 되는데, 미룰 생각이 앞서기 때문에 필사라는 방법을 찾지 않게 된다. 기성작가라도 내 책을 쓰지 않는 동안에는 필사를 통해서 A4 2장 쓰는 기술과 감을 유지해야 한다. 기름칠하지 않는 기능은 녹 쓸어 막상 사용하려 할 때 삐거덕거리고 제 기능을 하지 못한다. 그렇듯이 책 쓰는 기능도 마찬가지이다. 책을 쓰지 않는 공백 기간에는 글 쓰는 기능에 녹 쓸지 않게 필사라는 기름칠을 하는 것이다.

다섯째, 내가 계속 책을 쓸 수 있는 비결은 필사이다.

필사가 있어 나는 매일 글을 쓰게 되고 긴 글쓰기도 연습함으로써 막상 책을 쓸 때, 불편함 없이 바로 책을 쓸 수 있다. 책을 쓰려면 목차가 있어야 한다. 목차를 기획하기 전에 컨셉을 잡고 타깃 독자를 선정하여 목차를 만든다. 이 과정이 3주 이상 걸릴 수도 있다. 목차 기획은 글을 쓰는 것과 다르다. 공백 기간에 필사를 통해서 글 쓰는 시간을 갖는다면 책 쓰기의 어려움은 줄어든다. 첫 책을 쓰고 2번째 책을 못 쓰는 사람들은 그동안 글쓰기를 손에서 놓았기 때문이다. 다시 첫 책 쓸 때의 수준으로 기능을 끌어올리려면 쉬었던 시간만큼 노력이 필요하다. 그런 상황이 발생하기 전에 공백 기간에 필사한다면 마음먹었을 때 바로 책을 쓸 수 있을 것이다.

　초보 작가도 기성작가도 필사는 해야 한다. 초보 작가라면 긴 글쓰기 연습 방법으로 필사만 한 것이 없다. 남의 글을 베껴 써 봐야지 내 글도 그것과 비슷하게 흉내를 내게 된다. 또한, 남이 읽기에 좋도록 글의 형식을 맞추어서 쓰려고 노력한다. 그렇게 필사를 하다 보면 나도 모르게 형식을 갖춘 글을 쓰게 되고 그것이 바탕이 되어 책 쓰기도 원하는 대로 완성할 수 있다. 기성작가가 필사해야 하는 이유는 공백 기간 없이 계속 글을 쓰기 위해서이다. 사용하지 않는 기계는 녹이 슨다. 책 쓰기 기능도 마찬가지이다. 본인이 책을 쓰지 않으면서 책 쓰기를 가르치는 것은 앞뒤 말이 맞지 않는다. 책 쓰기를 가르친다면 스스로 녹 쓸지 않도록 필사라도 하면서 가르쳐야 한다. 필사는 비록 남의 글을 베껴 쓰는 것이지만 필사의 과정을 통해서 쓰는 기능을 그대로 유지하고 향상시킨다. 이것이 바로 꾸준히 글 쓰고 책 쓰는 팁이 되는 것이다. 책을 몇 권을 썼든지, 그 사람에게 필사의 가치는 여전히 퇴색하지 않는다. 그래서 나는 15권 이상을 출간한 지금도 필사를 한다.

고전은 필사로 읽어라

"군자는 두루 친하나 무리를 짓지 아니하고, 소인은 무리 지으나 두루 친하지 아니하다."

〈논어〉에 나오는 문구이다. 이 문구를 보니, 직장에서 무리 짓기를 좋아하는 듯한 사람들이 생각났다. 가족처럼 몰려다니는 사람들이다. 한 사람이 어려운 곤경에 빠졌을 때, 그 사람을 대변하고 무슨 일이 생기면 서로 챙겨준다. 식당에서는 항상 함께 식사하면서 "우린 이렇게 친하답니다."라고 과시하듯 큰 소리로 이야기하고 떠들면서 식사한다. 하지만, 이들을 자세히 들여다보면, 상하관계가 존재하고 서로의 이익을 위해서 '필요악' 같은 관계를 유지한다. 결정적인 순간에는 각자 이익을 챙긴다. 표면적으로 친하다는 것 뿐, 그 외에 무엇이 있나? 하는 안타까운 마음이다. 내가 모르는 진짜 끈끈한 정이 있는 무리도 있겠지만 대부분, 아닌 경우가 많다. 논어를 읽으면서 주변을 돌아보고 나를 되새기며 나 자신을 반성하고 가다듬게 된다. 내 주변에 대한 이해와 판단을 위해 고전을 활용해보게 된다. "군자는 두루 친하나 무리를 짓지 아니한다." 이 말처럼 멋진 말이 있을까? 무리는 보이는 모습이다. 보이는 모습이 좋아 보이고 강해 보이는 것보다는 보이지 않는 내면의 모습에 강함이 있는 것이 군자라는 의미로 이해된다. 두루 친할 수 있는 것은 무리를 지어서 위화감을 조성하지 않고 약자의 편에서 조용히 도움을 주며 전체 조직을 위해서 꼭 나서야 할 때, 나서서 공동체의 선을 위해 노력하는 자야말로 진정한 군자이다. 직장에서도 이런 사람이 있다. 그 사람을 생각하면서 동기부여 받는다. 군자처럼, 그렇게 살아보아야겠다고 생각해보기도 한다.

〈논어〉는 누구나 아는 고전이다. 하지만 읽었다는 사람은 많지 않다. 귀에 익숙하고 유명한 문구들을 간간이 들어서 읽은 듯한 착각이 들지만 사실, 처음부터 끝까지 논어에 대해서 읽은 사람은 적다. 유명한 책인데, 왜 사람들은 읽지 못할까? 이유는 한가지이다. 너무 어렵게 느껴지기 때문이다. 나 또한 그렇다. 세상에 늘려있는 것이 책인데, 굳이 어려운 고전을 읽고 싶지는 않다. 시간도 부족하고 딱히, 논어가 내 삶에 도움이 될 것 같지도 않고 그래서 읽어야겠다고 생각하다가도 포기한다. 하지만 나는 전문적 학습공동체를 하면서 논어를 읽게 되었다. 3명 이상의 교직원이 모여서 주제를 정해 모임을 하겠다고 신청하면 의무적으로 이수해야 할 연수의 일정 시간을 채울 수가 있다. 교사들은 대략 한해 60시간의 연수를 받는다. 전문적 학습공동체를 하면 30시간의 시간을 인정받는다. 사실, 60시간을 연수받기란 부담이 된다. 뭔가를 찾아서 신청하고 업무 중간중간 연수를 들어야 하는데, 번거롭고 바쁘다. 하지만, 〈전학공〉 시간은 공식적으로 주어지니, 모여서 어떤 주제를 가지고 이야기 나누고 공부를 하면 되는 것이다. 그래서 사서교사, 영양교사와 함께 3명이 모여 논어책을 필사하기로 했다. 필사에 대한 가치를 사람들이 속속들이 모르는 경우가 많아서 나는 논어 필사를 해 보자고 제안했다. 다른 선생님은 흔쾌히 좋다고 해서 논어 필사를 시작하게 되었다.

1년 동안 〈전학공〉 시간을 가지고 난 뒤, 어떤 결과물을 제출해야 하는 것은 아니다. 그래도 나는 제대로 한번 해 보자는 생각으로 점심시간마다 논어 필사를 자판으로 치기 시작했다. 점심시간은 공식적으로 내 시간이다. 보건교사의 경우에는 점심시간이 더 바쁘기는 하지만 그래도 아이들이 오지 않는 시간, 짬짬이 논어 필사를 해 보자고 마음먹었다. 한번, 두 번, 필사하면서 나는 〈논어〉에 빠져들었다. 고전이지만, 현시점에서도 얼마든지 적용 가능한 삶의 지혜에 감동했다.

"군자의 덕은 바람이요, 소인의 덕은 풀입니다. 풀은 바람이 불면 반드시 눕습니다."

"군자는 의를 바탕 삼고 예로써 행하며 겸손으로 표현하고 믿음으로 정의를 완성하니 참으로 군자답도다!"

군자의 덕은 바람이고 소인의 덕은 풀이라는 비유가 멋지다. 바람과 풀을 가져다가 군자와 소인을 표현한 것이다. 이런 표현에서 공자 제자들의 표현법을 배워본다. 군자와 소인이란 표현 자체로도 한 번쯤 나 자신을 되돌아보게 한다. 이왕이면 '소인보다는 군자의 삶을 살아야 하지 않을까?'라는 거룩한 생각도 해 본다. 필사가 있어 이런 고전의 내용을 여러 번 반복해서 생각하고 고민하게 된다. 필사가 고마울 따름이다. 필사가 없으면 고전을 읽을 생각을 안 했을 텐데 말이다. 맞다. 어려운 고전을 읽기에 필사가 가장 적합한 방법이다. '필사 독서법'이라고 말하고 싶다. 필사로 고전을 읽을 수 있고 필사로 고전을 읽어낼 수 있다. 왜냐하면 필사는 쉽게 나의 삶에 접근해 오는 가장 쉬운 책을 읽는 방법이기 때문이다. 그럼, 고전을 필사로 읽으면 구체적으로 어떤 효과가 있는지 알아보고자 한다.

우선, 쉽게 고전을 읽기 시작한다.

고전 독서의 두꺼운 벽을 필사라는 쉬운 방법으로 가볍게 넘을 수 있다. 나는 논어를 필사하면서 다른 고전도 필사로 읽어야겠다고 생각하게 되었다. '고전을 왜 필사로 읽을 생각을 못 했을까?'라는 아쉬움을 가지고 나는 다음에는 어떤 고전을 읽을까?

생각 중이다. 〈사마천〉, 〈불교철학〉, 〈칸트철학〉 다양한 책들이 떠올랐다. 필사로는 어떤 어려운 고전도 읽기 시작할 수 있을 것 같다.

둘째, 고전의 핵심 문구들을 더 깊이 마음에 새긴다.

고전이 된 이유는 그 책을 읽을수록 삶에 변화를 안겨주는 명언들이 있기 때문일 것이다. 삶의 명언은 한번 들어서는 몸에 새겨지지 않는다. 눈으로 읽고 손으로 자판 치는 필사를 통해서 시각, 촉각의 감각을 이용해서 더 깊이 마음에 새길 수 있다.

셋째, 마음에 새긴 만큼 삶이 변화된다.

마음에 새겨진 것은 행동으로 나오게 된다. 군자에 관한 이야기를 논어에서 읽었을 때, 군자라는 단어는 내가 군자의 태도와 행동을 하도록 자극한다. 마음에 깊이 새겨진 단어와 문구들은 그렇게 내 삶에 재생된다.

넷째, 필사가 아니면 접하기 힘든 고전을 여러 권 매일 읽을 수 있다.

고전을 필사로 가볍게 접한 우연은 다음에도 이 방법으로 어려운 책들을 읽어야겠다는 아이디어를 얻게 하였다. 고전, 항상 읽어 봐야 하는데 생각만 했지, 그 방법을 바꾸어 볼 생각은 해 보지 않았다. 쉬운 방법으로 접근하면 어려운 책도 조금씩 조금씩 완독이 가능하다는 것을 몸으로 깨닫게 되었다. 고전은 급하게 한꺼번에 읽을 필요는 없다. 필사로 고전처럼 읽기 힘든 책, 여러 권을 읽을 수 있다는 비밀을 알게 되어 정말 다행이다는 생각이다.

필사는 고전으로 읽으면 매일 읽을 수 있다. 고전 읽기의 중요성은 아무리 강조해도 과하지 않다고 본다. 독서를 해 보면, 책의 선택이 중요하다는 것을 알게 된다. 삶의 변화를 이끄는 결정적인 이유가 어떤 책을 읽느냐는 것이기 때문이다. 삶을 바꾸지 않는 책은 아무리 읽고 실천하더라도 크게 삶을 변화시키지 못한다. 일상을 다뤘거나 에세이 같은 책은 소소한 행복감과 만족감을 주기는 하지만 혁신적인 삶의 변화를 이끄는 책의 종류는 아니라고 본다. 독서를 통한 삶의 변화는 역시 고전이나 의식 책이다. 옛날부터 우리의 삶에 지대한 영향을 미치는 고전일 경우 씹을수록 구수한 맛이 배어 나오는 칡처럼 곱씹을수록 우리에게 영감과 변화를 이끈다. 반면에 읽기의 어려움을 내포하고 있어 항상 독서 책으로 후 순위가 되었다. 이제는 아니다. 고전은 특별한 방법으로 읽어야 하고 그 방법이 바로 필사라는 것이다. 이제, 필사로 고전을 읽고, 고전을 내 삶에서 중심을 잡는 책으로 활용하면 좋을 것이다.

「 필사하면 독서 습관도 형성한다 」

새해가 될 때마다 빠짐없이 갖고 싶은 새해 희망 습관 중의 하나가 독서이다. 독서 습관, 쉽게 형성할 것 같지만 호락호락하지 않다. 나에게는 중학생 아들과 딸이 있다. 내가 직장인이면서 부족한 시간을 쪼개가며 책을 쓰고 책을 읽는 이유는 소중한 내 아이들 때문이기도 하다. 아이들은 부모의 뒷모습을 보고 자란다고 했다. 말보다는 직접 행동으로 보여주는 것이 더 중요하다는 의미이다. 그 말처럼 나는 내가 가장 원하는 아이들의 모습을 위해 직접 실천하기로 했다. 말로 하면 반대로 행동하는 사춘기의 아이에게 이것이 최선의 교육 방법이란 생각이다. 그래서 내가 먼저 읽고 쓴다. 하지만, 나의 노력에도 불구하고 아이들이 가장 싫어하는 것이 책을 읽는 것이다. 좋은 책을 사다 주어도 "엄마, 이것은 내가 별로야, 읽고 싶지 않아!"라고 시큰둥하게 말하는 것이 다반사였다. 그래서 이제는 "그럼, 네가 읽고 싶은 책 없니? 엄마가 바로 구매해 줄게!"라고 방법을 바꾸어도 소용이 없다. 독서 자체에 관심이 없는데, 책을 사고 싶을 리가 없는 것이다. 지금은 언젠가는 독서의 가치를 알 거라는 마음이다. 오히려 아이들 때문에 내가 더 책을 가까이하고 어느 곳에서든 짬 시간이 나면 책을 본다. '어떻게 하면 아이들이 책을 읽고, 책 읽기를 좋아하게 만들 수 있을까?' 그 방법을 항상 고민한다.

필사가 독서 습관을 형성한다는 이야기를 듣게 되었다. 동기부여 책으로 1꼭지 필사할 때마다 용돈을 준다고 해서 시작한 필사로 아이는 책의 재미에 조금씩 빠져드는 것 같다고 누군가가 말했다. 맞다. 나도 아이가 초등학생 때 필사를 시켰었다. 두꺼운 "논어"책을 주면서 필사를 해서 점검표에 매일 표시하면서 1달을 채우면 용돈을 주었다. 분량은 중요하지 않았다. 어린아이들이라 글을 읽고 글의 내용을 한 번쯤 생각하는 시간으로 가지면 된다고 했다. 어떨 때는 2줄, 어떨 때는 1줄이었다. 이때의 필사 목적은 글과 친해지고 책과 친해지도록 하는 것이었다. 아이들은 용돈 받는 재미로 필사를 했었다. 하지만 그것으로 독서의 맛을 느끼지는 못했다. 지금 생각하니, 필사 분량이 적었다. 한 줄, 두 줄이었으니, 조금 읽으려고 하면 독서는 중단된 것이다. 진짜 눈으로 책을 읽듯이 쉬운 자판으로 따라서 두드리면서 최소 1장, 2장 정도라도 독서를 했다면 어땠을까? 지금은 생각한다. 어떤 습관을 들이기 위해서는 방법이 중요하다. 어떤 방법을 사용했느냐에 따라 원하는 목표치를 달성할 수도 있고 반대로 달성하지 못할 수가 있다.

글쓰기도 그렇고 독서의 재미를 느끼는 필사도 마찬가지로 쉬운 자판으로 한다. 필사의 고정관념을 없애고 필사하면 편하게 두드릴 수 있는 자판으로 독서를 해야 한다. 어느 정도 시간이 지나면 눈으로 읽는 속도로 자판으로 치는 속도와 같아진다. 처음에는 자판 치는 것이 느릴 수 있을지라도 시간이 지날수록 빨라진다. 시간이 지날수록 어려움은 줄어든다. 모든 일이 그렇다. 자판하는 것은 특히, 더 성장 속도가 빨라서, 눈으로 읽는 독서만큼이나 쉽고 편하게 필사 독서를 할 수 있다. 어떤 사람은 자판 두드릴 때, 귀에 들리는 그 자판 소리가 좋다고 한다. 뭔가 자신이 작가가 된 듯한 느낌이 들기도 하고 색다른 독서의 기분을 느낄 수 있다고 한다. 독서 습관을 형성하지 못한 것은 어쩌면 한 가지 방법만으로 책을 읽었기 때문일 수도 있다. 소리를 내서 읽는 낭독 독서도 한 방법이다. 낭독이 마음에 안 든다면 조용히 앉아서 자판으로 두드리는 필사 독서를 권한다. 필사 독서가 독서의 재미를 느끼도록 인도한다. 필사가 독서 습관 형성에 이바지하는 이유는 여러 가지로 생각할 수 있다. 그 몇 가지를 정리해보자면 다음과 같을 것이다.

우선은 필사는 깊이 읽을 수 있다.

생각 외로 글을 읽는 것을 어려워하는 사람이 많다. 신문이나 뉴스를 볼 때도 대략적인 부분만 읽기 때문에 핵심을 놓치는 경우가 있다. 원래, 우리의 뇌는 글을 읽기에는 부적합하다고 했다. 뇌는 이미지로 한 덩어리로 뭔가를 파악하는 능력을 소지하고 있다고 한다. 그래서 글을 읽는 것처럼 차례대로 읽는 것을 힘들어한다. 아이들이 속독이 어른보다 더 빨리 배우고 가능한 이유가 타고난 뇌의 본성대로 덩어리로 보고 읽기 시작하기 때문일 것이다. 하지만 필사를 하면 손을 사용해서 책을 읽는 것이기에 눈으로만 볼 때보다는 순서대로 글을 읽기가 더 쉬워진다. 읽는 것의 부담이 줄어들 수밖에 없고 마음의 부담감 대신에 오로지 그 글에 집중할 수 있다. 글의 의미를 더 많이 파악할 수 있다. 글에 오로지 집중할 수 있기에 작가의 의도도 파악할 수 있다.

필사하면 뇌에 입력이 잘 된다. 필사로 책을 읽으면 촉각이라는 감각을 추가해서 읽는 것과 같다. 과거 공부를 할 때, 나는 '깜지'

라는 것을 썼다. 이것은 어떤 내용을 외울 때, 눈은 앞을 보고 손은 글자를 마구마구 쓰는 것이다. 상상으로 그 글자를 본다고 할 수 있다. 그렇게 글자를 쓰는 손이 시커멓게 되도록 깜지를 썼다. 그저 손을 놀려 머리에 자극을 주기 위한 이 방법은 암기하는데 좋은 방법이었다. 단순히 시각을 통한 공부보다는 촉각까지 추가하니, 뇌의 자극 범위가 넓어져 기억력을 높이게 되는 효과가 발생하는 것이다. 공부뿐 아니라 독서도 마찬가지로 필사라는 촉각의 감각을 추가해서 한다면, 똑같은 효과가 얻을 수 있다.

필사는 쓰는 것과 친해지게 한다. 그래서, 필사 독서를 하면 독서 후 감상 글쓰기가 좀 더 쉬워진다. 결국, 독서 후 활동으로 글쓰기를 할 가능성이 커지고 삶을 바꾸는 독서가 된다. "논어"를 읽었는데, 논어를 바탕으로 쓴 작가의 메시지에 "거룩한 분노는 강철을 녹이고 불의를 추방하며 세상을 바꾸는 힘이 있다." 이런 내용을 접했다고 가정하자. 순간, "거룩한 분노"에 대해 생각하며 그것에 대한 단상을 글로 표현할 수 있다. '나에게도 거룩하다고 할 분노가 있은 적이 있었나? 지극히 개인적인 욕심으로 화를 내지는 않았나?'라며 반성을 할 수도 있다. 물론, 혼자서 말로 할 수는 없고 조금 친해진 글로 표현할 가능성이 있다. 이렇게 글을 쓰면서 한 번 더 책의 문구를 곱씹고, 곱씹은 그 영양분은 내 몸 깊숙이 흡수되어 행동을 바꾸고 독서의 맛에 눈을 뜨게 한다.

필사 독서로 인해 읽고 쓰는 재미를 알게 된다. 독서 습관이 목 표였지만 필사를 통해서 읽으면 글 쓰는 재미도 함께 느껴 쓰는 습관도 생기게 된다. 우리가 매일 하는 것은 자신도 모르게 내 삶의 깊은 곳으로 스며들어온다. 남의 글을 그저 베껴 쓰는 필사이지만 이것은 우리가 직접 자판을 두드리는 느낌이 들게 하고 그 느낌이 내 글쓰기로 이어지게 한다. 책 읽는 재미와 글 쓰는 재미, 강력한 삶의 수단을 얻게 된다면 집안 조용한 책상에서 매일 성장하고 매일 새로운 아이디어에 도전하게 될 것이다. 나는 현재 그런 삶을 살고 있다. 그 어떤 시련에도 나의 중심을 잡아나가고 있다. 이것은 필사 독서를 통해 든든한 무기를 장착했기 때문이라고 여겨진다. 직접경험하지 못하는 삶을 책으로 경험하고 배우고 느끼면서 나는 오늘도 어제보다 조금 더 성장하고 있다.

책을 매일 조금이라도 읽지 않는 사람은 책 읽는 습관을 들일 수 없다. 습관은 그야말로 매일 하는 행위를 통해서 형성된다. 매일 할 수 있는 것은 의지가 아주 강한 사람이거나 의지 외에 어떤 시스템을 만들어 놓았을 경우 가능하다고 본다. 새로운 영역을 접하는데 의지만으로 그 영역에 빠져들 사람이 얼마나 되겠는가? 빠져들기 전의 인내에서 굴복하는 경우가 대부분이지 않을까 생각한다. 의지보다는 시스템을 만들어야 한다. 제대로 된 방법으로 내가 그 행동을 매일 해서 성취할 수 있는 시스템이다. 독서 습관 형성의 시스템은 가장 쉽고도 재미있으며 만족감도 느낄 수 있는 필사 방법을 권한다. 필사를 우습게 보면 안 된다. 내가 경험한 바로는 필사를 통해서 충분히 독서 습관을 형성할 수 있다. 독서 습관은 삶의 성취를 위한 가장 기본적 요소이다. 행복하고 싶은 사람, 성공하고 싶은 사람, 누군가에게 긍정적인 영향을 미치고 싶은 사람, 이 모든 사람이 해야 할 기본 중의 기본이 독서인 것이다. 이 기본이 되어야 획기적인 성장도 가능하여 원하는 삶을 살 수 있다. 필사를 통해 쉽게 독서하기를 권한다. 필사 독서를 통해 독서 습관을 형성하여 원하는 삶을 사시길 응원한다.

﹃ 필사가 책 쓰기 도전을 앞당긴다 ﹄

책을 쓰고자 하는 사람은 많다. 하지만 행동으로 옮기지를 못한다. 책 쓰기를 시도하지 못하는 가장 큰 이유는 어떻게 써야 하는지 그 방법에 대한 감을 잡지 못하기 때문일 것이다. 내가 처음 책을 쓰겠다고 마음을 먹은 것은 2019년이었다. 아이들은 어렸고 직장에서의 일은 꼬여가는 느낌이었다. 모든 상황이 나에게 불리하게 돌아가는 것처럼 느꼈다. 부정적인 사고에 빠져있었다. 결국, 휴직을 신청했다. 계속 직장생활을 해야 하나 말아야 하나를 고민하는 중에 아이들도 어렸고 그 핑계로 휴직을 신청했다. 휴직을 신청하고도 마음의 갈등은 계속되었고 안정이 되지 않았다. 스스로 마음을 잡기 위해 이곳저곳을 기웃거렸다. 여성회관에서 수업도 들어보고 〈세바시〉에서 시련을 겪었다가 극복한 사람들의 강의도 들으면서 열심히 노트에 기록하기도 했다. 그래도 내 마음은 전혀 회복되는 느낌이 없었다. 그래서 생각한 것이 책 쓰기였다. 책 쓰기만 한다면 바닥을 친 자존감을 다시 일으킬 수 있고 나 스스로 치료하는 법을 알게 될 것 같았다. 그 당시, 새벽에 일어나 독서를 하는 중이어서 그 영향도 컸다. 새벽에 조용히 책을 읽고 있으면, 수많은 아이디어가 뇌에서 일어났다. 그 아이디어들은 낮에는 전혀 생각하지 못했던 기발한 것들이었다. 새벽 독서를 하면서 나도 책 쓰기 한번 해보자고 결심했다. 하지만 방법을 몰랐다. 그래서 나는 책 쓰기 멘토를 찾아 온라인을 검색하기 시작했다. 지푸라기라도 잡는 심정으로 찾고 또 찾았다. 그렇게 무작정, 멘토를 향해 도움의 손길을 뻗었다. 하지만 지금은 안다. 책 쓰기에는 멘토보다 더 중요한 것이 있다는 것을. 그것은 필사였다. 머리로 아무리 책 쓰기의 수많은 지식을 알고 있다 하더라도 몸으로 글을 쓰지 못한다면 책 쓰기는 넘을 수 없는 태산에 불과하다는 것을 지금은 강조할 수 있다.

〈책성원〉에서 가장 성실했고 출간의 결과물을 많이 낸 K 작가가 있었다. 현재, 공저 1편 출간했고 개인 저서 1편은 출간 직전이며 초고 완성한 개인 저서 1편의 원고를 가지고 있다. 또 다른 공저를 쓰는 중이다. 이것만 해도 출간을 다 한다면 4권의 출간이다. 책 쓰기 시작한 지 내 기억으로는 1년 정도 되었을까 한다. 1년 만에 놀라운 결과물이다. 이 작가는 이번에 하게 된 공저가 필사 관련 제목인데, 이 공저를 하기 시작하면서 그동안 바빠서 뒤로 미루었던, 필사를 다시 시작했다고 한다. 필사를 다시 시작하면서 처음 책을 쓸 때를 기억했다고 한다. 필사하면서 스스로 놀랍도록 성장하는 자신을 느끼면서 책 쓰기의 든든한 내공을 쌓아갔는데, 다시, 그때의 느낌을 찾아 공저 초고를 술술 써나가고 있다고 한다. 그리고 새롭게 개인 저서의 아이디어도 생각났다고 한다. 다시 쓴 필사를 통해서 초고 쓰기도 원래 수준으로 끌어올렸고 또 다음에 쓸 개인 저서의 아이디어를 얻게 되었다고 한다.

필사는 언제든지 우리에게 계속 쓸 수 있는 쓰는 힘을 키워준다. 쓰지 않으면 그동안 쌓아온 실력도 사라진다. 완전히 내 몸에 장착될 때까지 꾸준히 집중적으로 쓰는 시간이 필요하다. 10권 이상을 쓴 나는 이것을 알고 있다. 책 쓰기가 내 몸에 완전히 스며들기 전에 1권, 2권만 쓰다가 그만두면 그나마 쌓은 실력마저 사라져 다시 그 수준의 실력을 높이는데, 시간과 노력이 필요하다는 것이다. 쌓아온 것을 잃지 않은 데 필요한 것이 계속 쓰는 것인데, 책 쓰기의 공백이 생길지 않도록 꾸준히 해야 할 것이 필사이다. 필사를 통해서 계속 쓰는 효과를 얻을 수 있다. 비록 내 글은 아닐지라도 그동안 쌓아온 책 쓰기의 능력을 유지하는 역할을 필사가 해준다. 그리고 당연히 글쓰기, 책 쓰기의 실력향상에도 도움이 된다. 필사를 우습게 생각하고, 책 1권 썼다고 자신의 능력을 대단하게 생각하고 필사를 게을리한다면 얻은 것도 모두 잃을 수 있다는 점을 기억해야겠다. 그리고 정말 중요한 부분은 필사라도 꾸준히 하고 있을 때, 책 써야 할 주제가 떠오른다는 것이다. 조금이라도 매일 그것을 할 때, 우리가 조금씩 하는 그 행동으로 새로운 계기가 마련되는 것이다. 필사함으로써 우리의 머릿속에 글 쓰는 것에 대한 주의집중이 계속 유지되어 글쓰기든 책 쓰기든 내 삶에서 계속하는 힘을 유지해 준다. 필사의 파워는 정말 대단하다고 말할 수 있다.

　필사를 꾸준히 매일 하면 책 쓰기에 도전하고 싶어진다. 이미 책을 쓴 작가인 K 작가처럼 책 쓰기 아이디어를 얻고 책을 자꾸 쓰고 싶어진다. 기성작가에게만 적용되는 말이 아니다. 책 쓰기를 한 번도 해 보지 않은 예비작가들에게도 그런 증상은 나타난다. 이것 또한 필사 파워가 아닐 수가 없다. 책을 쓰고자 하는 방법으로 필사는 탁월한 방법이라고 말하고 싶다. 필사를 건너뛰고 책을 쓴다면 여러 가지 어려움에 봉착할 것이다. 어떤 기운에 이끌려 인생 첫 책을 어영부영 출간할 수는 있을지 모르겠으나, 꾸준히 책 쓰는 삶을 살아갈 수 있다고 확신할 수 없다. 나와 같이 책을 쓰기 시작했던 사람 중에 지금까지 책을 쓰는 사람은 10명 중에서 1명이 될까 말까 한다. 정확히 19명이었는데, 그중에 책을 쓰는 사람은 내가 알기로는 나를 포함해서 2명이다. 책을 쓸 때는 책 쓰기를 통해서 삶의 혁신은 물론, 작가로서 계속된 삶을 살 것이라 확신했었다. 하지만, 아니었다. 스스로 책 쓰기 내공을 계속 쌓고 유지해야 했었는데 그 힘이 약했다. 그 방법을 제대로 몰랐을 것이다. 필사처럼 쉬운 방법이 있는데, 쉽지만 귀하게 여기지 못하는 것이 바로 필사인듯하다.

필사를 통해서 책 쓰기를 도전하게 되는 이유는 아무래도 글 쓰는 것에 자신감이 붙고 익숙해지기 때문이다. 필사는 쉽게 매일 할 수 있는 일이다. 물론, 자판 치기가 느린 사람에게는 처음에 쉬운 일이 아닐 수 있겠지만 시간이 지나면 좋아진다. 자판 치면서 필사하는 것은 단순 활동이기에 매일 하면서 점점 빨라진다. 반대로 우리가 책 쓰기를 두려워하는 가장 큰 이유는 쓰는 것에 대해 익숙하지 않고 자신감이 없어서이다. 나의 기막힌 삶을 책으로 남기고 싶고, 내가 깨달은 바를 소중한 나의 자식들에게 책을 통해 알려주고 싶은 사람들이 그 간절함은 강하기만 쉽게 시작하지 못하는 이유가 글쓰기에 대한 자신감 부족이다. 필사를 통해서 이 자신감을 보충받을 수 있다. 그저 치면서 '글쓰기도 이렇게 하면 되겠구나.'라는 감이 자신도 모르게 생긴다. 이 감이란 것이 참 중요하다. 쓰는 것이 익숙해져서 조금은 글 쓰는 것이 만만해졌고, 또한 쓰는 방식에 대한 나름의 감이 생기니, 나도 책 쓰기 도전해봐야겠다는 생각이 자연스럽게 생기게 되는 것이다. 책 쓰고 싶은 사람들이 항상 취하는 자세는 책 쓰기를 뒤로 미루는 것이다. 1년 뒤, 2년 뒤, 5년 뒤에 쓴다고 한다. 1년 뒤가 되어도 다시 똑같다. 미룬 그 날짜는 영원히 나에게 오지 않는 것이다. 필사를 통해서 글쓰기 익숙해지고 감을 잡으면 미루지 않게 된다. 당장 해 보고 싶어진다. 1꼭지, A4 2장 글, 지금 나도 제대로 쓸 수 있는지 스스로 시험해보고 싶어진다. 매일 1꼭지 글 필사했듯이 나도 그렇게 할 수 있을지 바로 쓰게 된다. 신기할 노릇이다. 필사의 힘이 바로 이런 것이다. 필사를 해 본 사람은 쉽게 이해하는 부분이다.

책을 쓰고 싶다면 무조건 필사부터 하라고 강조하고 싶다. 필사의 선입견을 버리고 필사부터 시작해야 간절한 출간, 쉽게 이룰 수 있다. 필사가 책 쓰기를 가능하게 만드는 이유는 남의 글을 베껴 쓰면서 쓰는 것에 익숙해진다는 사실 때문이다. 익숙함은 또한, 자신감이란 값진 감정을 느끼게 한다. 우리가 '시작'을 잘못하는 것은 자신감이 부족한 이유가 크다. 시작만 하면 어떻게 방법

• 308 •
필사 POWER

을 찾아 원하는 것을 이룰 수 있는데, 시작이 안 되어 포기하는 것이다. 책 쓰기도 그런 이유로 시작도 못 하고 포기하는 경우가 많을 것이다. 아예 시도를 안 하는 것이다. 하지만 필사만 한다면 이 시작이 가능해진다. 필사가 쓰는 것에 익숙함과 자신감을 주기 때문이다. 필사의 다양한 긍정적인 효과가 있지만, 특히, 책 쓰기에 있어서는 탁월한 효과를 나는 검증했다. 〈책성원〉 작가들을 통해서 나는 매번 확인한다. A4 한 장 쓰기도 두려워하는 예비작가들이 필사 1달 뒤, A4 2장 반의 분량을 쓴다. 그것도 형식을 갖추어 자신의 이야기를 보기 좋게 써낸다. 책을 쓰고 싶다면 깊게 생각하지 말고 단순하게 자판을 두드리면서 필사를 하길 권한다. 책 쓰는 데 있어서 필사의 파워를 느낄 수 있을 것이다.

「 손 필사나 자판 필사나 효과는 같더라! 」

식사하고 난 뒤 우린, 치아 관리를 위해 양치질을 한다. 양치질을 하기 위해 치약을 보는 순간 화가 올라오는 경우가 종종 있다. 나도 가끔 그렇다. 치약 튜브의 중간이 눌려 있어 치약 뚜껑으로부터 치약이 멀어져 있을 경우이다. 이런 상황에서 나는 다시, 치약을 위로 짜 올린 후 사용한다. 이때, 분명, 아들이 한 짓이란 생각을 하면서 화가 올라온다. 여러 번 그렇게 하지 말라고 주의하라고 하였건만, 역시, 이번에도 잘 지키지 않았다. 사실, 별생각 없이 치약 튜브의 중간 부분을 짤 수 있다. 뒤에 사용하는 사람이 조금 싫은 상황일 수는 있지만, 그냥 넘어갈 수도 있다. 정신건강에도 좋지 않게 화까지 내지 않아도 되지만, 나 자신도 모르게 화란 감정을 대면하게 된다. 화를 내는 이유는 치약 튜브는 밑에서 부터 짜서 사용해야 한다는 나의 고정관념 때문이다. 나만의 고정관념일 수도 있다. 그 고정관념이 너무나 강해서 내가 생각한 대로 모양을 갖추고 있지 않으면 안 된다. 중간에 짜여 있는 치약 튜브를 일일이 짜서 위로 올려 밑부분이 비어있는 상태로 만들어야 한다. 그 시간이 아깝다. 화를 내면서 정신적 에너지도 소모된다. 이런 것을 그냥 넘겨버린다면 나는 다른 유익한 일을 할 수도 있을지 모른다.

우린, 필사에 대해 사소하지만 강력한 고정관념을 가지고 있다. 필사라고 한다면 반드시 '손 필사'를 해야 한다고 여긴다. 이런 생각에서 예외인 사람이 거의 없다. 왜 손으로만 필사해야 하는지 한 번쯤 생각할 만도 한데, 필사하면 그냥, '손 필사'를 연상한다. 철저하게 그대로 수긍한다. '손 필사'를 했기 때문에 우린, 필사의 다양한 가치를 삶에 활용하지 못하고 있다. '손 필사'란 고정관념 때문에 필사로 얻을 수 있는 수많은 이득을 놓치고 있다.

〈책성원〉에서는 자판 필사를 강조한다. 매일 쉬운 책을 선택하여 매일 필사를 하고 단톡방에 인증을 올린다. 여러 예비작가 중에 한 사람이 생각난다. 이 예비작가는 단톡방에서도 있는 듯 없는 듯 조용했지만, 오랫동안 혼자서 손 필사를 해왔다. 지금도 매일 손 필사를 하는 듯하다. 〈책성원〉은 글쓰기, 책 쓰기를 하는 모임이다. 서로 동기부여를 주고받는다. 〈책성원〉에서 자판 필사를 권하고 있지만, 이 예비작가는 자판 필사를 하지 않았다. 한두 번 자판 필사를 하긴 했지만, 다시 손 필사로 되돌아간다. 나중에 알고 보니, 캘리그라피를 하고 있었다. 인스타에 캘리그라피를 한 사진들이 많이 있었다. 이것을 확인한 후 나는 그 작가가 손 필사를 계속한 이유를 이해하게 되었다.

캘리그라피를 목적으로 해서는 손 필사가 맞다. 좋은 문구를 예쁜 글씨체로 써내는 캘리그래피이기 때문에 당연히 손 필사가 맞는 방법이다. 하지만 글을 쓰거나 책을 쓸 목적이라면 손 필사가 맞지 않는다. 글을 일상처럼 쓰고 책까지 쓰려면 글을 많이 써야 한다. 글을 쓸 때, 처음부터 내 글을 쓸 수 있는 사람은 많지 않다. 양이 질로 바뀌듯이 글 쓰는 양을 늘리기 위해 자판 필사라는 수단을 사용하는 것이다. 손으로 쓰는 것이 아닌, 자판으로 필사를 하게 되면 손보다는 대부분 빠른 속도로 많은 양의 글을 쓰게 된다. 필요한 양의 임계점을 조금 더 빨리 달성하게 된다. 자판 필사만큼, 우리의 글 쓰는 양을 늘리는 방법은 없다. 그래서 글을 잘 쓰기 위한 목적, 책을 쓰기 위한 목적에는 자판 필사가 필수가 되는 것이다. 손 필사로 어느 세월에 글 쓰는 양을 늘리고 채워 글쓰기 성장을 만들어 내겠는가? 글을 잘 쓰기 위한 목적, 책을 쓰려는 목적이라면 당연히 자판 필사를 해야 한다고 강조하고 싶다. 캘리그라피를 쓰고 있는 작가는 자판 필사를 할 여유가 없는 것이라고 본다. <책성원>의 소속을 유지하면서 자판 필사를 현재 못 하는 것은 이미 손 필사만으로도 활용 가능한 시간과 에너지를 소모하고 있기 때문이라고 본다. 나의 개인적인 생각으로는 그렇다고 하더라도 책을 쓰려는 간절함이 있다면 자판 필사로 바꾸어 글을 쓰는 양을 조금씩이라도 늘리기를 바란다.

　손 필사를 꾸준히 하기는 쉽지 않다. 위의 작가 같은 경우에는 캘리그라피라는 목적이 있었다. 그렇기에 손 필사를 놓지 않고 계속할 수 있었다. 지금도 매일같이 캘리그라피의 작품들을 인스타그램에 올려서 공유한다. "겔리그라피" 나는 별 관심이 없었으나, 정말 문구 하나하나가 마음에 와닿는다. 이런 문구를 스스로 만들어도 좋겠다는 생각이다. 명언을 넣어도 좋지만, 자신만의 명언을 만들어 보면 어떨까 하는 생각이다. 창작 명언도 완전히 새로운 것은 아니다. 유명한 사람이 만든 것을 조금 비틀면 된다. 이런 실력도 글을 많이 읽고 써보면 가능해질 것이다. 결국, 캘리그라피를 하는 사람도 자판 필사로 글 쓰는 양을 늘려야 함이 필요하겠다. 캘리그라피를 하지 않는 사람은 손 필사의 취약점으로 인해 손 필사를 더욱 꾸준히 하기가 쉽지 않다.

　나는 손 필사 대신 자판 필사를 권한다. <책성원>에 들어온 예비작가들이 하나같이 놀라워하는 것이 바로 '자판 필사'이다. 누구는 '타이핑 필사'라고도 표현한다. 나는 '자판 필사'라고 표현을 하는데 '자판 필사'라고 명하는 이유는 손 필사의 "손"과 반대의 개념으로 "자판"을 강조하기 위해서이다. 예비작가들은 처음에 '자판 필사'를 생소하게 여겼고 조금은 거부감까지 가지기도 한다. 그 마음의 생각과 이유를 짚어보면 충분히 이해가 간다. '글을 잘 쓰고 싶은데 굳이 남의 글을 쓰면서 시간을 낭비해야 하나?'라는 마음일 것이다. 그것도 의미 없이 자판을 두드려가면서 해야 하는 의구심이 들것이다. 여러 권을 출간한 이력이 있는 책 성원인 만큼, 일단, 믿고 가려는 마음도 있지만, 그 반대의 마음이 생기기도 한다. 워낙 강조하니, 자판 필사를 1달 꾸준히 밀고 나간다. 반신반의하는 마음일 것이다. 하지만 1달 자판 필사를 하고 나서는 그 효과에 본인들이 더 신기해한다. 어떤 작가는 1주일 하고 나서, "그동안 간절한 책 쓰기의 비법이 여기에 있었구나."라고 새로운 발견에 기뻐하는 예비작가도 있었다. 달걀을 세우는 방법은 생각 외로 간단했다. 오랫동안 책 쓰기를 희망했지만, 시도조차 하지 못하고 번번이 실패한 원인도 자판 필사를 알지 못해서였다고 말했다.

'자판 필사가 손 필사처럼 효과가 있나요?'라는 의심을 하는 사람도 있을 것이다. 내가 처음에 그랬다. 나는 인생 첫 책을 쓰기 위해 노력하면서 자판 필사를 발견하게 되었다. 글을 쓰기 위해 궁여지책으로 찾았다고 생각한 것이 신의 한 수였다. 자판 필사를 하면서 1꼭지 글을 쓰고 그 양을 늘릴수록 나는 내가 필사한 글처럼 따라서 긴 글을 쓰게 되었다. 연습한 대로 실전에서 그대로 일어나는 것은 글쓰기에서도 마찬가지였다. 중요한 경기를 하는 선수들은 경기할 환경과 비슷한 환경을 만들어서 연습하는 것을 기본으로 하고 있다. 더운 나라에서 만약 축구 경기를 한다면 날씨가 운동선수에게 미칠 영향력이 크기에 더운 환경에 적응하는 시간이 필요할 것이다. 글쓰기에서도 똑같다. 책을 쓰기 위해서는 긴 글을 쓸 줄 알아야 하는데 처음부터 연습 없이 긴 글을 쓴다는 것은 거의 불가능에 가까운 것이다. 그래서 이미 책으로 나와 있는 남의 긴 글을 그대로 필사하면서 몸에 긴 글쓰기를 익히고 결국, 내 글도 그것처럼 써나가게 되는 것이다. 그런 힘이 필사를 통해서 길러진다. 긴 글 쓰는 힘이 생기면 그때부터는 내가 원하는 책 쓰기도 술술 순탄하게 펼쳐진다. 인생 첫 책을 쓰는 사람이라면 반드시, 필사로 긴 글쓰기를 몸에 익혀야 한다. 고가의 책 쓰기 지도를 받는다고 이것이 해결되지는 않는다. 어떤 지도를 받든지 간에 이것은 자신의 몫이다. 돈으로 해결하지 못하는 일이 세상에는 많다. 자판 필사가 이런 힘을 길러줄 것이다. 오히려 책을 쓰고자 하는 사람이라면 손 필사가 아닌, 자판 필사를 필수로 챙겨야 한다.

'자판 필사'의 존재를 모르는 사람은 세상의 값진 것들을 놓치게 된다. 손 필사를 우리가 꺼리는 이유 중의 하나는 손이 너무나 아파서 노동처럼 느껴지기 때문이다. 주먹이 항상 법보다 강했다. 많은 유명 작가들이 필사를 강조했지만, 우리가 그것을 알면서도 활용하지 못하는 이유가 이 '아픔' 때문이다. 그 아픔을 해결하기 위해 자판 필사를 활용하길 권한다. 시간이 부족해도 자판 필사를 시작하면 된다. 직장도 다녀야 하고 가정에서 아이들도 돌보아야 하는데 언제 손으로 꾸역꾸역 필사하겠는가? 아예 시도조차 할 수 없다. 필사하고 싶어도 자신한테는 그림의 떡이다. 자판 필사를 통해서 필사의 효과는 가져오고 아픔은 버릴 수 있다. 처음에는 효과적인 면에서 고민했지만, 막상 해 보니, 효과는 비슷했다. 오히려 어떤 목적에서는 자판 필사가 손 필사를 능가했다. 자판 필사는 쉽고 빨라서 많은 양을 필사할 수 있다. 1꼭지, A4 2장을 필사한다. 책 쓰기의 기본은 1꼭지이다. 필사만 할 수 있다면 이 꼭지 글을 매일 연습하게 된다. 남의 글부터 연습하면서 내 글을 쓸 근력이 키워진다. 책 쓰는 목적이라면 반드시 자판 필사이다. 그리고 아프지 않기 때문에 필사의 다양한 효과들을 내 삶에 가져올 수 있다. 매일 하는 자판 필사는 손 필사의 취약점을 극복하고 작가처럼 쓰는 글의 양을 늘려 당신의 삶을 새로운 세계로 인도할 것이다.

『 필사로 단단한 삶, 원하는 삶을 살아라 』

'필사'를 주제로 해서 쓴 나의 책은《내 인생 첫 책 쓰기의 비법은 필사이다》였다. 인생 첫 책을 쓸 때, 나는 어떻게 하면 책을 쓸 수 있을까? 고민하다가 우연히 필사를 발견하게 되었다. '궁하면 통한다'라는 말이 맞다. 간절한 마음으로 방법을 찾게 되니, '필사'라는 해답을 스스로 얻었다. 처음에 필사해야겠다고 마음을 먹고도 이것을 어떻게 하면 될까? 잠시 고민했다. 보통 필사라고 하면 손으로 하는 필사를 생각하게 되고 나 역시, 손 필사를 당연하게 생각했기 때문이다. 하지만, 그 고민은 잠시였다. 나는 책을 써야 했고, 책을 쓰기 위한 필사이니, 여느 작가들처럼 노트북을 펴고 자판을 두드리면 되겠다고 생각했다. 요즘 책 쓰는 작가가 손으로 글을 쓰는 경우는 거의 없기 때문이다. 그래서 자연스럽게 자판을 두드리면서 필사를 했고, 자판으로 하는 필사는 쉬웠기 때문에 많은 양을 짧은 시간에 필사할 수 있게 되었다. 그렇게 필사를 하니, 필사할 때마다 매번 전체 글의 흐름을 느끼게 되었다. 그것이 바로 1꼭지 글의 서론, 본론 결론의 흐름이었다. 만약 자판으로 하지 않았다면 많은 양을 필사할 수 없었을 것이고 많은 양을 써보지 않았기 때문에 서론, 본론, 결론이란 맥락을 손끝으로 느끼지 못했을 것이다. 자고로 책을 쓰려면 긴 글쓰기가 가능해야 하는데, 그 긴 글쓰기가 자판으로 하는 필사를 통해서 가능해진 것이다. 그렇게 나는 인생 첫 책을 쓰는 데 필사만 한 비법이 없다고 그때도 지금도 생각하고 있다. 그래서 계속해서 필사에 관한 책을 내고 있다. 나처럼, 인생 첫 책을 쓰고자 하지만 글쓰기가 익숙하지 않은 사람이나, 책 쓰는 방법을 몰라 헤매고 있는 사람들이 그래도 필사를 만나 조금은 더 쉽게 책을 쓰길 바라는 마음에 지금도 '필사'에 대한 경험을 꾸준히 출간하고 있다.

필사는 어려운 책도 쉽게 읽게 한다. 내가 참석하는 독서 모임이 있다. 2주에 한 번씩 이른 아침, 7시에 모임을 한다. 이때 같은 책을 읽고 서로 읽은 것에 대해 특별히 인상 깊었던 대목이나 내용을 서로 이야기하고 그것에 대해서 함께 이야기를 나눈다. 그리고 일상적인 삶에서 어떻게 활용하고 적용할 것인지 역시, 발표한다. 이 독서 모임을 통해서 발표하는 어색함을 떨쳐낼 수 있었고, 더 나아가 강의하는 스킬도 스스로 키울 수 있었다. 잘하기 위해선 잘하고 싶은 것을 자주 반복하는 것이 가장 효과적이라는 것을 다시 느꼈다. 온라인 독서 모임은 그 외 여러 가지 이점이 많다. 같은 책으로 여러 회원의 감상평을 들을 수 있으니, 다양한 사고를 할 수 있고 의식도 확장되는 느낌이 든다. 나의 관점이 다가 아니었다. 다른 사람들의 시선으로 또 그 책을 볼 수 있어서 배울 점이 많다. 오랫동안 독서 모임에서 책을 읽은 분들이 많다. 그분들 중에서 한 분은 이런 이야기를 했다. 본인은 어려운 책을 읽다가 이해가 가지 않는 부분이 나오면 소리 내어 읽는다고 했다. 이것이 바로 낭독인데, 낭독하면 눈으로만 보는 것이 아니고 귀로도 듣기 때문에 뇌를 더 많이 활성화하여 결국 이해를 돕는다는 것이다. 낭독과 비슷한 역할을 하는 것이 바로 필사라고 본다. 어렵고 읽기 힘든 고전이나 책들을 필사하면 상황이 완전히 달라진다. 눈의 자극과 함께 촉각으로 머리를 자극받으니, 이해도가 높아져서 훨씬 읽기가 쉬워지고 마음에도 더 많이 다가온다. 완전히 새로운 읽기 방법이 되는 것이다. 필사는 글을 쓰기 위한 목적만이 아니다. 읽기 위한 목적으로도 활용할 수가 있는 것이다. 글쓰기 연습이 되는 것은 쉽게 이해하지만, 필사가 읽는 데도 탁월한 방법이란 사실을 잊게 된다.

필사로 읽는다면 더 쉽게 더 자주 더 깊이 읽을 수 있다. 요즘은 책 읽기에 좋은 환경이 아니다. 재미있는 영상들이 너무나 넘쳐난다. 핸드폰만 터치하면 시간을 잊을 만큼 재미있는 내용이 많다. 한순간에 빨려 들어가는 듯, 영상의 늪에서 헤어나오지 못한다. 하지만 필사로 책을 읽는다면 다르다. 영상을 볼 수도 없을 뿐만 아니라, 자판으로 치면서 해서 집중도가 높아진다. 책을 읽어야 하는데 쉽게 시작하지 못한다면 자판으로 필사를 하면 쉽게 시작할 수도 있다. 일단, 시작만 한다면 주기적으로 독서는 가능하다. 또한 깊이 읽을 수 있어서 다른 책을 읽을 때보다 더 마음 깊이 책의 문구들이 남아 삶을 단단하게 만들 수 있다. 책은 그대로 내 삶에 영향을 미친다. 만약, 의식 책이라면 의식이 강해질 것이며 인격을 함양하고 품성을 높일 수 있는 고전이라면 그대로 내 삶도 업그레이드될 것이다. 만나는 친구에 의해 내 생각과 행동, 삶이 조금씩 달라지듯이 내가 읽는 책도 마찬가지로 나를 단단하게 변화시킨다.

나는 필사를 통해서 원하는 삶을 살고 있다. 1꼭지 글을 쓰지 못해 필사를 시작했고, 그 필사를 통해서 나는 인생 첫 책 쓰기도 성공했다. 그래서 지금껏 책 쓰는 삶을 살고 있다. 책 쓰는 삶은 또 다른 가치 있는 삶을 나에게 선사했다. 필사를 통해 얻게 된 선물과도 같은 것들은 다음과 같다.

첫째, 내 삶의 소중함을 매 순간 깨닫는 삶

책을 씀으로써 과거 나의 삶을 매번 되돌아보며 내 삶의 하나하나가 다 오늘의 내가 되게끔 한 밑거름이었다는 생각을 한다. 내 삶에 버릴 무가치한 순간은 단 하나도 없음을 알게 된다. 책 쓰기가 그래서 가치 있는 것이다. 매 순간이 소중함이란 사실을 깨닫고 나에 대해 소중함도 덩달아 알게 된다.

둘째, 시련도 또 다른 글감으로 보는 삶

힘든 상황일수록 쓸 거리는 더 많아진다. 한마디로 글감이 풍성해진다는 의미이다. 시련은 단지 그 정도로 여겨질 뿐이다. 시련도 두렵지 않다고 생각하면서 시련을 피하는 삶에서 시련도 의미 있게 받아들이는 긍정적인 사고를 갖는다.

셋째, 계속해서 새로운 것에 도전하는 삶

나는 책을 쓰면서 여러 가지 도전을 한다. 현재 나의 능력에 맞춘 도전이 아니라 지금은 좀 부족하더라도 나를 성장시킬 일들에 과감히 도전했다. 그래서 직장에서도 새로운 시도를 하고 개인적으로는 해외 살이도 하게 되었다. 기회가 되면 도전하는 삶을 추구하게 된다. 책을 쓰면 도전에 강해진다.

넷째, 책 쓰기의 소중함을 마음 깊이 느끼며 내가 가진 책 쓰는 경험과 노하우를 나누는 삶

책 쓰기는 최고의 자기 계발법이라고들 한다. 맞다. 책 쓰기만큼 자신을 매일 성장시키는 것도 없다. 사고력, 창의력, 표현력, 상상력, 스피치력, 모든 것들이 책 쓰기 하나로 해결된다. '책을 쓰면 쓸수록 이 좋은 것을 사람들이 왜 안 하나? 처음 장벽만 넘으면 누구나 책 쓰기를 일상으로 만들어 생명이 다할 때까지 성장하는 시스템을 삶에 장착할 수 있는데…' 하는 아쉬움을 가지며 나는 책 쓰기의 경험과 노하우를 알리고 있다. 책을 쓰는 사람은 책 쓰기의 가치를 알기 때문에 주변에 공유하지 않을 수가 없다. 어떤 방식으로든 책 쓰기 전파에 나서게 된다.

필사로 단단한 삶, 원하는 삶을 살 수 있다. 나는 필사로 매일 깊이 있게 책을 읽고 책이 내 삶을 바꾸도록 한다. 그리고 필사의 시작으로 인해서 책 쓰는 삶, 책 쓰기를 알리는 삶을 살고 있다. 책 쓰는데 필사만큼 기가 막힌 좋은 방법이 없음에도 불구하고 사람들은 그 방법을 잘 알지 못한다. 나는 필사를 만나서 얼마나 다행인가 하는 생각을 해봤다. 그 필사 덕분으로 지금까지, 나의

삶을 책으로 바꾸며 살고 있다. 앞으로도 나는 이런 삶을 살 것이다. 내 삶이 끝날 때까지 나는 내 삶의 엑기스를 뽑아 책으로 엮어내어 나의 경험과 노하우가 필요한 사람에게 보탬이 되도록 하고자 한다. 책 쓰는 삶은 또 다른 멋진 삶을 선물한다. 선순환이 계속 일어난다. 얼마나 가슴 설레는 삶인가? 앞으로의 삶이 더욱 기대될 것이다. 필사가 시발점이 되어 책 쓰는 삶을 살 수 있기를 바라며 점점 더 단단해지는 삶, 원하는 삶이 당신의 삶이 되길 진심으로 기원한다.

필사 POWER

초판 1쇄 발행 | 2024년 7월 15일

지은이 | 이현주, 남상희, 김경화, 김경부, 최정님, 곽리즈, 나애정
펴낸이 | 김지연
펴낸곳 | 생각의빛

주 소 | 경기도 파주시 한빛로 70 515-501
출판등록 | 2018년 8월 6일 제 406-2018-000094호

ISBN | 979-11-6814-074-5 (03190)

원고 투고 | sangkac@nate.com

* 값 18,200원